D0912682

UNIVERSIDAD AUTONOMA DE YUCATAN

CP Carlos Manuel Pasos Novelo
Rector

CD Carlos Núñez Erosa
Secretario General

Ing. Jaime H. Barrera Aguilar
Director General de Extensión

JAIME OROSA DIAZ

HISTORIA
DE
YUCATAN

DECIMO TERCERA REIMPRESION
1994

Universidad Autónoma de Yucatán
Dirección General de Extensión
1994

DECIMO TERCERA REIMPRESION 1994

DIRECCION GENERAL
DE EXTENSION

Departamento Editorial
Calle 64 Nº 411 x 47-A y 49
C.P. 97000 Tel.: 24-73-25
Fax: (91-99) 24-72-14
Mérida, Yucatán, México

Impreso en Yucatán, México
Printed in Yucatan, Mexico

ISBN 968-6160-00-0

F	Orosa Díaz, Jaime.
1376	Historia de Yucatán.--
.076	
1986	Ed.
	I. Yucatán-Historia. I.t.
	ISBN 968-6160-00-0
	Lib-UADY

INTRODUCCION

Este libro de historia tiene su historia y a ella me referiré en la presente nota. Pero antes de entrar en materia, considero necesario y oportuno aclarar que siempre he rechazado el tratamiento, que no pretendo ni creo merecer, de historiador, pues a mi juicio, solamente tienen derecho a ostentarlo con plena justificación, quienes han dedicado sus facultades intelectuales, su disciplina en la investigación, y sus dotes literarias, a interpretar y reconstruir el pasado, y por ellos son reconocidos como respetados y respetados especialistas en esa tarea.

Cabe recordar que cuando en 1978 fui invitado amablemente por el Dr. Alberto Rosado G. Cantón, entonces rector de la Universidad de Yucatán, para participar en la "Semana de la Historia" que a iniciativa suya organizó con bastante éxito la citada institución, no acepté, porque consideré que no me correspondía en forma alguna ocupar un sitio en ese evento cultural, al lado del Dr. Silvio Zavala Vallado, del Profr. Ignacio Rubio Mañé, de don Víctor Suárez Molina, del Lic. Rodolfo Ruz Menéndez y otros no menos distinguidos coterráneos nuestros que, al igual que ellos, poseen un bien ganado prestigio de historiadores profesionales.

Por otra parte, dentro de mis actividades de escritor, siempre he rehuido ser encasillado, un tanto artificialmente, en determinado género, para reservarme la libertad de incursionar en los diferentes predios de la creación literaria, de acuerdo con impulsos, *circunstancias y compromisos. A propósito, alguna vez me planteó tal alternativa el que fuera brillante ensayista,* Oswaldo Baqueiro Anduze, *respondiéndole de acuerdo con la posición señalada. En apoyo de lo anterior, citaré dos casos: uno, cuando por sugerencia del inolvidable* Virgilio Mariel *quien durante varios años desempeñó con reconocida eficiencia la delegación en Mérida del Instituto Nacional de Bellas Artes, escribí la pieza teatral, basada en el asesinato de* Felipe Carrillo Puerto *y a la que le puse el nombre de "Se vende un Hombre", no por ello me creí con derecho a considerarme dramaturgo, título que por otra parte, sí puede usufructuar legítimamente* Leopoldo Peniche Vallado, *poseedor de una pluma autorizada y fecunda como autor y crítico teatral. El otro caso se refiere a la letra de la canción "Meridana", que escribí invitado por quien fue polifacético impulsor de la música en nuestro medio y admirado compositor,* Daniel Ayala Pérez, *aunque el haber colaborado en tan grata empresa (en la que aportó la melodía el inspirado cancionista* Arturo Alcocer) *no me hizo sentirme émulo de los renombrados poetas* José Esquivel Pren, Humberto Lara y Lara, Ermilo A. Padrón López *y* Alfredo Aguilar Alfaro *(los tres primeros ya fallecidos cuando escribo estas líneas), y otros que como ellos, contribuyeron a darle a la canción vernácula la elevada categoría literaria que es una de sus más admirables características.*

* * *

Pero escapando de especulaciones que pudieran parecer cansadas al lector, retornaré al propósito inicial de la presente introducción para reconstruir los antecedentes y la historia de este libro.

En primer término, haré mención del trabajo que realicé en 1945 por encargo de la Secretaría de Educación Pública y a propuesta del entonces Gobernador del Estado señor Ernesto Novelo Torres *y que fue publicado en el cuaderno número 55 de la "Biblioteca Popular", editada por dicha dependencia durante la primera gestión ministerial de don* Jaime Torres Bodet *al frente de la SEP. Ese cuaderno lleva el título de "Yucatán. Panorama Histórico, Geográfico y Cultural", y por la naturaleza de la colección de la que formó parte, tuvo una amplia divulgación. Por cierto que debo al* Lic. Gabriel Ferrer de Mendiolea, *el haber recibido la gratificación correspondiente, pues durante una de mis estancias en la Capital de la República, el culto escritor me dio la sorpresa de informarme que había a mi disposición determinada cantidad, en calidad de honorarios por el trabajo mencionado, habiéndose hecho cargo personalmente de los trámites para hacerla efectiva y llevármela a donde yo me hospedaba en esa ocasión. Si mal no recuerdo, la suma que recibí fue de $500.00 de entonces, y el ejemplar de cada cuaderno de la mencionada biblioteca se vendió nada menos que a ¡veinticinco centavos!*

Posteriormente, y tomando en cuenta el trabajo antes publicado, me fue encomendada, durante el mandato del Profr. José González Beytia, *la redacción de un libro de texto para uso de los alumnos de las escuelas primarias del Estado, habiéndome comunicado tal acuerdo el que fue afectuoso amigo,* Mario Zavala Traconis, *quien a la sazón desempeñaba el cargo de jefe de la oficina de Enseñanza Audiovisual, creada a iniciativa suya dentro de la estructura del Departamento de Educación Pública. Cuando concluí dicha obra, a la que titulé "Compendio de Historia de Yucatán", fue sometida a consideración de las autoridades y organismos técnicos correspondientes, que lo aprobaron, según los dictámenes y recomendaciones favorables suscritas por los señores profesores* Luis Alvarez Barret, *entonces inspector general de la Secretaría de Educación Pública en el Sureste, con residencia en Mérida;* Pastor Ramírez Coello, Alfonso Tec Buenfil *y* Leopoldo Aguilar Roca, *integrantes de la Comisión de Asuntos Técnicos de la Dirección Federal de Educación en el Estado, en comunicación dirigida al titular de esa dependencia,* Gaudencio Peraza Esquiliano *(fallecido hace poco); y por* Marcial Novelo Briceño, *quien me dio valiosas orientaciones técnico-pedagógicas para el caso, y* Saturnino Gómez Sosa, *jefe y secretario general, respectivamente, del Departamento de Educación Pública del gobierno local.*

La primera edición del compendio citado se publicó en 1950 y la última en 1969, habiendo servido como libro de texto durante ese largo período tanto en las escuelas públicas, estatales y federales como en las particulares incorporadas de todo el Estado. Es de justicia mencionar el prólogo que para ese libro escribió mi entrañable amigo, el maestro, escritor y periodista Esteban Durán Rosado, ahora retirado del magisterio, y las facilidades que para su impresión nos dio Raúl Gasque Gómez, quien durante muchos años estuvo al frente de los Talleres Gráficos del Sureste, S.A.

En 1976, el Ejecutivo del Estado, del que era titular el Dr. Francisco Luna Kan, publicó dos nuevos trabajos míos sobre la misma materia: "Apuntes Elementales de Historia de Yucatán", redactado en forma resumida y con lenguaje sencillo, para divulgación popular, y "Breve Historia de Yucatán", en la que amplié y actualicé el contenido del "Compendio" del que hice mención en párrafos anteriores. Los "Apuntes" fueron distribuidos gratuitamente en las escuelas primarias, y la "Breve Historia" se utilizó como vehículo de información y publicidad turística en las oficinas gubernamentales. Es de justicia señalar que ambas obras las escribí por indicación de Carlos Loret de Mola, el destacado periodista que fue Gobernador del Estado en el sexenio 1970-1976, aunque por diversos motivos permanecieron inéditos hasta el período que lo sucedió.

La "Breve Historia de Yucatán" a su vez, despertó el interés de las autoridades universitarias, especialmente del director de la Escuela Preparatoria No. 1, Lic. Jorge Zapata Cámara, quien expresó sus deseos de utilizarla para fines docentes a nivel de Enseñanza Media, a reserva de que el suscrito elaborase un libro más extenso y completo, para cumplir mejor los fines que debería tener entre la juventud estudiantil.

Después de haber obtenido la anuencia del Ejecutivo para aceptar la proposición que se me había hecho y previos ajustes a su estructura, la "Breve Historia" ha alcanzado cinco ediciones como texto oficial de la Universidad de Yucatán, la primera publicada en 1976, y ha sido adoptada también en las escuelas particulares que funcionan tanto en la ciudad de Mérida como en otras poblaciones del Estado.

Vencidas las dificultades presentadas en el curso de tan importante tarea, la cual me vi obligado a interrumpir en varias ocasiones, y cumpliendo con el compromiso contraído con la institución (donde estudié, obtuve mi título profesional y en la que presté mis servicios como catedrático y funcionario hasta el año de 1974, en que me retiré), presento hoy una nueva versión, a la que, consecuentemente con su extensión actual, he puesto el nombre de "Historia de Yucatán".

A reserva de la ampliación que le di a cada uno de los antiguos capítulos, justificando así el cambio de nombre, le agregué otros en aquellos pasajes donde creí necesario extenderme. Debo señalar el suplemento especial en el que expongo en la dimensión adecuada para no desarmonizar con el total del texto, la evolución del pueblo maya, señalando los relevantes signos de esa extraordinaria cultura prehispánica, que hizo de la península uno de sus polos de mayor esplendor.

Por cierto que reconociendo el interés actual de la etapa que abarca, la Universidad de Yucatán publicó en 1980, como edición por separado, "Porfirismo y Revolución en Yucatán", que fue recibido con bastante interés dentro y fuera del Estado. El contenido de esa edición, de acuerdo con los planes originales de la presente obra, ha pasado a formar parte de ésta.

Creo que será la última que escriba con fines docentes, y espero que tenga un recibimiento favorable de las autoridades universitarias, maestros y estudiantes, de quienes, fuera del ámbito académico, recorran sus páginas en pos de un conocimiento de conjunto, de acuerdo con la extensión que le hemos dado, del pasado de Yucatán, que permita hacer conclusiones sobre la evolución política, social, económica y cultural del terruño.

A través de los años he acumulado mi gratitud hacia todas las personas que me han ayudado en mis estudios sobre la historia de la península, ya sea aportando datos y orientaciones, o cooperando en forma práctica para su edición y publicación, y a las cuales he mencionado en la presente introducción para corresponder a su noble gesto. Sin embargo, ante el temor de que haya omitido el nombre de alguna de ellas, queda la constancia de mi pesar.

* * *

Quiero aprovechar esta ocasión para dejar testimonio de mi reconocimiento a los señores Lic. Francisco Repetto Milán *y* Dr.

Alberto Rosado G. Cantón, *de quienes fui colaborador durante sus respectivas gestiones al frente de la rectoría de nuestra Casa de Estudios, por el valioso apoyo que me brindaron para la publicación de varios libros míos.*

Al Lic. Repetto Milán debo la edición de "Se Vende un Hombre", de los volúmenes III y IV de la "Legislación Henequenera en Yucatán", "Ensayo sobre la Revolución Mexicana" y "Cultura Mexicana", y al Dr. Rosado G. Cantón, la publicación de "Nombres en las Letras y en la Vida", "Pensamiento Político de Hidalgo y de Morelos", "Los Jóvenes, el Periodismo y la Literatura", y de las varias ediciones de "Breve Historia de Yucatán", inmediato antecedente de la presente obra, con la que cierro una larga etapa de actividades literarias.

No quiero terminar esta introducción sin mencionar al Ing. Alvaro Mimenza Cuevas, actual rector de la Universidad de Yucatán, por las atenciones que me ha dispensado desde que asumió tan relevante cargo, y entre las que ocupa un lugar especial su decidido interés por la publicación del presente libro, el primero que sale a la luz pública durante el período para el que fue electo por el H. Consejo de dicha institución.

Mérida, Yuc., marzo de 1983.

LIC. JAIME OROSA DIAZ.

INDICE

APENDICE
GOBERNANTES DE YUCATAN

CAPITULO

1) El Yucatán de hoy

2) Situación, límite y población

3) Condiciones del suelo y del clima

4) Organización jurídica y política

5) Educación y cultura

6) Vida económica

7) Comunicaciones y transportes

8) Costumbres y características

Edificio central de la Universidad de Yucatán, en Mérida.

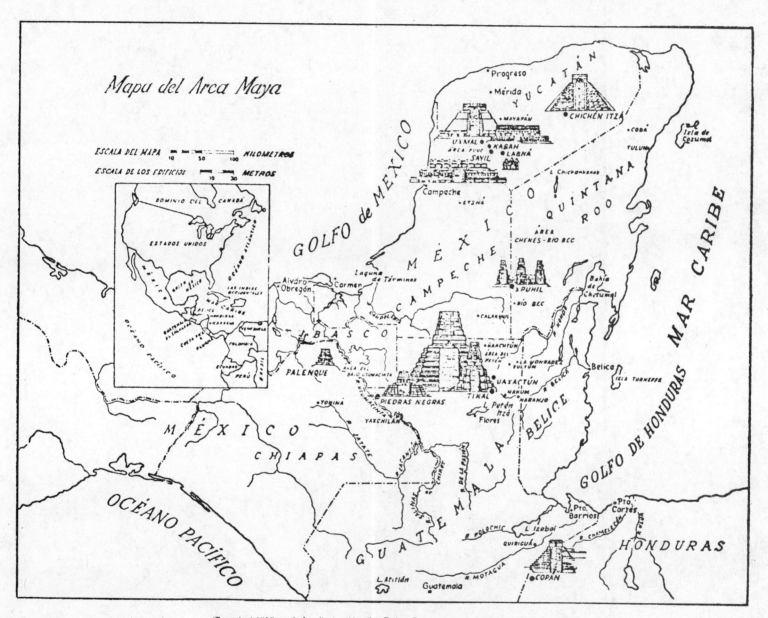

Mapa del Area Maya

(Tomado del "Album de Arquitectura Maya" de Tatiana Proskouriakoff. 1969. México, D.F.)

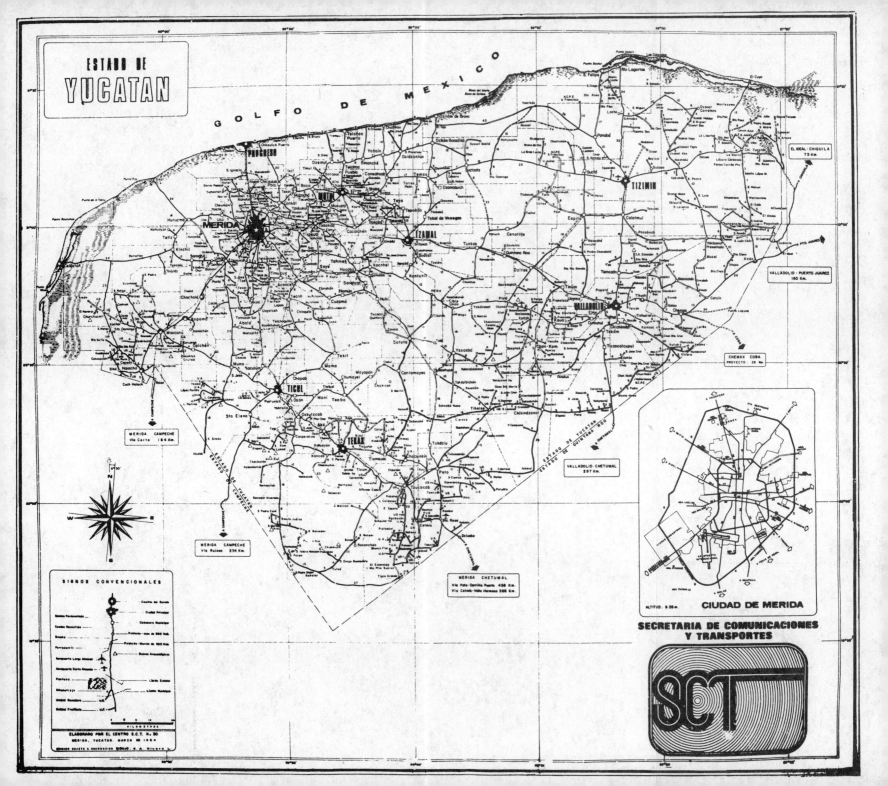

ESTADO DE YUCATAN

GOLFO DE MEXICO

EL IDEAL - CHIQUILA
75 Km.

VALLADOLID - PUERTO JUAREZ
180 Km.

CHEMAX COBA
PROYECTO 28 Km.

VALLADOLID - CHETUMAL
297 Km.

MERIDA CAMPECHE
Vía Corta 184 Km.

MERIDA CAMPECHE
Vía Ruinas 254 Km.

MERIDA CHETUMAL
Vía Pto. Carrillo Puerto 458 Km.
Vía Catmis-Villa Hermosa 396 Km.

SIGNOS CONVENCIONALES

ELABORADO POR EL CENTRO S.C.T. N. 30
MERIDA, YUCATAN, MARZO DE 1984

CIUDAD DE MERIDA

ALTITUD: 9.20 m.

SECRETARIA DE COMUNICACIONES Y TRANSPORTES

SCT

CAPITULO I

1) EL YUCATAN DE HOY

Hemos elaborado el presente capítulo con el fin de ofrecer al lector una visión del Yucatán de hoy, que consideramos necesaria y conveniente antes de iniciar la lectura de la historia de tan importante fragmento de la patria mexicana, que presentamos a continuación, abarcando desde los remotos tiempos de los mayas, de cuya extraordinaria cultura existen todavía impresionantes vestigios en el territorio peninsular, hasta nuestros días, pasando por las tres centurias coloniales y el agitado período de nuestra vida independiente.

En apoyo de dicho propósito, ampliamos y actualizamos los renglones que se refieren a población, economía y educación, así como otros temas de no menos interés de la comunidad yucateca, para presentar dicha visión, organizada adecuadamente para su mejor conocimiento.

2) SITUACION, LIMITES Y POBLACION

El Estado de Yucatán forma parte, geográfica y políticamente, de México y ocupa la porción noroeste de la Península de Yucatán, situada en la parte sureste del territorio nacional; limita al norte, con el Golfo de México, en un litoral de 150 kilómetros; al este y sureste con el Estado de Quintana Roo, y al suroeste con el Estado de Campeche. Se localiza entre los paralelos 19° 29' y 21° 37', de latitud norte, y los meridianos 87° 32' y 90° 25' de longitud oeste, y tiene en la actualidad una superficie de 39,340 kilómetros cuadrados.

Según datos obtenidos del Censo de 1980, Yucatán tiene una población total de 1'034,648 habitantes, de los cuales 520,631 son hombres y 514,017 son mujeres. Tomando en cuenta ese dato y la extensión de su territorio, la densidad de población es de 27 habitantes por kilómetro cuadrado.

De los 106 municipios en que está dividido y cuyos nombres damos a conocer más adelante, 92 tienen hasta 10 mil habitantes, trece tienen más de esa cifra y solamente uno, el de Mérida, sobrepasa el número de cincuenta mil habitantes. Los municipios con mayor población son en orden descendiente, los siguientes: Mérida, en donde se encuentra la ciudad que le da nombre, que es la capital política, económica y cultural del Estado, y que cuenta con 397,647 habitantes; Tizimín, con 45,409 habitantes; Valladolid con 34,512 habitantes, y Progreso, con 29,402 habitantes. Para tener una impresión del grado de crecimiento de la población de Yucatán en los últimos veinte años (1960-1980) reproducimos a continuación esta tabla comparativa, que incluye a los municipios mencionados:

	1960	1970	1980
Población total del Edo.	614,049	758,355	1,034,648
Municipio de Mérida	190,642	241,964	397,647
Municipio de Tizimín	17,444	35,647	45,409
Municipio de Valladolid	17,642	24,200	34,512
Municipio de Progreso	17,060	21,352	29,402

Yucatán no tuvo siempre la misma extensión, pues al proclamar su independencia política en 1821 abarcaba no solamente toda la Península de su mismo nombre, sino que se extendía hasta la región del Petén, que posteriormente quedó dentro de la jurisdicción de Guatemala, y el territorio de Belice, que después de ser durante un tiempo bastante prolongado colonia inglesa, obtuvo recientemente su independencia. Por otra parte, Yucatán sufrió dos importantes desmembramientos de su territorio: en 1858, al erigirse en Estado el antiguo Partido de Campeche, adjudicándose una extensión de más de cincuenta mil kilómetros cuadrados, y en 1902, al crearse el Territorio de Quintana Roo, con una extensión casi igual a la anterior.

3) CONDICIONES DEL SUELO Y DEL CLIMA

El Estado de Yucatán se encuentra en un terreno calcáreo

en su mayor parte, que en su conjunto constituye una planicie que presenta ligeras salientes. El único relieve de importancia se halla al sureste de su territorio y lo constituye una cadena de pequeñas elevaciones llamada "La sierra" o "La sierrita", y cuya altura oscila entre los cien y los trescientos metros sobre el nivel del mar.

En el Estado no existen ríos, pero cuenta con mantos subterráneos de agua en casi toda su extensión, cuyas bocas o aberturas, a veces de treinta metros de diámetro, reciben el nombre de cenotes. Igualmente cuenta con numerosas "aguadas", que son depresiones de escasa profundidad.

A lo largo de su costa corre una faja arenosa con anchura media de un kilómetro, formada por dunas y bancos y separada de tierra firme por la ciénaga, que por trechos se enlaza con el mar o forma pantanos más o menos extensos. Los esteros de Celestún y Río Lagartos se encuentran en los extremos oriente y occidente de esa faja.

Por hallarse en una zona tórrida, su clima es cálido, sin cambios térmicos invernales bien definidos; seco en el extremo noroeste y en la costa y sub-húmedo en el resto del Estado. La temperatura media anual es de 18°, con máximo de 35°, salvo ocasiones esporádicas. El mes más frío es enero y el más caliente mayo. Las lluvias comienzan en mayo y terminan en octubre, y las neblinas, espesas y extensas, especialmente de octubre a marzo, atemperan el calor y favorecen los cultivos.

4) ORGANIZACION JURIDICA Y POLITICA

Como parte integrante de la nación mexicana, el Estado de Yucatán se rige jurídica y políticamente por la Constitución General del país, promulgada en 1917 al término de la lucha armada de la revolución iniciada en 1910, y por la Constitución particular del Estado que, juntamente con la primera, norman su organización social.

El gobierno local, de acuerdo con el sistema republicano, democrático y federal adoptado por México, está formado por los poderes siguientes: El Ejecutivo, que desempeña el

Gobernador del Estado, electo cada seis años; el Legislativo, representado por el Congreso del Estado, cuyos miembros son electos cada tres años; y el Judicial, cuyos componentes son nombrados por el Congreso a propuesta del Gobernador.

Para los efectos judiciales, el Estado se divide en tres departamentos. Para la integración del Congreso local, se divide en trece distritos, cada uno de los cuales elige a un diputado. Además, de acuerdo con las últimas reformas a las disposiciones electorales, han sido creados los diputados de partido, que forman parte del citado Congreso cuando la votación obtenida por los partidos minoritarios registrados alcanza cierto porcentaje en los sufragios.

El Estado, por otra parte, está dividido administrativamente en 106 municipios, gobernados por ayuntamientos, que son renovados cada tres años, por elección popular. Por orden alfabético, reproducimos a continuación los nombres de ellos:

Abalá, Acanceh, Akil, Baca, Bokobá, Buctzotz, Cacalchén, Calotmul, Cansahcab, Cantamayec, Celestún, Cenotillo, Conkal, Cuncunul, Cuzamá, Chaksikín, Chankom, Chapab, Chemax, Chicxulub Pueblo, Chichimilá, Chikindzonot, Chocholá, Chumayel, Dzan, Dzemul, Dzidzantún, Dzilam Bravo, Dzilam González, Dzitás, Dzoncauich, Espita, Halachó, Hocabá, Hoctún, Homún, Huhí, Hunucmá, Ixil, Izamal, Kanasín, Kantunil, Kaua, Kinchil, Kopomá, Mama, Maní, Maxcanú, Mayapán, Mérida, Mocochá, Motul, Muna, Muxupip, Opichén, Oxkutzcab, Panabá, Peto, Progreso, Quintana Roo, Río Lagartos, Sacalum, Samahil, Sanahcat, San Felipe, Santa Elena, Seyé, Sinanché, Sotuta, Sucilá, Sudzal, Suma, Tahdziú, Tahmek, Teabo, Tecoh, Tekal de Venegas, Tekantó, Tekax, Tekit, Tekom, Telchac Pueblo, Telchac Puerto, Temax, Temozón, Tepakán, Tetiz, Teya, Ticul, Timucuy, Tinum, Tixcacalcupul, Tixkokob, Tixméuac, Tixpéual, Tizimin, Tunkás, Tzucacab, Uayma, Ucú, Umán, Valladolid, Xocchel, Yaxcabá, Yaxkukui, y Yobaín.

Como es fácil advertir, de los nombres citados, dos corresponden a ciudades de España: Mérida y Valladolid; dos son españoles: Progreso y Río Lagartos; uno se refiere a los apellidos de un ilustre personaje yucateco, don Andrés

Quintana Roo; dos corresponden a dos santos: San Felipe y Santa Elena; y seis están formados por términos mayas y españoles: Chicxulub Pueblo, Dzilam Bravo, Dzilam González, Tekal de Venegas, Telchac Pueblo y Telchac Puerto. Los demás son de origen maya.

Yucatán, está representado ante el Congreso de la Unión por cuatro diputados federales, de acuerdo con su población actual, y que son electos cada tres años, y por dos senadores, electos cada seis años. Para los efectos de la elección de los primeros, el Estado está dividido en cuatro distritos electorales.

5) EDUCACION Y CULTURA

El centro cultural del Estado ha sido, durante toda su historia, la ciudad de Mérida, donde se encuentran las más importantes instituciones educativas y científicas, mismas que a su vez generan una fecunda actividad académica.

La más prestigiada institución educativa es la Universidad Autónoma de Yucatán, fundada en 1922 con el nombre de Universidad Nacional del Sureste, que ha registrado en los últimos años un acelerado proceso de desarrollo y crecimiento en el número de sus Escuelas y de las carreras profesionales que en ellas se imparten y por consiguiente, en el número de su alumnado. Por cierto que no obstante la existencia de instituciones similares en otros Estados del Sureste del país, Yucatán sigue siendo el principal foco de atracción de los estudiantes de esa vasta región, y de algunos países centroamericanos.

La Universidad Autónoma de Yucatán cuenta con las siguientes Facultades y Escuelas, que cubren en gran parte las necesidades de profesionistas en el ámbito peninsular: Medicina, que es la más antigua; Jurisprudencia, Química, Ingeniería, Odontología, Enfermería, Contaduría y Administración, Matemáticas, Antropología, Economía, Psicología, Veterinaria y Zootecnia, y Arquitectura, esta última la de más nueva creación.

También cuenta la Universidad con dos Escuelas Preparatorias; el Centro de Investigación "Hideyo Noguchi", que ha extendido sus actividades al crear nuevas áreas de investigación; la estación radio-difusora de índole cultural; el departamento de difusión; el departamento editorial, que ha publicado importantes obras docentes y representativas de la historia, la cultura y las costumbres regionales, y la revista bimensual, órgano oficial de la institución, que tiene a su cargo una bien orientada labor de divulgación y orientación dentro y fuera de las fronteras locales.

El Instituto Tecnológico de Mérida, con instalaciones modernas en el kilómetro 5 de la antigua carretera Mérida-Progreso, tiene a su cargo la preparación técnica de la juventud, a nivel medio y superior, en las especialidades que se mencionan a continuación: a nivel de Bachillerato, estudios de Turismo, Construcción, Mantenimiento Automotriz, Refrigeración, Electricidad, Maquinaria y Electrónica; y a nivel de Licenciatura, las carreras de Ingeniería Industrial, Ingeniería Química, Ingeniería Mecánica, Administración de Empresas y Producción.

Funcionan también en Mérida numerosas escuelas comerciales, secundarias y preparatorias particulares; dos planteles del Colegio Nacional de Educación Profesional Técnica (CONALEP); dos Escuelas Tecnológicas Industriales, para fines de capacitación en el trabajo. En materia artística, funcionan las escuelas de pintura, danza, teatro y música dependientes del Gobierno del Estado; el Centro de Educación Artística (CEDART) dependiente del Instituto Nacional de Bellas Artes, y numerosas escuelas particulares de música y danza. Por su parte, el Fondo Nacional de Actividades Nacionales (FONAPAS), la Secretaría de Educación y Cultura del Gobierno del Estado y la Universidad Autónoma de Yucatán promueven la organización periódica de actividades artísticas y culturales de variada índole, con participación de artistas nacionales y extranjeros. Debe señalarse la importancia especial que tienen en el impulso de dichas actividades las obras de remodelación y reconstrucción del teatro "Peón Contreras", que había permanecido abandonado por muchos años, y que lo dejaron en magníficas condiciones para cumplir con su cometido original, y volver a lucir como uno de los edificios más impresionantes en su género en la República. A la terminación de dichas obras, realizadas por el gobierno federal a través de la Secretaría de Asentamientos Humanos y Obras Públicas fue entregada la mencionada sala al gobierno estatal para su utilización en el fomento del teatro y otras manifestaciones de alta cultura.

A su vez, el gobierno federal sostiene escuelas secundarias en Mérida y en otras poblaciones del interior del Estado, así como Escuelas Tecnológicas Agro-pecuarias en Acanceh, Telchac, Maxcanú, Teabo, Teya, Tizimín, Izamal, Valladolid, Buctzotz, Espita, Cansahcab y Peto; los Centros de Estudios Tecnológicos y Agropecuarios de Xmatkuil (en el área de Mérida) y de Tizimín; el Centro de Estudios Científicos y Tecnológicos de Motul, y la Escuela Técnica Pesquera del puerto de Yukalpetén.

Otra importante obra en materia científica y cultural realizada por el gobierno federal, fue la instalación del Museo de Historia de Mérida, de acuerdo con las técnicas más avanzadas, en el majestuoso edificio conocido como el Palacio Cantón, situado en el Paseo de Montejo de dicha ciudad, y que fue objeto de una completa restauración para servir adecuadamente a las funciones que le han sido señaladas, y la construcción de las modernas instalaciones del Centro Regional del Instituto Nacional de Antropología e Historia, que coordina los estudios antropológicos y la investigación arqueológica en la región peninsular.

6) VIDA ECONOMICA

La vida económica de Yucatán, descansó por muchos años, en la explotación de la tierra, a pesar de que el suelo carece de ríos y sus características lo hacen poco propicio para la agricultura, predominando en ella los cultivos del maíz, que han sido el principal elemento de la alimentación popular desde los mayas, y el henequén, que después de tener su mayor auge a principios de la centuria actual y llegar a ser un factor determinante en el desarrollo local, ha caído en un prolongado período de crisis, por diversas circunstancias relacionadas con el comercio internacional de la fibra y la política agraria seguida por la gobierno mexicano.

Precisamente para enfrentarse a los problemas derivados de la crisis henequenera, se han realizado esfuerzos tendientes a diversificar la agricultura y estimular otras fuentes de producción en la ganadería, la industria, el turismo y la pesca.

Agricultura. Según datos tomados de una publicación oficial de la delegación regional de la Secretaría de Programación y Presupuesto, la producción agrícola en Yucatán creció tanto en volumen como en valor, pues en 1981 se obtuvieron 439,461 toneladas (que significó un aumento de 11.5 por ciento sobre 1980) con un valor de 3,308.2 millones de pesos.

En apoyo de lo anterior, formulamos el siguiente cuadro comparativo de lo producido en el Estado durante los años 1979, 1980 y 1981, incluyendo superficie sembrada, volumen en toneladas y valor en millones de pesos:

AÑO	SUPERFICIE	VOLUMEN	VALOR
1979	320,840 Has.	376,993 Tons.	1,490.4 M.
1980	348,818 Has.	294,232 Tons.	2,293.3 M.
1981	372,021 Has.	439,461 Tons.	3,308.2 M.

La superficie sembrada en 1981 quedó dividida en la siguiente forma: henequén 135,740 hectáreas; maíz, 183,437 hectáreas; frijol, 24,281 hectáreas; calabaza, 3,229 hectáreas; hortalizas, 3,009 hectáreas; cítricos, 7,707 hectáreas y frutales, 4,038 hectáreas. En lo que se refiere a la superficie de henequén, el 70.1 por ciento, correspondió al área ejidal, y el 29.9 por ciento a los pequeños propietarios (ex-hacendados y parcelarios). La producción ejidal fue de 249,749 pacas de henequén, con un peso de 42,370 toneladas, y la de la pequeña propiedad y parcelas particulares, fue de 160,059 pacas, con un peso de 29,835 toneladas.

Ganadería. La región ganadera del Estado está localizada en el oriente del mismo y tiene su principal centro en Tizimín, donde se celebra anualmente una exposición que ha adquirido notoriedad nacional por los ejemplares que en ella se exhiben, y que por su alta calidad han recibido importantes premios.

La población de ganado bovino registró un notable avance a partir de 1976 (año en que era de 790,792 cabezas) como lo demuestra la siguiente relación:

AÑO	NUMERO DE CABEZAS	VOLUMEN EN MILLONES
1977	806,608	300.0
1978	822,749	598.8
1979	839,195	934.6
1980	855,979	1,159.7
1981	873,718	1,162.5

El ganado porcino, a su vez, aumentó en número de cabezas en el mismo período, pues en 1976, fue de 190,332, con un valor en millones de pesos de 186.0 y en 1981 ascendió a 207,629 cabezas, con un valor de 603.0 millones.

El programa de inseminación artificial ha tenido resultados positivos en la ganadería yucateca. Se han obtenido extraordinarios ejemplares de las razas "Brahman", "Indo-Brasil", "Guzerat", "Limousin", "Suizo", y otras, que han merecido menciones honoríficas en la Capital de la República y en otras ciudades del país.

Industria. La industria sigue ocupando un sitio destacado en la economía yucateca, pues el volumen total de artículos elaborados en 1981 ascendió aproximadamente a un millón, tres mil setecientos ochenta toneladas, con un valor de 8,764.4 millones de pesos.

La actividad industrial está repartida en los siguientes renglones: cordelería y artefactos de henequén; aceites y grasas; harinas; refrescos; molinos de granos; panificación; restaurantes; industria pesquera; salinas; alimentos; siderurgia; cemento; construcción; calzado; plásticos; vestidos y electricidad. A propósito de la electricidad, debe señalarse que Yucatán es una de las entidades del país que no cuenta con recursos hidráulicos susceptibles de explotar para generar energía motriz. Todo el fluido que necesita, es proporcionado por las plantas termo-eléctricas que la Comisión Federal de Electricidad posee en Mérida y otros lugares de la península.

La principal actividad la constituyen las manufacturas de henequén, en su mayor parte elaboradas en el complejo paraestatal "Cordemex", establecido en la carretera Mérida-Progreso, y que es el mayor centro exportador del Estado, y uno de los más importantes proveedores de artículos industrializados al mercado internacional.

Otras fábricas establecidas en Yucatán lo constituyen las de cerveza, bebidas gaseosas, productos alimenticios, calzado y prendas de vestir, especialmente las popularizadas "guayaberas", cuyo uso se ha extendido hasta convertirse en uno de los principales renglones del mercado exterior.

Cabe citar también, por las características humanas y sociales de su estructura productiva, las artesanías, que son una fuente importante de ingresos para las familias del medio rural y sectores sub-empleados.

Finalmente haremos mención de la Ciudad Industrial de Mérida como factor determinante del progreso regional, pues se han invertido en ella cerca de cinco mil millones de pesos, dándose trabajo a cinco mil trabajadores, aproximadamente. A continuación se citan las fábricas que funcionan en ella: hilos y cordeles, 2; productos no-metálicos, 20; productos alimenticios, 15; productos metal-metálicos, 22; servicios, 71; productos de concreto, 8; productos químicos, 5 y electricidad, 2.

Turismo. En la medida en que han mejorado las comunicaciones internas y externas y los servicios necesarios para el desarrollo del turismo, Yucatán registró por varios años un ritmo satisfactorio de crecimiento de visitantes nacionales y extranjeros, aunque en 1981, por diversidad de circunstancias, y dentro del fenómeno bajista que se ha advertido en toda la República, sufrió un notorio descenso.

El número de visitantes en el año pasado llegó a 2'057,519 de los cuales 754,650 fueron extranjeros, procedentes, en orden de importancia, de Estados Unidos, Europa, América Latina, Canadá y Japón.

Operan en el Estado 127 establecimientos de hospedaje de diversas categorías, con un total de tres mil ochocientos cuartos; diecinueve arrendadores de automóviles, ciento noventa y cinco restaurantes; veinte centro nocturnos; cuarenta y cuatro agencias de viajes; ciento cuarenta y nueve guías de turismo y una empresa de transporte turístico especializado. El número de personas que laboran en la actividad turística es un poco mayor de seis mil, y la inversión canalizada en la misma alcanzó en 1981 la cifra de 920.7 millones de pesos.

Pesca. Tomando en cuenta la extensión de las costas de Yucatán y la riqueza de especies marinas que existen en ellas, la actividad pesquera local ha recibido un constante estímulo oficial para mejorar sus recursos, modernizar los sistemas de captura o ensanchar sus plantas congeladoras, con el fin de hacer de ella una vigorosa fuente de alimentos, trabajo y divisas extranjeras.

La captura pesquera que en 1980 fue de 34,824 toneladas, pasó en 1981 a 39,844 toneladas, con un valor global de más de mil millones de pesos, habiendo participado en dicho volumen los pescadores de Progreso, Celestún, Dzilam de Bravo, Telchac Puerto, Sisal, Río Lagartos, San Felipe y el Cuyo. Dentro de las especies capturadas, el mero y el pulpo aportaron el 59.5% del total.

Laboraron en 1981 en las actividades pesqueras, 9,916 personas, repartidas en la proporción siguiente: 10.7% son miembros de las cooperativas; 0.7% son permisionarios privados; 64% son pescadores asalariados; 5% pescadores eventuales, y 12.7% trabajadores de las plantas industrializadoras.

El Banco Nacional Pesquero y Portuario ha incrementado sus créditos en el Estado para mejorar el equipo, adquirir embarcaciones modernas y construir nuevas plantas procesadoras.

7) COMUNICACIONES Y TRANSPORTES

Para su comunicación interior, el Estado cuenta con una

amplia red de carreteras y caminos vecinales y el sistema ferroviario regional que funcionó durante muchos años bajo el nombre de "Ferrocarriles Unidos de Yucatán", y que posteriormente quedó incorporado al Ferrocarril del Sureste, enlazando sus líneas con los Ferrocarriles Nacionales.

En lo que toca a la comunicación con el resto de la República, se cuenta, además de la vía férrea citada, con el transporte marítimo, dedicado ahora casi exclusivamente a la movilización de carga, y con la carretera federal, que por una parte une a la Península con la capital del país, y por la otra con el vecino Estado de Quintana Roo, sirviendo al transporte automotriz de pasajeros y mercancías. Complementan el renglón que nos ocupa, las líneas de aviación, que cumplen con eficacia su importante cometido con el consiguiente beneficio del turismo y del comercio nacionales.

El aeropuerto internacional de Mérida, que lleva el nombre del patricio yucateco don Crescencio A. Rejón, ha visto acrecentar su movimiento, al ser utilizado como punto de escala hacia el exterior por importantes compañías nacionales y extranjeras.

En el Estado existen numerosos puertos, pero los principales, por la importancia de su movimiento son los de Progreso, de altura y cabotaje, que está unido a Mérida por ferrocarril y carretera y que para atender el intenso intercambio comercial, cuenta con una Aduana Marítima; Yukalpetén, Puerto de Abrigo y Centro Pesquero de primer orden que se halla entre Progreso y Chelem, y Celestún, de cabotaje.

En Mérida existen tres canales de televisión y varias estaciones radio-difusoras de regular alcance, que realizan funciones de propaganda comercial, de entretenimiento popular y de difusión cultural. Igualmente en Tizimín, Valladolid, Progreso y otras poblaciones, hay otras estaciones radiofónicas de menor potencia.

8) COSTUMBRES Y CARACTERISTICAS

En gran número, los habitantes de Yucatán hablan tanto el

idioma español como la lengua maya. Los "blancos" y los mestizos del interior del Estado muestran la gran influencia de la lengua nativa, tanto en los términos que usan como en el modo de expresarse. Acerca de esta modalidad del pueblo yucateco, se han escrito valiosos estudios, entre los que sobresalen el trabajo presentado en la Academia Mexicana de la Lengua en su ingreso a esa institución, por el poeta y dramaturgo don Antonio Mediz Bolio, de grata memoria por su destacada personalidad intelectual, y el ensayo escrito por don Víctor M. Suárez Molina, prestigiado historiador yucateco contemporáneo.

La fisonomía popular, el vestido que usa la gente del campo, a pesar de las presiones que conducen a su paulatina desaparición; su modo de vivir, sus costumbres y, en general, sus características etnológicas, juntamente con el paisaje, el clima, la flora, la fauna, la música, el rico folklore local y las tradiciones indígenas que aún sobreviven, le dan a Yucatán una situación especial dentro del panorama nacional, con un perfil particularmente acentuado en la historia política y en el desarrollo socio-cultural de México.

Por las páginas que siguen, a través de los sucesivos capítulos en que están agrupadas, el lector entrará en contacto con las etapas trascendentales de la Historia de Yucatán, los sucesos de más significación registrados en la misma, y los personajes representativos de la vida regional.

CAPITULO

37

CAPITULO II

1) EN EL ULTIMO VIAJE DE COLON

La primera noticia que tuvieron los españoles de la región conocida con el nombre de Yucatán, fue, como es natural, vaga e imprecisa. El testimonio de tal suceso es atribuido a Bartolomé Colón, hermano del Descubridor de América, en un informe redactado en italiano en 1505.

Según dicho documento, cuando Cristóbal Colón realizaba su cuarto y último viaje por las tierras del Nuevo Mundo y hallándose en una de las islas existentes frente a las costas de Honduras, se encontró con una gran canoa tripulada por mercaderes indígenas que por su aspecto e indumentaria despertaron el interés del ilustre navegante, acostumbrado a la desnudez de los naturales que hasta entonces había conocido.

La nave maya tenía como ocho pies de ancho, bastante larga y de una sola pieza. Bajo un cobertizo de petates sostenido por ambos lados de la embarcación, se resguardaban los pasajeros y la mercancía, consistente ésta en mantas de algodón, hachas de cobre, espadas, utensilios de barro y cacao de buena calidad. La tripulación estaba formada por veinticinco hombres y algunas mujeres. Los hombres llevaban amplios ceñidores en la cintura y las mujeres se cubrían el cuerpo con mantas de algodón.

Llevados ante la presencia del Almirante, éste los recibió con halagos, poniendo atención en averiguar el origen y las razones de su viaje. Los indígenas, a su vez, correspondieron con gestos amistosos. y dieron a entender como pudieron, que provenían de un país que se hallaba en los mares del poniente que, posteriormente, resultó ser la península de Yucatán.

Colón los obsequió con algunas baratijas y les permitió que siguieran su viaje, sin darle mayor importancia al encuentro. Pero, como dice el historiador Juan Francisco

Molina, si en lugar de dirigirse al sudoeste hubiese tomado el rumbo del poniente o hacia el noroeste, se habría anticipado el descubrimiento del territorio maya que, por la supuesta conformación insular que le atribuyeron los hispanos, fue mencionado como la "Isla Rica", por considerársele, también erróneamente, poseedora de insospechadas riquezas naturales.

2) JUAN DIAZ DE SOLIS Y VICENTE YAÑEZ PINZON

Unos años después, en 1508, los expedicionarios Juan Díaz de Solís y Vicente Yáñez Pinzón, quienes pretendían continuar la obra de Colón y que navegaban por el Golfo de Honduras, se acercaron a las costas de Yucatán.

Díaz de Solís y Yáñez Pinzón fueron acompañados por el piloto Pedro Ledesma, quien por haber tomado parte en uno de los viajes de don Cristóbal, conocía bastante las regiones que éste había recorrido. Después de seguir el litoral de Honduras, Belice y Guatemala, llegaron hasta las bahías de Chetumal y Ascensión pasando por el Cabo Catoche. Y aunque existen discrepancias sobre el itinerario de ese viaje —se dijo que llegaron a Río Lagartos— de todos modos no hay duda alguna de que Díaz de León y Yáñez Pinzón fueron los primeros españoles que vieron las costas de Yucatán.

De retorno a España, tuvieron que enfrentarse a algunas dificultades con las autoridades reales, mismas que se resolvieron posteriormente. Ledesma fue nombrado piloto de la Casa de Contratación, Pinzón obtuvo un cargo en Sevilla y Díaz de Solís recibió una indemnización. Años más tarde, este último, que había recibido el mando de la expedición a América del Sur, encontró una trágica muerte en Río de la Plata, donde los naturales lo descuartizaron.

3) NAUFRAGIO DE JUAN DE VALDIVIA

Si el descubrimiento de Yucatán le es atribuido a Díaz de

Solís y a Yáñez Pinzón, los primeros españoles que pisaron su territorio fueron unos náufragos, cuyo barco, que iba de Darién (lo que hoy es Panamá) a La Española (hoy Santo Domingo), fue desviado por un temporal que los obligó a buscar protección en las costas de la península.

En 1511, el alcalde de Darién, Núñez de Balboa, decidió enviar un comisionado a La Española en busca de vituallas, nombrando para esa misión a Juan de Valdivia. Este se enfrentó a la altura de Jamaica con un huracán que hizo que la embarcación se estrellara en unos arrecifes muy peligrosos conocidos como "Las víboras", obligando a tripulantes y pasajeros, en número de veinte, a huir en un pequeño bote, tratando de salvar la vida.

Después de varios días de lucha contra el oleaje, durante los cuales cayeron al agua siete de sus compañeros, los náufragos sobrevivientes arribaron a un lugar habitado donde los nativos los encarcelaron. Valdivia y cuatro de sus hombres fueron sacrificados, quedando en prisión los demás.

Varios de estos últimos lograron escapar, llegando hasta el poblado de Xamancaan, de cuyo cacique, Ah Kin Cutz, recibieron un trato humano. Entre ellos se encontraban el religioso Jerónimo de Aguilar y el soldado Gonzalo Guerrero, quienes fueron dedicados a la servidumbre de sus captores. Guerrero se hizo interesante ante el cacique de Chetumal y habiéndose casado con la hija del mismo, decidió incorporarse a la vida de la tribu, renunciando a sus costumbres hispanas y adaptándose por completo a las nativas.

Guerrero fue nombrado capitán de las tropas de su suegro, Nah Chan Can, y se dice que gracias a las enseñanzas que impartió a sus soldados, dicho cacique pudo enfrentarse a los españoles que arribaron posteriormente a la península en son de conquista.

Cuando en 1517 los hombres de Francisco Hernández de Córdoba llegaron al Cabo Catoche, Aguilar, que tuvo noticias de aquel suceso, trató de comunicárselas a Guerrero, pero no consiguió ponerse en contacto con su compatriota.

No fue sino hasta el año de 1519 cuando dicho religioso pudo convertir en realidad sus deseos, pues al llegar Hernán

Cortés a Cozumel y tener noticias de la existencia de los dos sobrevivientes, hizo que unos enviados suyos fueran tierra adentro en busca de los mismos.

Cuando ese intento, al parecer, había fracasado, la presencia de una canoa entre cuyos pasajeros estaba Jerónimo de Aguilar, llenó de alegría a Hernán Cortés, quien después de abrazarlo, lo hizo vestirse a la europea y le solicitó informes acerca de su aventurada existencia entre los mayas y de Gonzalo Guerrero. Pero éste, como ya se dijo antes, por los estrechos lazos que había creado con los naturales, se quedó para siempre en la Península, donde dejó las primeras semillas del mestizaje, fruto del encuentro de las dos razas.

4) FRANCISCO HERNANDEZ DE CORDOBA

Estando gobernada Cuba por Diego Velázquez, éste se enfrentó a la escasez de brazos, por lo que pensó en la conveniencia de patrocinar una exploración a las tierras cercanas, con el fin de conseguir indios que pudieran ser utilizados en dicha isla.

Por cierto que el propio Velázquez contribuyó, por esa circunstancia, a la incorporación al dominio español, tanto de la región de Yucatán, como del extenso territorio que conquistado por Hernán Cortés recibió el nombre de Nueva España, ya que en las sucesivas expediciones que se organizaron después, intervinieron los hombres que a sugerencia suya o bajo sus auspicios, adquirieron interesantes experiencias en las tierras y en los mares vecinos.

En 1517, contando con el apoyo de Velázquez, salió de Santiago de Cuba el 8 de febrero de ese año, una expedición a las islas Guanajas, con el objeto ya indicado. Era su comandante Francisco Hernández de Córdoba, rico vecino y encomendero del lugar, a quien acompañaron Antón de Alaminos, Cristóbal de Morente y Luis Ochoa de Salcedo, quienes utilizaron para ese viaje un bergantín, dos navíos menores y ciento diez hombres.

Al igual que muchos de sus compatriotas, Hernández de

Córdoba, aparte la misión expuesta, llevaba en la mente el sueño de descubrir nuevas tierras. Por ello, cuando Antón de Alaminos, quien había acompañado a Colón en uno de sus viajes, le habló de la posibilidad de la existencia de países habitados por el rumbo del oeste, se le despertaron sus aun no declaradas ambiciones de riqueza y de poder.

Sin embargo, no fueron tales quimeras las que desviaron su itinerario, sino una tormenta que lo obligó a navegar perdido lejos de la ruta original y arribar a las costas de una isla que si de momento pensó pudiera ser una de las Guanajas, resultó nada menos que Isla Mujeres, en la costa oriental de Yucatán.

Ante la presencia de las embarcaciones extranjeras, los nativos se trasladaron en varias canoas a la nave capitana, donde después de saludar a Hernández de Córdoba y comer y después beber con él y sus oficiales, los invitaron a bajar a tierra. Los visitantes se impresionaron por las construcciones que hallaron en ese lugar y los ídolos que estaban en un adoratorio indígena. Precisamente la particular conformación anatómica que tenían tales ídolos, hizo que los españoles le pusieran a la citada isla el nombre que hasta hoy conserva.

Dirigiéndose después a tierra firme, Hernández de Córdoba conoció en los diversos puntos que recorrió, las grandes construcciones de cal y canto y las figuras que aparecían labradas en sus muros y que revelaron el grado de cultura que habían alcanzado los mayas, y que aún se mostraba a pesar de las ruinas en que se hallaban muchas de ellas cuando llegaron los españoles.

Al arribar a Ah Kin Pech —donde fue fundada después la ciudad de Campeche— nombrada también en los primeros tiempos como Salamanca, sus habitantes permitieron a Hernández de Córdoba y a sus hombres bajar en busca de agua, pero les advirtieron que no deseaban su permanencia en dicho lugar. Y cuando más adelante desembarcaron en otro caserío del rumbo llamado Potonchán o Champotón, el cacique Moch Cohuo ordenó a los nativos que cercaran a los extranjeros y tras un fiero combate, los hicieron retroceder y abandonar el sitio, no sin causarles algunos muertos y heridos. Entre los últimos se hallaba el propio Hernández de Córdoba, quien por haber quedado gravemente lastimado por las lesiones recibidas, ordenó a sus soldados una pronta retirada y el retorno a Cuba.

De allí el nombre que le pusieron a Champotón de "Bahía de la Mala Pelea".

5) JUAN DE GRIJALVA

La noticia de las tierras recorridas por Hernández de Córdoba en su desafortunado viaje, despertaron el natural interés de Velázquez, quien resolvió organizar una nueva expedición, misma que puso bajo la dirección de Juan de Grijalva, quien con la ayuda de otros vecinos de la isla, entre ellos Pedro de Alvarado, Alonzo Dávila y Francisco de Montejo, se dedicó a hacer los preparativos del viaje.

Habiendo reunido entre 250 y 300 hombres y contando con cuatro navíos, Grijalva zarpó de Matanzas, llevando entre sus inmediatos subordinados a los ya citados y al conocido Antón de Alaminos como piloto en jefe. El 3 de mayo de 1518 arribaron a Cozumel, donde desembarcaron sin encontrar oposición entre los nativos, por lo que tomaron posesión de la isla en nombre de la corona de Castilla.

En tierra firme Grijalva conoció después una población a la que vio parecido a Sevilla, y que probablemente era Tulum, y otros sitios que le causaron una grata impresión. Y continuando al sur encontró una bahía, a la que le puso el nombre de La Ascensión por haberla descubierto un 13 de mayo. De retorno, tocó otra vez Cozumel y siguió sobre la costa hacia el occidente para anclar cerca de Ah Kin Pech, donde los guerreros mayas, reunidos en gran número, lo combatieron. Pero al siguiente día, Grijalva desembarcó con fuerte escolta y enfrentándose a los naturales, logró derrotarlos y ahuyentarlos, aunque con un saldo de tres soldados muertos y sesenta heridos, entre ellos el mismo jefe de la expedición.

Embarcados de nuevo, los españoles pasaron por

Champotón hasta llegar al sitio que Antón de Alaminos llamó "Boca de Términos", donde se encuentra la Laguna de Términos, llamada después del Carmen, lo cual les hizo afirmarse en su creencia de que Yucatán era una isla. Después llegarían hasta la desembocadura del caudaloso río de Tabasco, el cual lleva el nombre de Grijalva en homenaje a su descubridor.

Mientras tanto en Cuba, ante la prolongada ausencia de Grijalva, el gobernador Velázquez dispuso la salida de Cristóbal de Olid para ir en su busca. Pero habiendo llegado únicamente a Cozumel y no encontrando huellas de sus compatriotas, resolvió retornar a la isla antillana.

La expedición de Grijalva, por otra parte, siguió hasta el norte, arribando a los dominios de Moctezuma, donde estableció relaciones con los naturales, recibiendo de ellos ricos regalos de oro, plata, piedras preciosas, textiles, etc.

Después de comisionar a Pedro de Alvarado para que fuera a informar a Diego Velázquez del resultado de ese viaje, Grijalva, acompañado de Montejo y Dávila, prosiguió sus exploraciones hasta llegar al río Pánuco, donde los vientos fuertes y las corrientes adversas lo obligaron a regresar.

Tocando de vuelta la laguna de Términos, Champotón y Campeche, Grijalva siguió hasta el Cabo Catoche, cruzó el canal y llegó a La Habana en el otoño de 1518.

6) LA TERCERA EXPEDICION Y HERNAN CORTES

El interés de Diego Velázquez por la región de Yucatán se acrecentó durante la ausencia de Grijalva. Los informes de Hernández de Córdoba, adornados con datos de su imaginación y de sus ansias de ver ampliada su autoridad, habían sido trasladados oportunamente a los reyes de Castilla, quienes, a su vez, le expidieron al Gobernador de Cuba el título de Adelantado de Yucatán y Cozumel.

De ahí la decisión de Velázquez de organizar una tercera expedición a las tierras de las que tenía tan sorprendentes noticias, y que puso bajo el mando de Hernán Cortés, vencidos los recelos existentes entre los dos. Por ese hecho, como se sabe, Cortés recibió la oportunidad de convertirse en el conquistador de México y, por consiguiente, en una de las figuras que contribuyeron a forjar el imperio colonial en América.

Hernán Cortés utilizó el conocimiento y las experiencias de Pedro de Alvarado, Francisco de Montejo y Alonso Dávila, quienes habían acompañado a Grijalva, y de Pedro de Alaminos, a quien nombró piloto principal. Se dice que Grijalva, por las razones expuestas, manifestó muchos deseos de participar en la nueva expedición, pero que no le fue posible por haber caído en desgracia ante Velázquez.

La flota contó con once navíos y gran número de soldados y marinos, que se calcula llegaba a cuatrocientos hombres, además de caballos, cuatro pequeños cañones, suficientes armas y pertrechos y los demás elementos necesarios para la aventura, zarpando del puerto de La Habana el 10 de febrero de 1519.

Después de detenerse en Cozumel, donde rescató a Jerónimo de Aguilar en las circunstancias ya descritas, Cortés dobló el Cabo Catoche y habiendo tocado la laguna de Términos, siguió rumbo a Tabasco. En este punto infligió una derrota a los naturales, de los que obtuvo el sometimiento, recibiendo valiosos obsequios, entre los cuales estaba la Malinche, la hermosa indígena tabasqueña que a partir de entonces se volvió destacado personaje en la historia de la conquista de México, gracias a su dominio de los idiomas nahoa y maya.

CAPITULO

1) Cuando los
   españoles llegaron

2) La conquista de
   Yucatán

3) Francisco de Montejo

CAPITULO III

1) CUANDO LOS ESPAÑOLES LLEGARON

Cuando los españoles conocieron de lejos la región que posteriormente recibiría el nombre de Yucatán y en forma gradual se fueron interesando por ella hasta decidirse, gracias a las gestiones de Montejo, a su conquista y consecuente colonización, los mayas habían pasado sus días de esplendor y se encontraban divididos en pequeños estados o cacicazgos, independientes unos de los otros, y que debían sus nombres a los que fueron señores principales de la península y a los lugares donde se establecieron.

Tal situación se había creado a partir de la destrucción de la que fue poderosa confederación o alianza política que tuvo como capital a Mayapán, suceso que señaló el inicio de un franco período de decadencia.

Al iniciarse, pues, la conquista, Yucatán estaba dividido en los 19 cacicazgos siguientes: 1) Ekab; 2) Chahuac-há; 3) Tazes; 4) Cupules; 5) Cochuah; 6) Chetemal; 7) Akinchel; 8) Ceh Pech; 9) Chakán; 10) Zipatán; 11) Acanul; 12) Kimpech; 13) Chakanpotón o Champotón; 14) Tixchel; 15) Acalán; 16) Maní; 17) Hocabal-Humún; 18) Zotuta; y 19) Cuzmil o Cuzamil.

A continuación señalamos los datos característicos de los principales de ellos:

Ekab se hallaba en la costa del Caribe y a él pertenecieron la hoy llamada Isla Mujeres y Tulum, que se han convertido en los últimos años en importantes puntos de atracción turística de Quintana Roo.

Chahuac-há, igualmente costeño y contiguo al anterior, era conocido por la laguna del mismo nombre y la sal y la pesca que ofrecían sus puertos. Uno de ellos, se supone, se hallaba en el mismo sitio que ocupa ahora Río Lagartos.

Cupul tenía un territorio bastante extenso que llegaba al cacicazgo de Chetemal y entre sus poblados de mayor importancia estaba Zací, donde se levantó la Ciudad de Valladolid, y Tzimín, cuyo nombre contemporáneo es Tizimín. Pertenecía a este cacicazgo Chichén Itzá, sob* cuyas ruinas estableció Montejo el Mozo la que llamó Ciudad Real que, según sus proyectos, debería ser al mismo tiempo capital de la colonia, y cabecera de una provincia que abarcaría los señoríos de Ceh Pech, Akin Chel, Cupules y Tazes. Como se sabe, el cacique de los cupules combatió fieramente a los conquistadores, dando lugar a la batalla de Chichén Itzá, poco afortunada para los españoles.

Cochuah estaba ubicado al sureste del anterior y tenía como capital a Tixhotzuc, el poblado que con el nombre españolizado de Tihosuco fue teatro de sangrientas escenas en la rebelión indígena que asoló la península en el siglo XIX.

Chetemal, del que tomó su nombre la capital de Quintana Roo y en cuyas costas arribaron los hombres de Valdivia, cuando por el naufragio que sufrieron en 1511, se vieron obligados a buscar refugio en las tierras mayas.

Sus habitantes se dieron a conocer por sus actividades comerciales y marineras, que realizaban en canoas que llegaban hasta Honduras, de donde traían cacao y otros productos de esa zona centroamericana.

Akinchel fue establecido por la familia de los Cheles en la región ocupada por los ex-departamentos de Izamal y Temax y entre sus poblados más notorios hay que citar Izamal, que mostró a los ojos de los conquistadores imponentes ruinas mayas, sobre las cuales fue levantado el monasterio franciscano que hasta ahora es motivo de admiración e interés por su valor como exponente de la arquitectura colonial en la península.

Ceh Pech fue establecido por los Peches, quienes fijaron su capital en Mutul o Motul. Fue su fundador un descendiente del gran señor de Mayapán llamado Noh Canul Pech.

Chakán tuvo como capital a Caucel. En su territorio se hallaban las ruinas de Thó, donde se produjo una de las batallas más importantes entre Montejo el Hijo y los soldados mayas y en cuyo sitio se acordó levantar la ciudad de Mérida, como capital de la naciente colonia.

Colindando con el mar por el norte y poniente, *Zipatán* abarcaba las salinas de Celestún. Los principales recursos de sus habitantes eran recolección de la sal y la pesca. Como sucedió en otros cacicazgos, los habitantes de algunos de sus poblados fueron reconcentrados en otros lugares para facilitar el adoctrinamiento religioso de los naturales. Hunucmá fue uno de ellos.

Acanul fue establecido por varios hermanos Canules, de donde el cacicazgo tomó su nombre, habiendo fijado como capital a Calkiní. Pertenecieron a este cacicazgo Maxcanú y Halachó.

Junto al anterior estaba *Kin Pech* o *Can Pech,* y su capital era Kin Pech, en la bahía del mismo nombre, y donde los españoles pasaron al iniciar la conquista. Al poniente se hallaba *Chakanputún,* que gobernaba Moch Cohuó y quien se apareció a Hernández de Córdoba en Potonchán (la Champotón de hoy) en una inolvidable jornada bélica.

Al cacicazgo de *Tixchel* pertenecía la laguna de Términos, al sudoeste de la cual estaba *Acalán,* llamado Onohualco por los mexicanos, y cuyos habitantes eran comerciantes que en sus correrías llegaban hasta el istmo de Panamá.

El cacicazgo de *Maní* estaba formado por los Xiues y al comienzo de la conquista era gobernado por Tutul Xiu. Además de Maní, que era su capital y de donde tomó su nombre, abarcaba poblados como Oxkutzcab, Muna, Tekax y Peto y la región de Uxmal, esta última de enorme valor arqueológico por las imponentes ruinas que se conservan en ella y que testimonian el elevado grado de civilización que alcanzaron los mayas.

Zututa era dominado por los Cocomes, habiéndose fundado su primer pueblo en Tibolón. Los cocomes se mantuvieron en constantes dificultades con los cheles y los xiues. De ahí que en la conquista el jefe del cacicazgo, llamado Nachi Cocom, tuviese un papel destacado por su rebeldía. Otra de sus poblaciones fueron Zututa, que le daba nombre, Yaxcabá y Cantamayec.

Colindando con los cacicazgos de Zututa y Maní, el de *Hocobá-Humún* tomó su nombre de dos de sus poblados,

Hocabá y Homún, aunque siendo su capital el primero de los citados.

Cuzmil o *Cuzamil,* establecido en la isla que conocemos por Cozumel, estaba dominado por la familia Pat y, finalmente, el cacicazgo de *Tah-Itzá* o *Petén-Itzá,* que se encontraba bastante separado de los demás por razones geográficas, por lo cual los únicos puntos con que estaba comunicado con el núcleo maya peninsular eran Chetemal y Acalán.

2) LA CONQUISTA DE YUCATAN

Antes de ocuparnos de la conquista de Yucatán creemos conveniente hacer algunas consideraciones sobre ese interesante proceso histórico, para señalar sus características y las circunstancias que influyeron en su desarrollo:

I.— No obstante que Yucatán fue descubierto en 1517 su conquista no se inició hasta diez años después, en 1527. A ese retraso contribuyó seguramente, la incorporación de Montejo a la expedición de Cortés y las tareas que este último le encomendó para afirmar y defender sus derechos en la conquista de México.

II.— A pesar de que los propósitos de Velázquez al patrocinar la tercera expedición, eran confirmar y ampliar los informes obtenidos por Hernández de Córdoba y Grijalva en sus respectivos viajes, Hernán Cortés no se ajustó a las instrucciones recibidas y restándole importancia a las costas de Yucatán, por las que pasó de largo, siguió hasta el Anáhuac, llena la cabeza de ambiciosos planes ante las noticias de que las tierras de los aztecas eran ricas en oro.

III.— La circunstancia anteriorment citada contribuyó a que fuese olvidada temporalmente la región de Yucatán, pues el interés por la misma disminuyó notablemente ante la avalancha de noticias y rumores provocados por la aventura cortesiana.

IV.— La forma interrumpida y episódica con que se llevó a cabo la conquista de Yucatán requirió un período extremadamente largo de veinte años, en contraste con las campañas realizadas en México y en Perú, que se caracterizaron por su espectacularidad y rapidez.

V.— Ese prolongado término se debió, entre otros, a los siguientes factores: a) la carencia de unidad política entre los mayas ante la presencia de los iberos y que dificultó la empresa conquistadora de Yucatán, obligando a los Montejo a una larga guerra, en la que tuvieron que dominar, uno a uno, los diferentes cacicazgos en que estaba dividida la península; b) la falta de perseverancia de don Francisco de Montejo en la realización de sus propósitos, llevado por otras motivaciones de poder, y que lo hicieron abandonarlos para atender las funciones que le fueron encomendadas en Honduras, Tabasco y Chiapas; c) la resistencia obstinada y multiforme que ofreció el maya a los extranjeros y d) los estragos que causaron en los invasores la aridez del terreno y las características del clima, tan poco estimulante a los hispanos.

VI.— Otro elemento que llama la atención en el proceso de la conquista de Yucatán, es la contradicción entre el interés que manifestó Diego Velázquez por impulsar las exploraciones de las tierras mayas y el hecho, al parecer inexplicable, de no haber intervenido personalmente en ninguna de ellas, delegando su autoridad en quienes como Hernández de Córdoba, Grijalva y Hernán Cortés, aceptaron desde luego los riesgos de tales viajes, con todos los peligros que significaban. Esa actitud se mantuvo igual, después de que los reyes de España, entusiasmados por los informes que les envió el gobernador de la isla de Cuba, le reconocieron autoridad y le otorgaron poderes para continuar explorando lo que suponía eran las islas de Yucatán y Cozumel, aunque en una jurisdicción imprecisa que llegaba a Tabasco y las zonas que se hallaban más al norte.

3) FRANCISCO DE MONTEJO

Como ya vimos en páginas anteriores, entre los capitanes que participaron en las expediciones de Juan de Grijalva y de Hernán Cortés, figuró Francisco de Montejo, natural de Salamanca y quien después de una estancia en Santo

Domingo, se había establecido en Cuba, donde disfrutaba de una encomienda.

Como hombre conocedor de las costas de Yucatán, por la experiencia obtenida en el viaje de Grijalva, con quien, como se recordará, llegó hasta Tabasco, Montejo le fue de mucha utilidad a Hernán Cortés en la aventura que lo llevó a la conquista de México, pues tuvo bajo su responsabilidad uno de los navíos y el comando de una compañía de soldados, y tomó parte en la campaña de Tabasco y en el reconocimiento del lugar donde fue establecida la Villa Rica de la Vera Cruz.

Fue uno de los primeros alcaldes de esa población, cuyos vecinos lo designaron, juntamente con Alonso Hernández de Portocarrero, como su representante ante las Cortes españolas, para defender el derecho de Cortés a ejercer la autoridad en la Nueva España, contra las pretensiones de Velázquez. Como resultado de esa misión, Hernán Cortés recibió el nombramiento de Capitán General y Alguacil Mayor del país que había conquistado.

De vuelta al Viejo Mundo, y después de haber cumplido otra comisión de Cortés, Montejo se quedó en España atendiendo asuntos particulares. En Sevilla conoció a doña Beatriz Alvarez de Herrera, viuda noble y rica y con dos hijos, y se casó con ella, estableciéndose en Frades, una villa cercana a Salamanca, su ciudad natal, donde más tarde nació su hija Catalina.

Al finalizar 1526, presentó ante Carlos V sus proyectos para conquistar y colonizar Yucatán, región en la que mantenía su interés. En esa pretensión lo apoyaron Pánfilo de Narváez y Antonio de Sedeño, logrando la autorización del monarca, en las "capitulaciones" firmadas el 8 de diciembre del mismo año, en las que le fue concedido a Montejo el título vitalicio de Gobernador y Capitán General y el de Adelantado, con el carácter de hereditario, ya que sus decendientes podrían usarlo perpetuamente hasta su extinción. Los gastos de la expedición serían a costa del propio Montejo y sin compromiso alguno para la Corona.

Como Gobernador recibiría un salario anual de ciento cincuenta mil maravedíes, y como Capitán General, tendría un sueldo anual de 100,000 maravedíes. Además sería Alguacil Mayor de Yucatán, con sueldo de 70,000 maravedíes al año, y tendría bajo su mando dos fortalezas que serían construidas en la provincia a establecer en Yucatán, asignándosele por ese último concepto otra cantidad anual de setenta mil maravedíes.

Como recompensa a sus esfuerzos, se le autorizó a separar para sí diez leguas cuadradas como propiedad hereditaria, y le fue otorgado el cuatro por ciento de todo ingreso que tuviese Yucatán, de cualquier fuente, con carácter perpetuo para sus herederos y sucesores y la exención vitalicia del pago de derechos de importación o exportación de toda mercancía y provisiones de cualquier especie. Igualmente se le dio licencia, sin limitación alguna, para importar ganado de las Indias Occidentales.

El documento citado ordenaba también que la expedición llevara cuando menos a dos religiosos, incluyendo una serie de instrucciones para lograr el desarrollo de la colonia y proveer el sostenimiento de quienes deberían ocupar los puestos municipales de gobierno.

Invirtiendo todos sus bienes y los de su esposa, Montejo se entregó a preparar el viaje, para lo cual adquirió cuatro navíos y reclutó cerca de trescientos hombres, bien armados y pertrechados, aparte caballos y una gran cantidad de víveres y otras provisiones, calculándose que los abastecimientos reunidos podrían satisfacer las necesidades de un largo viaje.

En la expedición participaron Alonso de Avila (o Dávila) quien había sido compañero de Montejo en los viajes de Grijalva y de Cortés, y al que la Corona nombró Contador; Pedro de Luna y Hernando de Cueto, designados a su vez Tesorero y Veedor; Antonio Sánchez Calabrés, con el cargo de piloto en jefe; Alonso de Cáceres y Alonso de Luján; los eclesiásticos Juan Rodrigo de Caraveo, capellán personal del Adelantado; Pedro Fernández, capellán de la armada, y Gregorio de San Martín, fraile carmelita.

Además viajaron un cirujano de Sevilla, de nombre Iñigo López; los farmacéuticos Pedro Díaz de Ocaña y Pedro

Atenas, ambos de Toledo; el platero Juan Laines, que tendría a su cargo avaluar y trabajar las piezas de oro y plata que se esperaba hallar; un vecino de Medellín, a quien por atribuírsele estar familiarizado con asuntos de leyes, se esperaba sería de utilidad; y varios comerciantes catalanes, entre los que figuraba Juan Ote Durán, que tuvo luego conflictos con Montejo, para que ayudasen en el abastecimiento de la colonia, realizaran los trueques con los naturales y pusieran las bases para iniciar el comercio.

Al fin, después de una última revista en junio de 1527, la flota de Montejo salió de San Lucas de Barrameda rumbo a Santo Domingo, donde dejó uno de sus navíos, el llamado "La Gabarra". Allí mismo contrató los servicios de Gonzalo Nieto, hombre de vasta experiencia, pues había estado en la Nueva España y en la Florida, y participando en las campañas contra los nativos dominicanos.

Poco tiempo después, Montejo reanudó su travesía hasta llegar a Cozumel en septiembre de 1529.

CAPITULO

IV

CAPITULO IV

1) EL ADELANTADO INICIA LA CONQUISTA

Como ya dijimos en el capítulo anterior, la conquista de Yucatán duró cerca de veinte años, tiempo demasiado prolongado si se le compara con el que necesitaron Cortés para dominar a los aztecas y Pizarro para sojuzgar el imperio de los incas.

Antes de iniciar la narración de la conquista de la antigua tierra de los mayas, puntualizaremos a continuación las tres etapas de su desarrollo:

I.— La primera etapa (1527-1529) estuvo bajo la responsabilidad personal y la intervención directa del Adelantado Montejo, y abarca desde la entrada de los españoles por la costa oriental de la península y la fundación de la primera Salamanca en Xelhá, hasta el abandono temporal del citado territorio en 1529.

II.— La segunda etapa duró de 1530 a 1534-35 habiéndose iniciado con el arribo de los conquistadores a Champotón y Campeche.

En esta etapa participó también el Adelantado, aunque en el curso de la misma intervino el joven capitán Francisco de Montejo y León, llamado "El Mozo" para diferenciarlo de su padre.

III.— La tercera etapa (1540-1546-47) se llevó a cabo bajo la dirección de Francisco de Montejo el Mozo —a quien nos referimos en el párrafo anterior— por haber delegado en él los poderes y facultades de que estaba investido el Adelantado. En esta etapa tomó parte el sobrino de este último, que llevaba también su mismo nombre, y quien, como se verá más adelante, tuvo a su vez un papel importante en el sojuzgamiento del territorio peninsular.

Hay que hacer notar, por otra parte, que el Adelantado Montejo permaneció ausente de Yucatán durante un período aproximado de doce años, en el desempeño de comisiones en la Nueva España; en Honduras, donde estuvo en dos ocasiones; y en Chiapas, donde se encontraba al finalizar 1546; cuando ante las noticias satisfactorias sobre el final de la campaña, recibidas de su hijo, decidió hacer viaje a la península.

2) SALAMANCA DE XELHA

Volviendo a 1527, y después de su arribo a la isla de Cozumel, el Adelantado pasó a la tierra firme oriental de Yucatán, desembarcando en un punto cercano al poblado indígena de Xelhá, del que tomó posesión en nombre de los reyes de Castilla con la solemnidad fijada para tales ceremonias. El Alférez Mayor, Gonzalo Nieto, alzó el pendón real como símbolo de la ocupación, en medio de palabras alusivas al acto.

Posteriormente, fue escogido ese sitio para fundar el primer asiento español, al cual le pusieron el nombre de Salamanca, en recuerdo de la ciudad natal de Montejo, quien designó a los alcaldes y demás funcionarios de la naciente población. Ayudados por los nativos, los conquistadores construyeron viviendas al estilo de la región, un edificio mayor adecuado para instalar el cuartel de sus operaciones, la casa municipal y el almacén de armas y provisiones.

Por diversas circunstancias, entre ellas las enfermedades provocadas por la mala condición de las aguas de que disponían, lo rudo del clima y los problemas derivados de la escasez de alimentos, Montejo abandonó el lugar, aunque dejando en él a un grupo de cuarenta hombres, algunos de ellos incapacitados por motivos de salud.

Más adelante se encontró con una población que por sus dimensiones fue calificada como la mayor que habían visto en esas tierras, y a la cual le puso el nombre de Belma. Se supone que se trataba de la capital del cacicazgo de Ekab, y a la que Bernal Díaz del Castillo, llevado por su fantasía descriptiva, llamó la "Gran Cairo".

El Adelantado llegó después a Chouac-há, cuyos habitantes se mostraron agresivos, y siguió hasta Aké, donde tuvo lugar la primera batalla formal de la conquista de Yucatán. No obstante el número y la ferocidad de los indígenas y de sus aliados, los españoles obtuvieron una victoria resonante, con un saldo de numerosos muertos y heridos, entre los que se encontraron algunos de los conquistadores. A consecuencia de lo anterior, tanto los sobrevivientes de Aké como los jefes de los poblados circunvecinos, se presentaron ante Montejo para reconocer su autoridad y expresarle sus respetos.

Continuando su recorrido, conoció otros lugares de interés, entre los cuales es mencionado Chichén Itzá, que se supone ya se encontraba en ruinas, aunque se le atribuía una particular importancia. Pero después de seis meses de andanzas, Montejo resolvió volver a Salamanca de Xelhá, donde encontró vivos solamente a diez de los hombres que se habían quedado en ese lugar. Habiendo arribado al real en esos días la embarcación dejada en Santo Domingo para reclutar refuerzos, y no obstante las dificultades a las que se había enfrentado hasta entonces, el Adelantado, animado por los nuevos recursos de que podía disponer, decidió iniciar una exploración hasta el sur de la península.

Para realizarla, dispuso que Dávila (o de Avila) saliera por tierra con la mayor parte de las fuerzas con destino a Chetemal, en tanto Montejo, utilizando la nave recién llegada, se dirigió por mar hacia el mismo rumbo. Por otra parte, Alonso de Luján se quedó en Salamanca de Xelhá con veinte hombres, con el encargo de construir un navío y salir luego a bordo del mismo a reunirse con sus compañeros en el sitio mencionado.

3) INTERVENCION DE GONZALO GUERRERO

Es curiosa la manera en que Gonzalo Guerrero, el antiguo compañero de naufragio de Aguilar que se había adaptado a las costumbres indígenas, convirtiéndose en eficaz consejero militar del cacique maya de Chetemal, intervino en los citados planes de Montejo.

Habiendo recorrido las costas caribeñas, al sur de Salamanca de Xelhá, Montejo reconoció la Bahía de la

Ascensión y Chetemal, fondeando en este último punto, donde tuvo noticias de la cercanía de Guerrero, por lo cual trató de incorporarlo a sus fuerzas, enviándole una invitación con ese fin. La respuesta, para sorpresa del Adelantado, fue negativa de parte de Guerrero, a quien Chamberlain califica de "renegado y apóstata", pues como se interpretó después, su intervención en favor de los nativos se realizó a través de una campaña de rumores intencionados, que al llegar a conocimiento de Montejo y Dávila, provocó en éstos confusiones perjudiciales a sus propósitos.

En tanto Montejo recibió el falso rumor de que Dávila y los suyos habían perecido antes de llegar a Chetemal, Dávila, que había avanzado más de ciento veinte kilómetros al sur de Xelhá, tuvo a su vez la información, también falsa, como lo demostraron los hechos posteriores, de que el Adelantado y sus acompañantes habían muerto. La estratagema dio como resultado que Dávila, en lugar de seguir adelante, retornara a Salamanca para hacerse cargo del mando ante la supuesta desaparición de Montejo y acordar el traslado del mencionado asiento a Xamanhá, por considerar que era un lugar menos insalubre.

A su vez, el Adelantado abandonó Chetemal y navegó hasta la entrada del río Ulúa, en Honduras, donde llegó a la conclusión de que Yucatán, contrariamente a lo que se había creído hasta entonces, no era una isla e imaginándose que hasta allí llegaba el límite natural del territorio concedido a su autoridad. De retorno a Xelhá, se enteró del cambio de Salamanca y habiéndose dirigido a Xamanhá, se encontró con Dávila y Luján, lo cual le causó mucha alegría. Impresionado por las tierras que había descubierto en su recorrido, Montejo resolvió viajar a la Nueva España en busca de refuerzos, delegando sus poderes en Dávila, quien se quedó en la península con unos pocos hombres.

A bordo de "La Gabarra" se dirigió a Veracruz, de donde continuó a la capital del virreinato, donde se encontró con su hijo Francisco de Montejo, al que no veía desde cuatro años antes, y de quien recibió amplios detalles sobre su viaje a Honduras, bajo las órdenes de Hernán Cortés. Lo anterior, así como la llegada de los oidores comisionados para instalar la Real Audiencia de la Nueva España, hicieron posponer a Montejo sus planes sobre Yucatán, al despertársele el interés por dominar otras regiones del Nuevo Mundo.

4) SEGUNDA EXPEDICION A YUCATAN

Nombrado Alcalde Mayor de Tabasco por la flamante audiencia, para restablecer el orden en esas tierras, Montejo se dedicó a preparar los elementos necesarios para ello. Como primera providencia nombró a su ya mencionado hijo Teniente de Gobernador y Capitán General, para que con tales títulos se trasladara de inmediato a Santa María la Victoria, el aún no consolidado asiento hispano en la región tabasqueña, y comenzara a poner en práctica desde luego las instrucciones recibidas de su padre.

Reunido después con Montejo el Mozo y contando con la colaboración de Dávila, a quien había mandado a buscar a Xamanhá, el Adelantado se entregó de lleno al apaciguamiento de Tabasco, lo cual consiguió en gran parte.

A principios de 1530 penetró en la región cruzada por el río Grijalva con la intención de llegar a Acalán, pasando muchas penalidades tanto por las hostiles condiciones de la naturaleza en esa comarca como por la belicosidad de sus moradores. Pero al enfermarse durante ese recorrido, el Adelantado se vio obligado a interrumpirlo, ceder el mando a Dávila y retornar a Santa María la Victoria. Allí se enfrentaría a muchos problemas de carácter político y administrativo que condujeron finalmente a la pérdida de su cargo de Gobernador de Tabasco, de los bienes que poseía y hasta de su libertad, pues tuvo que sufrir prisión durante un breve período.

Vemos luego a Montejo instalado en Xicalango dedicado a reorganizar sus escasas y maltrechas fuerzas, con la intención de retornar a Yucatán, en una expedición que de acuerdo con las experiencias obtenidas, debería iniciarse en la costa occidental de la península. La inesperada presencia en esos lugares de Juan de Lerma, un navegante ligado con

Montejo por razones de amistad y negocios, cambió la situación, pues gracias a la ayuda que dicho mercader ofreció en embarcaciones, hombres, bestias, comestibles y ropa, resurgió el optimismo entre quienes, por las circunstancias expresadas, se hallaban desalentados.

A fines de 1530 o principios de 1531, el Adelantado movilizó a sus hombres con destino a Champotón, dejando a su hijo en Xicalango para contratar más gente. Trasladado después a Campeche, recibió refuerzos enviados de Tabasco y Veracruz, lo cual lo llevó a continuar sus planes de ocupación de la Península Yucateca. La primera batalla fue la llamada de San Bernabé, efectuada el 11 de junio de 1531, y en la que los naturales participaron en gran número. En dicho encuentro Montejo estuvo en peligro de morir, salvándose gracias a la enérgica intervención de algunos de sus oficiales, que lo rescataron de las manos de sus agresivos atacantes.

Montejo el Mozo marchó hacia el centro de la zona maya, llegando a Chichén Itzá, que escogió como el lugar adecuado, para establecer la capital de la colonia, dándole el nombre de Ciudad Real. Los indígenas mostraron cada vez mayor hostilidad hacia los españoles, a los cuales sitiaron prolongadamente, hasta causarles una grave escasez de alimentos. No encontrando otra salida a su desesperada situación, los conquistadores acordaron retirarse hacia el norte, valiéndose de una estratagema que mortificó a sus sitiadores.

Distante de Ciudad Real, aunque perseguido de cerca por los indígenas, el joven Montejo logró la retirada definitiva de estos, y teniendo noticias de que su padre se dirigía en su auxilio, logró reunirse con él en el cacicazgo de Chakán, donde acordaron recuperar el terreno perdido.

Establecidos en Dzilam en la primavera de 1534, donde se sentían protegidos por los cacicazgos amigos de los alrededores, le impusieron a dicho puerto el nombre de Ciudad Real, con el carácter de capital administrativa de Yucatán. El Adelantado consiguió someter los territorios del norte y retornó a Campeche, mientras su hijo se quedó en Dzilam con el título de Teniente de Gobernador.

La situación en Ciudad Real de Dzilam llegó a hacerse crítica, tanto por el creciente abandono de ese lugar por los propios españoles, como por la sublevación de los indígenas que se habían manifestado obedientes y sometidos a los Montejo, quienes por lo expuesto se vieron obligados a autorizar la evacuación oficial de dicho asiento, para dirigirse a Campeche, donde se encontraron un estado semejante de pesimismo.

A mediados de 1534, ante la negativa de la Audiencia de la Nueva España a auxiliar a Montejo y lo suyos, se resolvió finalmente abandonar la península, aunque dejando en Campeche un reducido grupo de soldados al mando de Gonzalo Nieto, que posteriormente fue embarcado hacia Tabasco.

El Adelantado se estableció en la ciudad de México, donde poseía bienes y recursos suficientes para esperar mejores tiempos; Dávila se avecindó en la capital de la Nueva España, donde murió antes de 1538, y Montejo el Mozo se quedó en Tabasco.

5) MONTEJO EL MOZO Y MONTEJO EL SOBRINO

Montejo no permaneció inactivo mucho tiempo, pues en 1535 recibió directamente de la Corte el nombramiento de Gobernador de la región comprendida entre el río Copilco, en Tabasco y río de Ulúa, en Higueras. Más tarde fue nombrado Gobernador de Honduras-Higueras, cargo que asumió en 1537, permaneciendo en él aproximadamente año y medio, hasta que fue desalojado del mismo por Pedro de Alvarado. Ocupando luego el gobierno de Chiapas, aunque no muy a su gusto, decidió, en 1540 trasladar sus poderes en favor de su hijo para intentar nuevamente la conquista de los mayas. Después de organizar los recursos económicos que se requerían para la proyectada campaña, reclutar soldados, colonizadores y elementos indígenas de su encomienda en Atzcapotzalco, delegó en Montejo el Mozo sus derechos sobre Yucatán, dándole valiosas instrucciones para llevar a cabo tan difícil empresa.

El capitán Montejo, contando con cuatrocientos soldados, bien armados y pertrechados, y el auxilio de los indios de que se ha hecho mención en el párrafo anterior, llegó a Champotón en los últimos días de 1540, de donde pasó a Campeche. En este último sitio, se enfrentó a repetidos ataques de los nativos, que alarmados por el retorno de los extranjeros, se dedicaron a obstaculizar su marcha. Pero habiendo logrado imponer su autoridad y sintiéndose consolidado, el joven Montejo invitó a los caciques de los pueblos vecinos a someterse a los españoles y a reconocer el catolicismo como única religión.

El siguiente paso fue el envío de una columna al mando del sobrino del Adelantado que también se llamaba como él, para extender y afirmar la dominación en la península. Dicho capitán ocupó sucesivamente Tenabo, Hecelchakán, Poc-Boc, Calkiní, Tuchicán, Dzibical (nombre antiguo de Umán) y Thó. En esta última población fue establecido el cuartel general de los conquistadores, donde se recibieron repetidas señales de inconformidad de los nativos, a los que Montejo logró derrotar en Tixpéual.

Francisco de Montejo el Mozo, de acuerdo con su primo, decidió fundar en el mismo sitio donde se encontraba Thó, una población que sirviese de capital a la todavía incipiente colonia, y a la cual le fue impuesto el nombre de Mérida, porque las ruinas del lugar les hicieron recordar las construcciones romanas de la Mérida española.

El seis de enero de 1542, el escribano Rodrigo Alvarez levantó el acta correspondiente a la fundación de Mérida, de la cual fueron sus primeras autoridades, el capitán Gaspar Pacheco y Alonso de Paredes, como alcaldes, y Jorge de Villagómez, Francisco Bracamontes, Francisco de Ziesa, Gonzalo Méndez, Juan de Urrutia, Luis Díaz, Hernando de Aguilar, Pedro Galiano, Francisco de Berrio, Pedro Díaz y Alonso Arévalo, como regidores, y quienes prestaron el juramento de estilo ante el Teniente de Gobernador y tomaron posesión de sus cargos para entregarse enseguida al ejercicio de los mismos.

6) TUTUL XIU Y NACHI COCOM

En el mismo mes en que fue fundada Mérida, se presentó ante los Montejos el señor de Maní, Tutul Xiu, quien en la expedición anterior había dado muestras de amistad hacia los invasores. Acompañado de los principales personajes de su cacicazgo y seguido por un impresionante séquito de guerreros y sacerdotes, Tutul Xiu confirmó su vasallaje a los reyes de Castilla y se puso a disposición de los conquistadores, ofreciendo sus buenos oficios para conseguir el sometimiento de las tribus renuentes a reconocerlos.

Montejo el Mozo se dirigió a pacificar a los cocomes, que se mantenían rebeldes hasta entonces, y después de una encarnizada campaña, obtuvo la rendición de Nachi Cocom, el legendario señor de Sotuta que gozaba de enorme prestigio entre los mayas, pero que finalmente aceptó el yugo español y se convirtió al cristianismo, siendo bautizado con el nombre de Juan Cocom. Por su parte, Montejo el Sobrino, después de recorrer la región oriental de la península y pacificar el cacicazgo de Chouac-há, fundó la villa de Valladolid el 24 de enero de 1543, como homenaje a la ciudad castellana del mismo nombre.

El escribano Juan López de la Mena levantó el acta correspondiente, recayendo los nombramientos de los primeros funcionarios de la nueva población, en Bernardino de Villagómez y Fernando de Zieza como alcaldes, y en Luis Díaz, Alonzo de Arévalo, Francisco Lugones, Pedro Díaz de Monjibar, Juan de la Torre, Blas González, Alonso de Villanueva y Gonzalo Guerrero, como regidores. Entre los citados, según observó don Eligio Ancona, hay varios vecinos y autoridades de Mérida, que se habían ausentado temporalmente de dicha ciudad para acompañar a Montejo el Sobrino en la campaña contra los cupules.

CAPITULO

CAPITULO V

1) LOS PRIMEROS AÑOS DE LA COLONIA

Aunque la fundación de la ciudad de Mérida no podía significar en modo alguno el fin de la conquista, sí fue desde luego un paso definitivo en el proceso de la dominación española de la península. Por su condición de capital de la naciente colonia, fue el asiento obligado de las autoridades civiles y religiosas encargadas de su gobierno y, por consiguiente, el escenario donde se produjeron los principales problemas de acomodamiento cultural, administrativo y político que acompañaron a la consolidación de la provincia.

A falta de misioneros que establecieran las encomiendas, el hijo de Montejo ordenó el reparto de los pueblos de los cacicazgos que habían conocido la corona de Castilla. Las provincias mayas de Ceh Pech, Zipatán y Ah-Kin-Chel fueron distribuidas entre los primeros habitantes de Mérida, tocándole a cada uno de ellos dos o más pueblos, según los méritos que se les reconocían por su labor en la campaña. Entre los tributos que deberían pagar los nativos a sus encomenderos en los primeros tiempos de la colonia, se fijaron ciertas cantidades de víveres para la subsistencia de estos últimos, así como algunos servicios personales.

Además, haciendo uso de la concesión que había hecho Carlos V en favor del Adelantado para el sostenimiento del culto en Yucatán, el hijo de Montejo dio a conocer la obligación del pago del diezmo del maíz, gallinas, miel y otros productos de la tierra, que los indios introdujeran en Mérida para el uso de los encomenderos, con el natural disgusto de estos últimos.

Por otra parte, los vecinos de Mérida dedicaron sus esfuerzos a la construcción de dicha ciudad, aprovechando el material de que estaban hechos los tres grandes cerros de la nativa Thó, y la abundante obra de mano de los naturales. En sesión del cabildo celebrada el 29 de diciembre de 1542, fueron fijados los solares que correspondían a cada vecino, tomando en cuenta el plano que al efecto presentó Montejo el Mozo, de acuerdo con el primer alcalde lugareño, Gaspar Pacheco. La traza era rectangular, de calles todas iguales, derechas y de semejante anchura, y orientadas de norte a sur y de oriente a poniente.

Cada manzana quedó dividida en cuatro partes, asignadas cada una de dichas partes a otros tantos vecinos. Inicialmente se calculó la traza en veinte manzanas, incluyendo las que se reservaron a la plaza pública, iglesia, casas reales y demás servicios. El espacio de la citada plaza quedaría limitado, al oriente, por la iglesia, que posteriormente se convirtió en la catedral; al norte, por las casas reales, para uso de los capitanes generales; al poniente, por las casas consistoriales, donde funcionaría el cabildo, y al sur, por la residencia del Adelantado Montejo.

La demolición del cerro central así como la nivelación de las calles cercanas a la plaza, llevó varios años. Pero los escombros obtenidos sirvieron para la construcción de los edificios proyectados. La Casa de Montejo, que se supone fue de las primeras edificaciones que se iniciaron, no se terminó sino hasta 1549, constituyendo un importante ejemplar de la arquitectura civil plateresca que existe en el país.

Cuando, por otra parte, la colonia comenzó a tomar vida a través de las primeras ciudades españolas que se habían establecido en territorio peninsular —Campeche, (1540) que fue la primera en tiempo, Mérida (1542), Valladolid (1543) y Salamanca de Bacalar (1544)— bajo la autoridad de Montejo el Mozo, quien como se sabe, tenía el carácter de Capitán General y Teniente de Gobernador, un ambiente de pesimismo y decepción se apoderó de los conquistadores, pues repartidas las encomiendas, solares y otras posesiones, se dieron cuenta de que la región era muy pobre, pues en ella no habían minerales que explotar ni agua suficiente para el desarrollo de la agricultura. A ello se agregaba, por una parte, la incomunicación en que se hallaba la provincia y, por la otra, las noticias de que en otras partes de América los hispanos habían encontrado elementos suficientes para un pronto enriquecimiento.

Tal situación, que fue motivo de naturales divergencias entre Montejo y los conquistadores, obligó al primero a obstaculizar la salida de los segundos de la península, y a oponerse al comercio de los nativos, a quienes se pretendía vender como esclavos. Pero al no ser autorizado dicho comercio, los españoles decidieron utilizar las encomiendas que habían recibido, para explotarlas en su beneficio, a pesar de las denuncias que de algunos misioneros, entre ellos Fray Bartolomé de las Casas, hicieron de la forma en que eran tratados los indígenas, y de las disposiciones reales en favor de estos últimos.

2) GOBIERNO DEL ADELANTADO MONTEJO

Al finalizar el año de 1546, arribó a Campeche, para establecerse finalmente en Mérida, el Adelantado don Francisco de Montejo, quien realizando un viejo anhelo, asumió la autoridad de la colonia y se hizo cargo del gobierno de la región por cuya conquista había luchado durante tantos años.

El Adelantado llegó acompañado de una numerosa familia y fue recepcionado en Campeche por su hijo y su sobrino, los principales de la provincia y comisiones de vecinos de Mérida y Valladolid.

Pero en tanto se festejaba su arribo, se produjo la primera sublevación indígena en el oriente de Yucatán, donde los cupules atacaron a la guarnición de Valladolid, con un saldo de varios muertos y heridos. Montejo envió a su sobrino a combatir a los insurrectos, desarrollándose la campaña en contra de ellos en la forma en que se relata más adelante.

Aproximadamente por el mismo tiempo, pisaron tierras peninsulares varios religiosos, provenientes de Guatemala. Pertenecían a la orden de los franciscanos y estaban jefaturados por Luis de Villalpando, quien tenia el titulo de comisario. Cuando llegaron a Campeche, en los días en que el Adelantado había vuelto a la Península, éste los recibió con señaladas muestras de complacencia, recomendando a los principales vecinos de Campeche y Mérida y a los caciques de esos rumbos, que colaborasen con ellos en la construcción de viviendas y monasterios tan necesarios para su misión, y que mandasen a sus hijos a estudiar la doctrina. A propósito de los citados religiosos, se les atribuye haberse dedicado con éxito al estudio de la lengua maya, citándose al propio Villalpando como autor de la primera gramática español-maya, que sirvió como eficacísimo instrumento para difundir entre los nativos los principios del cristianismo.

El primer paso de don Francisco de Montejo fue colocar a sus familiares en el ayuntamiento de Mérida y repartir entre los mismos dignidades administratrivas, encomiendas y granjerías, con el natural disgusto de quienes, por haber contribuido con sus intereses y esfuerzos a la conquista de Yucatán, se sintieron postergados por el Adelantado.

Por otra parte, el viejo capitán dio muestras de capacidad y visión para mejorar las condiciones materiales y económicas de la provincia. Introdujo ganado vacuno, caballar y porcino; importó semillas y toda clase de árboles frutales desconocidos hasta entonces en la península. Estableció las primeras estancias ganaderas, inició la industria del añil y fomentó el cultivo del algodón. Plantó caña de azúcar en el rumbo de Champotón y trajo los implementos mecánicos necesarios para establecer un ingenio en ese lugar. Impulsó el cultivo del henequén y la explotación de la sal, y en general, puso los medios para satisfacer las crecientes necesidades de los habitantes de la colonia.

En 1549, como resultado de las numerosas acusaciones que en contra suya llegaron a México y a España, Montejo fue sometido a un juicio de residencia que causó sensación en la provincia. El personaje que se hizo cargo de tales funciones fue el doctor Blas Cota y quien, no obstante la resistencia del Adelantado a reconocerle autoridad para someterlo a juicio, dio cumplimiento a la misión que le habían conferido, lo suspendió de sus cargos de Gobernador y Capitán General de Yucatán, además de haberlo despojado de sus encomiendas y propiedades.

Pero como a su vez la corona había designado al Lic. Francisco de Herrera, oidor de la Audiencia de la Nueva España, para intervenir en el citado juicio contra Montejo y dicho funcionario llegó a Mérida cuando Cota ya había procedido como se ha dicho antes, se estableció una apasionada controversia entre Herrera y Cota sobre la jurisdicción de uno y otro y las facultades que ostentaban, controversia que fue alimentada por los intereses personalistas representados por Montejo y sus partidarios, por una parte, y los enemigos de ellos, por la otra.

Herrera dejó el gobierno en manos de los alcaldes ordinarios, y en 1551, por nombramiento del virrey de la Nueva España, fue designado Alcalde Mayor de Yucatán don Gaspar Juárez de Avila.

El Adelantado Montejo, buscando su reivindicación, salió para la capital de la Nueva España, donde tenía numerosas amistades, pero al no encontrar allí la ayuda necesaria, hizo viaje a España en aras de su defensa. En marzo de 1551, al frente de unos navíos que llevaban oro y plata y otras rentas reales, zarpó de San Juan de Ulúa, en Veracruz, rumbo al viejo continente.

Ya en Madrid, se presentó ante la Corte, sabiendo que su caso había sido trasladado al Consejo de Indias para su revisión. Pero si es cierto que en algunos aspectos de su actuación, Montejo fue rehabilitado, no consiguió recuperar el gobierno de Yucatán. En cambio, se le concedió seguir utilizando el título de Adelantado, que aunque significaba algunos beneficios, no incluyó alguna jurisdicción sobre una región determinada. Tal título hereditario le fue otorgado a su hija Beatriz y al marido de ésta, el ya muchas veces citado Lic. Alonso Maldonado. Por el contrario, su hijo Francisco fue inhabilitado para usarlo, por su condición de hijo bastardo.

3) LA PRIMERA SUBLEVACION INDIGENA

La primera sublevación de los indígenas mayas en contra de la dominación española, estalló el 9 de noviembre de 1546 en la región oriental de la península, aprovechando la ausencia de las autoridades y principales vecinos de Valladolid con motivo del arribo del Adelantado Montejo a Campeche.

Aunque formaban parte de la conspiración los caciques de Cupul, Cochúa, Sotuta y Uaymil-Chetemal, la rebelión se hizo presente entre los cupules, porque Valladolid, fundada sobre el mismo lugar donde estuvo la antigua capital del cacicazgo, fue señalada como el primer objetivo de los sublevados.

Se aprovechó, por otra parte, el hecho de que la mayoría de los encomenderos residían en los pueblos pertenecientes a sus encomiendas, manteniéndose así aislados de las poblaciones que contaban con fuerzas de guarnición. Por eso, el día señalado para ello, el alzamiento de los nativos se inició con el asalto de diversos poblados de la región oriental, siendo sacrificados y torturados los españoles que estaban en esos lugares. Cabe mencionar entre las primeras víctimas de la rebelión a los hermanos Juan y Diego Cansino, quienes fueron sorprendidos en Chemax, y Hernando de Aguilar, cuando se hallaba en Ceh Aké, a doce leguas de Valladolid.

Sin embargo, algunos encomenderos lograron huir del peligro que los rodeaba, escapando a Valladolid, donde llevaron las primeras noticias sobre lo que estaba sucediendo. Juan López de Mena, que se hallaba en Pisté, y Diego González de Ayala, encomendero de Calotmul, valiéndose de sus caballos, utilizaron rutas que les permitieron salvar sus vidas.

Los pocos vecinos españoles que se hallaban en Valladolid, ante la ausencia de sus autoridades, tomaron urgentes medidas de defensa, al mismo tiempo que dispusieron la salida de mensajeros a Mérida pidiendo refuerzos. No tardaron en presentarse en gran número los indios rebeldes en medio de impresionante griterío, los que cercaron desde luego esa ciudad.

El Concejo de Mérida, a su vez, reunió a los hombres disponibles para organizar la defensa y después de comunicar los acontecimientos a los Montejo, que como se ha dicho, se encontraban en Campeche, dispuso la salida de una expedición en auxilio de Valladolid.

Rodrigo Alvarez, uno de los alcaldes de Mérida, pudo recabar datos sobre la importancia de la conjura, y gracias a ello detuvo a quienes estaban comprometidos en la región de Mérida. Por otra parte, la columna para ayudar a Valladolid fue puesta bajo el mando del otro alcalde, Francisco Tamayo Pacheco, a quien se le dieron todos los poderes para llevar a cabo esa misión.

Vencida la primera resistencia en Izamal, Tamayo Pacheco se encontró más adelante cerrados los caminos y con obras defensivas construidas por los nativos. Dos semanas después la columna logró llegar frente a Valladolid, rompiendo el sitio no sin grandes esfuerzos. Mientras tanto, la situación en Uaymil-Chetemal era amenazante y la guarnición española de Bacalar se hallaba en peligro.

Por su parte, el viejo Montejo, que permanecía en Campeche, ante las noticias de la rebelión, designó a su hijo para hacerse cargo de la campaña militar contra los insurrectos, y a su sobrino para viajar a Valladolid, considerada como el corazón del levantamiento, y recuperar el territorio de los cupules. En cumplimiento de las órdenes recibidas, los dos jóvenes capitanes se trasladaron a Mérida.

Cuando el sobrino de Montejo llegó a Valladolid, la ciudad, gracias a la intervención de Tamayo Pacheco, había superado los efectos del sitio y la región estaba en proceso de pacificación. Sumando sus hombres a los de Francisco de Bracamonte, el joven Montejo siguió hasta Uaymil-Chetemal, designando a Juan de Aguilar para ir en auxilio de la guarnición de Bacalar.

En marzo de 1547 puede decirse que la rebelión había sido aplastada, pues salvo algunos territorios, los demás cacicazgos fueron sometidos firmemente a las armas españolas. Muchos nativos que habían sido tomados como esclavos, de acuerdo con las leyes de guerra, fueron liberados por órdenes del Adelantado, y éste dictó varias disposiciones tendientes a restaurar la obediencia de los caciques sublevados y al restablecimiento de la paz en la península.

4) LAS AUTORIDADES COLONIALES

El gobernador era el representante de la corona. Designaba a los principales funcionarios, ejercía el poder judicial y proveía las encomiendas vacantes. Cuando tenía a su cargo la milicia, ostentaba también el grado de Capitán General. En la mayoría de los casos, el Gobernador era nombrado directamente por la Corona, pero en determinadas circunstancias, su nombramiento lo hacía el Virrey de la Nueva España. Si el cargo quedaba vacante, era sustituido por los alcaldes ordinarios de la provincia, aunque con carácter interino. Algunas veces el Gobernador era sustituido por un Alcalde Mayor o por los funcionarios designados por las Audiencias para intervenir en la solución de los numerosos problemas que afectaron la vida de la provincia.

Durante el largo período colonial, Yucatán dependió de las Audiencias de los Confines, establecida en Santo Domingo de Guatemala, y de la Nueva España. Cuando España dio a la estructura de su imperio americano un sentido más rígido, Yucatán pasó a formar parte del virreinato de la Nueva España.

Otro personaje importante del gobierno era el teniente de gobernador, nombrado por este último para auxiliarlo en sus funciones. Por otra parte, los cabildos, sobre todo el de Mérida, tuvieron un papel destacado en la vida provincial, ya por las disposiciones respectivas o por el uso que los concejales hacían de sus atribuciones administrativas o de su fuerza como encomenderos. A propósito, como se muestra a través de la historia colonial de Yucatán, las pugnas que se registraron entre los alcaldes y el Gobernador se debieron, en gran parte, al control que este último deseaba tener en los ayuntamientos, para el acrecentamiento de su poder.

Los fondos públicos estaban bajo el cuidado de los Oficiales Reales, nombrados directamente en la Corte, y quienes residían en Mérida.

En lo tocante a los asuntos religiosos, el Obispo era el personaje de mayor importancia, pertenecía al Concejo del Rey y con ese carácter era consultado sobre algunos de los problemas que se presentaban en la provincia. Sin embargo, fueron frecuentes los conflictos entre el Obispo y el Gobernador y en los que tuvo que intervenir la Corona.

Por otra parte, a pesar de su carácter de jefe de la Iglesia en Yucatán, el Obispo tuvo que enfrentarse repetidamente, a las órdenes religiosas, las que por su estructura interna procedían con cierta independencia, y a los encomenderos por la forma en que trataban a los indígenas.

Dentro de la organización social de la colonia, fueron respetados algunos de los sistemas propios de los antiguos cacicazgos mayas, cuyas jefaturas eran ocupadas por los descendientes de los señores que se aliaron a los españoles durante la conquista.

En cada pueblo había una asamblea parecida a los ayuntamientos, cuyos componentes estaban en proporción al número de habitantes y eran electos cada año. Cuando los poblados indios eran numerosos, eran divididos en barrios para su mejor control.

CAPITULO

VI

FRAY DIEGO DE LANDA

CAPITULO VI

1) FRAY DIEGO DE LANDA

Por haber sido la primera orden religiosa que se estableció en Yucatán y por su prolongada permanencia en la península, la orden de los franciscanos tuvo una gran influencia no solamente en la vida religiosa de la colonia, sino también en el desarrollo social y cultural de la misma.

En párrafos anteriores mencionamos a Fray Luis de Villalpando como el primer misionero que pisó tierras de Yucatán, y a quien se le acredita haber dominado la lengua nativa, lo que le permitió llevar a cabo con gran facilidad su misión evangelizadora.

Toca ahora ocuparnos de otro franciscano destacado, Fray Diego de Landa, personaje contradictorio que tuvo una importante actuación en la península, pues llegó a ser Provincial de su orden y Obispo, sustituyendo en este último cargo precisamente a don Francisco de Toral que fue el primer Obispo de Yucatán, con quien había tenido graves diferencias por la forma en que se trataba a los indígenas.

Formando parte de un nuevo grupo de misioneros, Landa arribó a Yucatán joven aún, después de haberse ordenado en 1541 en el convento de San Juan de los Reyes en Toledo. Por sus rápidos progresos en la lengua maya, no solamente mejoró la gramática de Villalpando, sino que redactó un nuevo libro sobre esa materia, que fue de mucha utilidad en la difusión del catolicismo.

En su afán de extender el cristianismo entre los naturales, tuvo frecuentes pugnas con los encomenderos, lo cual fue resuelto gracias a la intervención del oidor Tomás López, quien dictó interesantes ordenanzas, de las cuales se hablará más adelante.

Landa fundó el convento de Izamal, cuya construcción se inició en 1553 y fue terminado en 1561, y fue guardián del convento de Mérida. Cuando, como resultado de sus gestiones logró la independencia de la orden franciscana, fue nombrado provincial de la misma en Yucatán, con amplias atribuciones para el desempeño de sus funciones.

Llevado por su fervor religioso, extremó sus actividades en contra de los idólatras nativos. Precisamente por ello, intervino en el tristemente célebre "auto de fe" de Maní, que tuvo lugar en el mes de julio de 1562, y en el que ordenó la destrucción de valiosos testimonios de la cultura maya, entre los que se encontraban cinco mil ídolos de diversas formas y tamaños, trece piedras grandes y veintitrés piedras pequeñas que servían en los altares, ciento noventa y siete vasos de diversas formas y tamaños, y veintisiete rollos manuscritos.

Habiendo tenido informes de que cerca del convento de Maní se realizaban los llamados "actos idolátricos" entre los indígenas, Landa se trasladó a dicho lugar para averiguar quiénes eran los que, a espaldas de las autoridades y de los frailes, rendían culto a sus antiguos dioses. Aprehendidos varios de los acusados los encarceló y dispuso la ceremonia en la que, por una parte, la mayoría de ellos fueron torturados y sacrificados, y por la otra, se procedió a la destrucción de las piedras, vasos y documentos que se habían encontrado.

Presenciaron el citado "auto de fe" en la plaza de Maní, el alcalde mayor de la provincia, importantes funcionarios y vecinos de Mérida, y una multitud de naturales, convocados para presenciar la impresionante ceremonia, en la cual fueron consumidos por el fuego los valiosos documentos indígenas.

La fanática actitud de Landa se vio interferida por la llegada del primer obispo de Yucatán, don Francisco de Toral, quien al arribar a Mérida recibió muchas quejas sobre el provincial, por lo cual adoptó una actitud en su contra que fue la semilla de sus diferencias con los franciscanos, que condujeron después a la intervención de la Corona y del Consejo de Indias, y al viaje de Landa a España para defenderse.

A la muerte de Toral, el rey nombró para ocupar el obispado de Yucatán al propio Diego de Landa, quien tomó posesión de dicho cargo el 10 de octubre de 1573. En el desempeño de su nueva dignidad, tuvo sonadas controversias con los gobernadores Velázquez Gijón y Guillén de las Casas. Falleció el 29 de abril de 1579, siendo sepultado en el convento de San Francisco de Mérida. Posteriormente, en 1588, sus restos fueron trasladados a España.

Si bien, el "acto de fe" de Maní significó la pérdida de importantes documentos, Landa reparó en parte esa falta con la obra que escribió después, la "Relación de las cosas de Yucatán", que contiene valioso material sobre la vida y las costumbres religiosas de los mayas y que es, por lo mismo, una de las fuentes más respetadas por los estudiosos de la cultura indígena de la península.

CATEDRAL DE MERIDA

2) LAS ORDENANZAS DE TOMAS LOPEZ

Para investigar las quejas presentadas por los franciscanos en contra de los Alcaldes Mayores, a los que se acusó de no ayudar a dicha orden en sus funciones evangelizadoras, llegó a Yucatán en 1553 el licenciado Tomás López, enviado con el carácter de oidor por la Audiencia de Guatemala. Acerca de tales pugnas, que en el transcurso de la colonia se repiten con frecuencia, don Eligio Ancona señaló atinadamente, que su origen fue el de que tanto religiosos como encomenderos usaban una sola fuente de los recursos que necesitaban para su mantenimiento: el trabajo y los servicios de los indígenas. "El fraile —asentó al respecto el distinguido historiador— creyó que era excesivo el tributo que se pagaba a los encomenderos, mientras estos pensaban lo mismo de las obvenciones que cobraba aquél."

Las ordenanzas del mencionado oidor pasaron a la historia en reconocimiento a su particular importancia en la regulación de la vida de los nativos mayas bajo el dominio de los españoles. Constituyen una curiosa mezcla de prescripciones civiles y religiosas, en las cuales se reconoce la autoridad de los misioneros. Por otra parte, aunque aparecen en ellas ciertas medidas supuestamente beneficiosas para los indígenas, la realidad es que contribuyeron a disminuir las escasas libertades de que disponían.

A continuación, trataremos de hacer una síntesis de las principales de dichas ordenanzas:

1.— Los caciques, gobernadores y alguaciles indios de la provincia, debían residir en sus propios pueblos. Los citados no podrían ausentarse de ellos, salvo por motivos relacionados con el bien espiritual y temporal de los mismos.

2.— Ningún funcionario español podría ocupar a los indígenas fuera del lugar de su residencia.

3.— Los "macehuales" o naturales, deberían prestar una rígida obediencia a sus caciques o gobernadores. Por lo que toca a su adoctrinamiento, los religiosos serían los encargados de esa tarea.

4.— Fueron reducidas las autoridades de los pueblos

indígenas, de acuerdo con las siguientes escalas:

a) Los lugares que contaban con cincuenta vecinos, solamente podrían tener, juntamente con el cacique local, un principal escogido entre los más ancianos y más virtuosos.

b) Cuando los pueblos tuviesen ciento cincuenta vecinos o más, hasta llegar a doscientos, además del cacique, contarían con dos principales.

c) Cuando la población llegase a cuatrocientos vecinos, los principales designados deberían ser cinco.

5.— Todos los naturales deberían mantenerse juntos en sus pueblos, en los que las casas serían construidas en el sitio conveniente. No podrían sembrarse milpas dentro de los pueblos, los cuales deberían mantenerse limpios y sin arboledas, salvo algunos árboles frutales.

6.— Se prohibía la mudanza de los nativos de un pueblo a otro, y en los casos de ausencia temporal, esto no debería ser mayor de treinta o cuarenta días. Si ésta se prolongaba fuera de los días fijados, el cacique del lugar debería imponer el castigo señalado. En los casos en que se produjera un acto de rebeldía a dicha autoridad, el culpable sería enviado a los lugares donde hubiera justicia de los españoles.

7.— Todos los pueblos deberían contar con iglesias apropiadas para el culto. Lo anterior debería hacerse en un término de dos años a lo máximo. En cada lugar debería construirse únicamente una iglesia.

8.— Se mandaba que todos los naturales de la provincia deberían recibir la doctrina cristiana, antes de ser bautizados. Para el caso, se ordenaba la construcción de casas adecuadas para que los religiosos llevaran a cabo su misión. Igualmente se mandaba presionar a los nativos para concurrir los días señalados por los frailes y en los sitios fijados por ellos, a fin de que la concurrencia a la doctrina fuese nutrida.

9.— En los casos en que un natural tratase de impedir la predicación del evangelio o mostrara inclinación a las prácticas idolátricas indígenas, sería llevado al pueblo de españoles de la jurisdicción, para que recibiera el castigo merecido por su falta.

10.— La predicación del evangelio en la provincia quedaba bajo la autoridad de los prelados, prohibiéndose por lo tanto que los indios tuviesen a su cargo escuelas para la doctrina. También se prohibía a los naturales fundar iglesias de nuevo y bautizar o casar a los indios sin tener la licencia e instrucción precisa del prelado de la provincia o de los padres religiosos encargados de la doctrina.

11.— Los indios bautizados que poseyeran varias mujeres, deberían comunicárselo al obispo o a los religiosos, para determinar cuál de ellas era la legítima. Resuelto lo anterior, el natural se quedaría con la mujer señalada como legítima y dejaría a las demás.

12.— El hombre o mujer que fuera sorprendido en adulterio, serían castigados con cien azotes y transquilados. Quienes, a pesar de lo anterior, reincidieran en dicha falta, serían llevados ante la justicia de los españoles para que fuesen sancionados de nuevo.

13.— Los caciques o principales casados, que tuvieran a su lado muchas mujeres como esclavas o mancebas, deberían renunciar a ellas. En caso contrario, recibirían el castigo señalado. Igualmente se prohibía la bigamia, por lo que los acusados de dicha falta, serían herrados en la frente con un hierro caliente, además de perder la mitad de sus bienes en favor de "la Cámara de su Majestad".

14.— Se prohibía también el pago de rescate por ruptura de compromiso de casamiento entre los nativos y por la esterilidad de la mujer.

15.— Los naturales tendrían la obligación dos veces al día, una por la mañana y otra por la tarde, de ir a la iglesia del lugar de su residencia a rezar el "Ave María" y el "Padre Nuestro". Igualmente se ordenaba a los mismos que antes de cada comida y al fin de ellas, dieran gracias a Dios usando las oraciones que para el caso les enseñaran los padres religiosos.

En las citadas ordenanzas, además de las indicaciones de tipo religioso o moral que han sido mencionadas, se incluyeron una serie de medidas tendientes a mantener el orden y la tranquilidad de los poblados indígenas, y algunas interesantes recomendaciones para garantizar la existencia permanente de alimentos y evitar así toda amenaza de hambre entre los nativos. Entre tales recomendaciones, citaremos las siguientes:

1.— La enseñanza a los indios solteros de oficios mecánicos.

2.— La introducción entre los naturales de la cría del ganado.

3.— Tomando en cuenta que las mujeres estaban dedicadas a tejer las mantas de algodón, se ordenó a los hombres aprender dicho trabajo, para ayudar así a producir lo necesario para pagar los tributos fijados y contar con el material indicado para vestir a las familias.

4.— Que los indios de la costa o sus encomenderos permitieran a los demás de la provincia hacer sal y realizar labores de pesquería en términos de derechos comunes y beneficio colectivo.

3) IMPUESTOS, CARGAS Y OBLIGACIONES

A las cargas que impusieron los encomenderos a los indios, se sumaron las establecidas por los religiosos. Los franciscanos hicieron obligatorias las limosnas, creando las "obvenciones", que se exigían en especie.

Los indígenas estaban obligados a construir los templos y los conventos y tenían que trabajar en las "cofradías", o sea en la explotación de grandes haciendas compradas con aportaciones de los vecinos del lugar para atender los gastos de las fiestas religiosas organizadas periódicamente por los misioneros.

Además de lo anterior pesaban sobre los indios los impuestos señalados para atender sus propias necesidades, que con frecuencia eran destinados a otros fines. Uno de estos impuestos se llamaba el "holpatán", que consistía en el pago de medio real al año para los individuos comprendidos entre los catorce y los sesenta años.

Existían también el llamado "fondo de comunidades" que era pagado tanto por los hombres como por las mujeres, y cuyo fruto se dedicó, en los primeros tiempos, a la alimentación de los presos, a la apertura de pozos y a los gastos de las audiencias.

Finalmente se aplicaban los "repartimientos", que consistían en la entrega a los nativos de dinero o materias primas para ser devueltos con fuertes intereses, en géneros y frutos, y cuyos precios eran fijados por los mismos que daban los anticipos.

Por otra parte, en los primeros tiempos de la colonia, los grandes edificios que se levantaron en Mérida, Campeche y Valladolid para satisfacer las necesidades de la naciente colonia, los caminos que se abrieron para comunicar dichas poblaciones, y otras obras de interés colectivo, y aún las destinadas a uso particular de los españoles, se realizaron contando con el trabajo de los mayas, los cuales fueron utilizados también en la elaboración del añil y el corte del "palo de tinte", tareas que además de ser lesivas para la salud de los nativos, eran escasamente retribuidas.

Detalle arquitectónico de la puerta de la Casa de Montejo.

4) ORGANIZACION SOCIAL DE LA COLONIA

La colonia se regía por el sistema de "castas", ocupando el lugar más elevado de la escala social los españoles y sus descendientes, para quienes estaban destinadas las encomiendas, los empleos públicos y otros derechos y granjerías.

A propósito de la "encomienda", debe señalarse que tomó perfiles propios en Yucatán, pues la pobreza característica del suelo y la carencia de minas y otras fuentes de riqueza, llevaron a convertir a esa institución en el instrumento más eficaz para la explotación de los nativos. Bien se ha dicho que la "encomienda" fue una fuente de enriquecimiento para los gobernadores, pues en no pocas ocasiones éstos se aliaron con los encomenderos para violar las leyes proteccionistas de los naturales. Hubo casos en que ante la próxima extinción de las "encomiendas" que se daban por dos generaciones, eran adjudicadas a la misma persona, después de una supuesta renuncia. Con ello se evitaba la extinción de la "encomienda' ya que con el pretexto de que había quedado vacante se le otorgaba a los descendientes de los primeros encomenderos.

En 1639, había en la ciudad de Mérida sesenta y nueve encomenderos que gozaban de sus rentas en premio a sus servicios y de sus antecesores conquistadores. Por su parte los encomendados, cada vez que se les presentaba la ocasión, escapaban hacia las selvas del sur y del poniente de la península, para quedar libres del pago de tributos al encomendero y al rey. Ante esta actitud, se utilizaban los servicios de religiosos conocedores de la lengua maya, para hacerlos volver a los poblados y someterlos de nuevo a la autoridad de los conquistadores.

En 1786, aproximadamente, las encomiendas quedaron suprimidas en Yucatán, aunque sin beneficio alguno para los indios, pues los tributos se siguieron pagando, en vez de al encomendero, a las arcas reales, a través de los auxiliares que designaba directamente el gobernador de la provincia. Como dice don Eligio Ancona al referirse al período gubernamental de Lucas de Gálvez, que habiéndose convertido Yucatán en intendencia de la Nueva España y su territorio dividido en catorce sub-delegaciones o partidos, los indios no hicieron más que cambiar de acreedor, y "quién sabe hasta qué punto —observa— el encomendero fue más humano con él que el subdelegado".

Volviendo a la organización social, diremos que en segundo lugar se hallaban los mestizos y mulatos, que eran utilizados como criados de los españoles o se dedicaban a las artes mecánicas.

.En último lugar se encontraban los indios pertenecientes a las "encomiendas", dedicados, además de a las tareas impuestas por los conquistadores, a la agricultura.

Los negros, muy pocos, era esclavos traídos de las Antillas, aunque no podían moverse por la provincia ni mucho menos residir en los poblados indígenas, salvo cuando acompañasen a sus amos en sus diligencias.

El "Arco del Puente" como se conserva hasta hoy en Mérida.

CAPITULO

VII

Arch Schotz del Ch Walter lith

IGLESIA DE JESUS NAZARENO

Imp Destouches a Paris

CAPITULO VII

1) HECHOS Y PERSONAJES DEL SIGLO XVII

En 1604 tomó posesión del gobierno provincial el mariscal Carlos Luna de Arellano, quien mandó abrir caminos y reparar los que unían a Mérida con Campeche, Bacalar y Valladolid; restauró varios edificios públicos y se preocupó por fortificar Campeche. Por otra parte, llevado por su carácter, que le produjo no pocas dificultades, tuvo desavenencias con el cabildo de Mérida, el obispo y los frailes, llegando estas últimas a conocimiento de Felipe III.

Luna de Arellano fue sustituido en agosto de 1612 por don Antonio Figueroa y Silva.

Entre los sucesos más importantes del siglo XVII por sus efectos en la vida de la colonia, deben mencionarse los siguientes:

1.— Los esfuerzos por evitar que los nativos huyeran del control de las autoridades civiles y religiosas y de los encomenderos, y se refugiaran en los bosques de la península.

2.— Los intentos por conquistar y someter a los mayas de la región del Petén.

Entre estos intentos cabe mencionar la expedición del capitán Ambrosio de Argüello, vecino de Valladolid, que aunque fracasó en el orden militar, provocó, en cambio, el retorno de muchos naturales fugitivos que se hicieron presentes en Campeche pidiendo el envío de misioneros al Petén.

3.— Los ataques de los piratas a las costas peninsulares, que se hicieron cada vez más atrevidos, con graves daños para las poblaciones que visitaban y el comercio de la provincia, y a los que nos referiremos más adelante con mayores detalles.

4.— El establecimiento de centros explotadores del "palo de tinte" en la isla de Términos y en Belice, controlado por los ingleses.

5.— Las pestes y las hambres que periódicamente se presentaron en la península, con impresionantes pérdidas en vidas humanas y lamentables perjuicios para la economía de la provincia.

Acerca de la primera de tales calamidades, citaremos la que azoló la península en 1648, y que motivó que el cabildo de Mérida acordara el traslado de la virgen de Izamal a la capital de la colonia, previa anuencia del provincial de los franciscanos.

Fue comisionado para cumplir con esa misión el teniente general de Gobernación, don Juan de Aguileta, quien también fue atacado por la peste. Se dice que al principio los indios de Izamal se resistieron a permitir la salida de la virgen, pero al fin entraron en razón y accedieron a su traslado a Mérida, siempre y cuando su ausencia no fuese mayor de quince días.

Llevada en procesión hasta Mérida, fue recibida solemnemente por las autoridades civiles y religiosas, y paseada por las calles mientras las campanas de los templos repicaban en su honor. Al paso de la procesión se abrían las puertas y ventanas y se mostraban los enfermos pidiendo a gritos que fueran sanados. Colocada finalmente en el convento de San Francisco, la Virgen de Izamal estuvo allí nueve días y sus noches, durante los cuales los devotos depositaron en el altar donde se hallaba, limosnas de oro, plata y piedras preciosas. A su término fue devuelta a su lugar de origen.

2) EL CONDE DE PEÑALVA

En 1650, siendo gobernador don García de Valdez y Osorio, Conde de Peñalva, se produjo una de las hambres más espantosas que se recuerdan en la península, según el decir de don Eligio Ancona.

Por ese motivo, los naturales abandonaron sus pueblos y huyeron a los bosques, donde trataron de aliviar sus urgentes necesidades con las yerbas y raíces que encontraron. En los caminos podían verse tirados centenares de cadáveres y en las calles de las grandes poblaciones se mostraban, pálidas y enflaquecidas, no pocas personas que pedían limosna o acudían a los conventos en busca de alguna ayuda.

La intervención del Conde de Peñalva en aquel angustioso problema, tratando de averiguar las reales existencias de maíz en el interior de la provincia, fue interpretada, no sabemos si debida o indebidamente, como una maniobra para monopolizar el grano con fines de enriquecimiento. Por esa razón, se provocó el ocultamiento del mismo en bosques y cuevas, con lo que se hizo mayor la escasez y, por ende, el encarecimiento del citado cereal.

La situación se agravó al alcanzar el maíz precios elevadísimos, fuera del alcance de aun las gentes adineradas, y los animales domésticos, que se alimentaban del citado grano, fueron sacrificados hasta su casi total desaparición.

El Conde de Peñalva, no obstante, continuó en sus gestiones para buscarle solución al problema. Convocó a una junta en su despacho, y dictó otros acuerdos con ese fin, pero que lamentablemente no pudieron ponerse en práctica, debido a la desconfianza que existía en su contra.

En medio de tales circunstancias, que lo acusaban de aprovecharse de las mismas para acumular enormes tesoros, se produjo en condiciones misteriosas el asesinato del propio Conde de Peñalva, el primero de agosto de 1652. Dicho suceso, que provocó natural conmoción en la provincia, fue atribuido al descontento creado por la falta de maíz, y en consecuencia, a alguien que se sintió perjudicado por las medidas dictadas por el gobernador, pero la versión más divulgada es que dicho crimen tuvo por móvil cuestiones de faldas.

3) LA PIRATERIA EN LA PENINSULA

El auge de la piratería en la península fue motivo creciente de preocupación de las autoridades de Yucatán, las que hicieron gestiones reiteradas ante la Corona para que ayudara a construir obras de defensa en Campeche y otros puertos, levantar fuerzas y armar navíos para combatir a los corsarios.

A continuación presentaremos al lector una síntesis de las incursiones de ese género registradas durante la colonia:

En 1558, un grupo de piratas de nacionalidad francesa se apoderó de la isla de Tris, que luego recibió el nombre del Carmen; en 1561, otro grupo de la misma nacionalidad atacó Campeche; en 1571, después de tomar el puerto de Sisal, se introdujo hasta Hunucmá un importante núcleo filibustero, que saqueó el convento, la iglesia y las casas de los principales vecinos.

Días después, el mismo grupo se apareció frente a Cozumel, del que se apoderó un breve tiempo. Pero sorprendido por las fuerzas enviadas desde Mérida, los piratas fueron derrotados con saldo de numerosos muertos y prisioneros. Estos últimos, después de ser trasladados a Mérida, fueron llevados finalmente a México, donde recibieron ejemplar castigo, muriendo en la hoguera.

En 1598, al frente de tres navíos, el corsario inglés William Park se apoderó de Campeche dedicándose al pillaje. Pero algunos vecinos del lugar, refugiados en el convento de San Francisco, organizaron sus fuerzas y se enfrentaron a los filibusteros, los cuales se vieron obligados a abandonar el botín y a escapar. Entre los heridos estaba el propio Park.

Pero quizás el más importante ataque pirata, lo constituyó el asalto a Campeche en agosto de 1635, tanto por el número de embarcaciones que tomaron parte en él, como por la ferocidad de quienes lo encabezaron, los tristemente célebres "Pie de Palo" y "Diego el Mulato". Constituyendo una fuerza de más de 500 hombres, los citados tomaron a sangre y fuego dicho puerto, logrando imponerse a los valientes vecinos que se les enfrentaron, y quienes después de tener cerca de cincuenta bajas, se refugiaron en el convento de San Francisco, en espera de ayuda de Mérida.

"Pie de Palo" y "Diego el Mulato" saquearon la población y fijaron un rescate de cuarenta mil pesos para desocuparla, pero los campechanos se rehusaron a ello, reanudando la lucha. Los piratas, entonces, ordenaron la retirada, llevando consigo un gran botín y numerosos prisioneros, a los que dejaron abandonados en las playas, a cuatro leguas de Campeche.

Otro conocido jefe corsario, Jean David Nau, apodado "El Olonés", por haber perdido su barco por una tormenta en las costas de Campeche, se vio obligado a arribar a dicho puerto. Pero los soldados españoles de guarnición lo descubrieron y atacaron, causando la muerte a la mayor parte de sus hombres. "El Olonés", gravemente herido, se manchó la cara con su propia sangre y se tendió en la playa como si estuviera muerto, hasta que los españoles se retiraron del lugar. Se dice que el pirata se lavó luego la herida, se vistió con ropas de labriego y se encaminó a Campeche, donde celebraban precisamente el triunfo sobre aquellos piratas. Habiento logrado ponerse en contacto con varios de sus hombres, que estaban prisioneros, consiguió libertarlos y hacerlos llegar sanos y salvos a la isla de la Tortuga, donde estaba su base.

En 1685, siendo gobernador de la colonia don Juan Bruno Tello de Guzmán, Campeche fue atacado por el pirata flamenco Laurent Graff, más conocido con el nombre de "Lorencillo", y quien a pesar de la resistencia que opusieron los vecinos del lugar y tropas de la guarnición, consiguió hacerse de un rico botín. Días después Graff trató de internarse por la costa oriental hasta llegar a Valladolid, pero informado que se estaban levantando fuerzas para combatirlo, decidió retirarse y abandonar sus propósitos.

La incursión de "Lorencillo" planteó una vez más la urgente necesidad de construir la muralla que sirviera a Campeche para defenderse de los piratas, reanudándose los esfuerzos en tal sentido. El gobernador Tello de Gamboa y otros funcionarios destacados contribuyeron para esa importante obra, y se estableció una contribución de medio real por cada fanega de sal que saliera por Campeche. Con esos recursos y la contribución de diez mil pesos que envió el rey, se iniciaron los cimientos de la muralla.

Más tarde, cuando ocupó el gobierno don Juan José de la Bárcena, que era militar, se intensificaron las obras de que se habla, terminándose el primer baluarte, que recibió el nombre de Santa Rosa. Organizó debidamente la guarnición y mandó colocar treinta piezas de artillería en la muralla. No sin grandes esfuerzos y haciendo préstamos de diversos fondos del tesoro real, la obra se concluyó con un costo total de doscientos veinticinco mil pesos, quedando listos todos los baluartes, las explanadas, los cuarteles y los almacenes que se habían proyectado.

4) EL SOMETIMIENTO DEL PETEN

No obstante los varios intentos que se habían registrado para someter a la autoridad de la corona a la región del Petén, que se interponía entre la península de Yucatán y Guatemala, no se había logrado resultado alguno digno de tomarse en cuenta.

Fue don Martín de Urzúa y Arizmendi —que ocupó el gobierno colonial de Yucatán en tres ocasiones— quien hizo gestiones para conquistar la citada región, y en cuyo favor el rey Carlos II dio la autorización respectiva, precisando, además de los conocidos motivos de sujeción administrativa y religiosa de sus habitantes, el que se abriese un camino que permitiera establecer relaciones comerciales entre Yucatán y Guatemala.

Para el caso se ordenó al virrey de México, a la audiencia de Guatemala, al obispo de Yucatán y al provincial de la orden de San Francisco, prestaran toda la ayuda necesaria para que tal empresa llegara a feliz término. Y tomando en cuenta la importancia que tenía Yucatán en la proyectada campaña, entre otros factores, por la similitud del idioma nativo en ambas zonas, Urzúa y Arizmendi fue nombrado gobernador y capitán general de la provincia en lugar de don Roque Soberanis, separado del cargo temporalmente por pesar sobre él algunas acusaciones.

Después de asumir el cargo, Urzúa compró víveres, municiones de guerra y toda clase de pertrechos, y armó en Mérida cincuenta soldados, a los que se agregaron numerosos indígenas. El pequeño ejército fue puesto al mando del capitán Alonso García de Paredes, a quien se le dio el título de Teniente de Capitán General y Justicia Mayor de las

Montañas, pues con este nombre era también designado el Petén.

García de Paredes se encaminó a su destino, pero al hallar inesperada resistencia de parte de los pueblos indios que se hallaban a su paso, resolvió retornar a la península para obtener nuevos elementos y reorganizar sus fuerzas. Urzúa y Arizmendi logró reunir un centenar de soldados entre españoles, criollos e indígenas y, a su vez, García de Paredes reclutó un valioso contingente en Campeche, y dispuso de cincuenta nativos guerreros de Tekax y otro tanto de Sahcabchén.

Con un total de doscientos cincuenta hombres, García de Paredes se encaminó de nuevo al Petén, arribando diez días después a un pueblo llamado Cahuich. Pero como las tropas enviadas por Guatemala se retiraron de la campaña, Urzúa de Arizmendi le dio a dicho capitán todos los poderes para continuar la empresa bajo su exclusiva responsabilidad.

Separado del gobierno de Yucatán por su antagonismo con Soberanis Centeno, a quien le hizo entrega del cargo, Urzúa y Arizmendi se estableció en Campeche en los inicios de 1697 y desde allí siguió la dirección de la campaña del Petén. Habiendo organizado una fuerza de ciento cincuenta hombres, a la que se sumó un número parecido de peones y carpinteros de ribera, la puso al cuidado de don Pedro de Zubiar, a quien ordenó avanzar hasta el fin del camino abierto por García de Paredes, que se calcula estaba a dos leguas de distancia de la laguna del Itzá, y establecer allí un real español, desde donde esperaría al propio don Martín.

Urzúa y Arizmendi salió de Campeche el 24 de enero y llegó a reunirse con Zubiar el siguiente mes de febrero, para realizar la apertura del camino en las dos leguas que faltaban. Cuando ello se logró, las naves que se habían construido especialmente para esa ocasión, fueron echadas al agua y se estableció el campamento español a las orillas de la laguna.

La actitud de los naturales de la región, que en momentos parecía ser de sometimiento a los conquistadores y en otras ocasiones, era francamente hostil, provocó una natural reacción de recelo de parte de los españoles, pues a su alrededor veían brotar centenares de canoas en plan guerrero. En una junta que convocó Urzúa y Arizmendi y en la que estuvieron presentes todos sus capitanes, se acordó tomar una resolución definitiva.

El primero de marzo de 1697, después de comulgar en unión de sus hombres, Urzúa y Arizmendi dejó en el campamento a una parte de ellos y se embarcó con los demás en una de las naves con que contaban, rumbo a la isla principal, donde estaba la capital del Petén. Pero a medida que avanzaban, les salieron al paso multitud de canoas divididas en dos filas, entre las cuales se vieron obligados a seguir navegando los hispanos.

Los momentos eran cada vez más amenazadores para los expedicionarios. Urzúa y Arizmendi dirigió la palabra a quienes lo rodeaban, sin encontrar eco alguno, hasta que uno de sus soldados, impacientándose ante la situación en que se hallaban, disparó su arma contra los nativos. Instintivamente, sus compañeros de armas lo siguieron con tiros de arcabuz y artillería, y, como siguiente paso, los españoles se fueron bajando al agua, que les llegaba a la cintura, y se acercaron a la isla haciendo fuego sin reposo alguno. Entonces, los habitantes de la isla, empavorecidos, corrieron hacia la playa y se lanzaron a la laguna.

Urzúa y Arizmendi, seguido de sus capitanes y el vicario don Juan Pacheco, subió al lugar más alto, y clavando dos estandartes en los que estaban las armas reales, tomó posesión del Petén en nombre del rey de España.

Por disposición de la corte, Urzúa y Arizmendi fue nombrado posteriormente gobernador y capitán general de todos los pueblos que había reducido, incluyendo el Itzá y el camino abierto por esa región. Años después volvió a ocupar el gobierno de Yucatán recibiendo los títulos de Conde de Lizarraga y Adelantado del Petén.

En la nueva ocasión en que fue gobernador de la provincia, se vio mezclado en el sonado asunto que la historia regional ha recogido bajo el título de "Los alcaldes de Valladolid".

ANTIGUA LITOGRAFIA DE LA CATEDRAL

ERMITA DE SANTA ISABEL

CAPITULO

VIII

Francisco Joseph de Zisero, Cap.ⁿ à Guerra del Partido de la Sierra en esta Prov.ᵃ de Yucatan, en virtud de la
superior apreciable Ord.ⁿ de VS.ᵃ sobre, que haga vna infor
mac.ⁿ individual, q.ᵉ subministre una basta idea, de los fru...

y Chaac...: Son raizes de Arboles de que se hace Cavabe y
Almidon, y la libra de este, p.ᵗ no sea tan usual
r.e Solam.ᵗᵉ à real su libra.

el......De varias calidades. Es fruta ordinaria, y su
hanega se vende à quatro, y seis r.ˢ

_____

_____

arregados en examᵗ.ᵉ à una perpetua inaccion, q.ᵗᵒ
intereza el comunᵃᵈᵒ, ó alivio de la Prov.ᵃ,
n q.ᵉ se intereza, el q.ᵉ atento al Sup.ʳ ord.ⁿ de VS.ᵃ
à obedecido con gusto, y desea se digna VS.ᵃ librar
q.ᵗ lucren de su mayor agrado; En Oxkutzkab
15,, de Febrero de 1785,, Fco

Fran. J. de Zisero

Manuscrito inédito del siglo XVIII. Es el único informe que se
conoce de un Capitán a Guerra dirigido al Gobernador y Capitán
General, Brigadier José Merino Ceballos. Lo suscribe Francisco
J. Zizero en 1785 desde Oxkutzcab.

CAPITULO VIII

1) EL DR. GOMEZ DE PARADA

Al finalizar el año de 1716 se hizo cargo del obispado el doctor Juan Gómez de Parada, natural de Guadalajara, Jalisco, y quien había realizado estudios en México y Salamanca.

Al hacer una visita a la diócesis, el Dr. Gómez de Parada se dio cuenta de los abusos que se cometían en contra de los indios y usando los poderes otorgados por Felipe V para intervenir en favor de los mismos, publicó un edicto prohibiendo el servicio personal obligatorio de los naturales y proclamando la completa libertad de trabajo.

Lo anterior, como era de esperarse, provocó el disgusto de encomenderos, frailes, comerciantes y especuladores y hasta del mismo gobernador —que en esa época lo era don Antonio Cortaire y Terreros— quienes alarmados por los propósitos del obispo, unieron sus esfuerzos para combatirlo. Por su parte, los cabildos de Mérida, Campeche y Valladolid, ostentándose defensores de los descendientes de los primeros conquistadores de Yucatán, enviaron procuradores a México y Madrid acusando al humanitario personaje de que, con su proceder, podía provocar una sublevación general en la colonia, con las consiguientes consecuencias.

Gómez de Parada, atendiendo una solicitud del rey, rindió un informe de la situación que había hallado en la provincia, describiendo los desórdenes, violencias, robos y extorsiones que sufrían los naturales y la protección que habían impartido a los encomenderos los gobernadores Juan José de Vértiz y Cortaire y Terreros, justificando a su vez las medidas que había dictado.

En reconocimiento a lo expuesto y como una muestra de confianza al obispo, el rey dispuso que se hiciera cargo del gobierno de Yucatán, aunque ello no pudo realizarse por diversos motivos.

Posteriormente, Gómez de Parada fue trasladado a Guatemala.

2) EL MARISCAL FIGUEROA Y SILVA

En diciembre de 1725 tomó posesión como gobernador y capitán general de la colonia, el mariscal de campo y brigadier de los reales ejércitos don Antonio Figueroa y Silva, hombre preparado y honesto, quien gozó del respeto general por la forma en que intervino en los problemas de la provincia.

Al presentarse una tremenda escasez de maíz, que trajo consigo la muerte por hambre de miles de indígenas, Figueroa y Silva evitó especulaciones y ayudó en lo que pudo para enfrentarse a dicha calamidad.

Persiguió a los monopolios, combatió el juego, mejoró las defensas de Campeche y alentó el comercio. Pero el principal timbre de su gestión fue el haber logrado la expulsión de los ingleses de Belice, donde se habían establecido para explotar el "palo de tinte". Sin embargo, como es sabido, los ingleses se empecinarían en ocupar dicha zona hasta convertirla en un tema conflictivo más o menos permanente entre España e Inglaterra.

Por sus antecedentes militares, Figueroa y Silva fue escogido por el rey para combatir a los ingleses que se habían apoderado de Belice, hasta conseguir su expulsión de dicho territorio. Para ello debería trasladarse primero a Bacalar y establecer allí la base de sus operaciones.

Así lo hizo y después de reconocer el citado sitio que entonces se hallaba completamente abandonado, le escribió al monarca proponiendo la repoblación de Bacalar por colonos de las islas Canarias.

Los piratas ingleses, a su vez, agruparon algunas fuerzas y desembarcaron en la bahía de la Ascensión. Avisado oportunamente de tales sucesos el gobernador y capitán general de Yucatán se puso al frente de sus soldados y otros elementos con que contaba y cayó sobre los invasores, a los que después de derrotar persiguió hasta la costa, haciéndolos huir.

Figueroa y Silva activó sus preparativos para consumar definitivamente la empresa que se le había encomendado. Logró reunir setecientos hombres en Mérida y ordenó que varias embarcaciones, debidamente armadas y preparadas para lo que se proponía, fuesen llevadas de Campeche a la Bahía del Espíritu Santo, para esperar sus órdenes. Luego salió para Ichmul, donde se le unieron los colonos canarios que se establecerían en Bacalar, y se dirigió a este lugar, al que llegó sin obstáculo alguno.

Fueron construidas habitaciones para los colonos, a quienes se repartió tierras para dedicarse a la agricultura, y se iniciaron operaciones de exploración por la comarca. A su vez, los ingleses, con la ayuda de indios "mosquitos" de Honduras y de las autoridades de Jamaica, aumentaron sus fortificaciones en la orilla del río.

Figueroa y Silva planeó cuidadosamente la forma en que deberían intervenir las fuerzas terrestres y marítimas de que disponía, y logró sorprender a los ingleses y a sus aliados, los cuales fueron derrotados, dejando numerosos muertos y prisioneros. Como culminación de esa batalla, las casas y rancherías fueron incendiadas, las fortificaciones quedaron destruidas y las naves que habían utilizado los piratas se hundieron.

Después de hacer regresar la flotilla a Campeche y vigilar el traslado de los prisioneros a La Habana y San Juan de Ulúa, el mariscal se instaló en Bacalar. Allá ordenó la construcción de una fortaleza, organizó el servicio de guarnición para evitar nuevas incursiones de los ingleses, y se dedicó a pacificar la región de los naturales que aún no se habían sometido al gobierno colonial.

Cuando posteriormente, inició el viaje de retorno a la península, el mariscal y brigadier falleció en un rancho del camino, el 10 de agosto de 1733. Su cuerpo, sepultado temporalmente en el pueblo de Chumunhú, fue llevado más tarde a Mérida, donde se le inhumó en la iglesia de Santa Ana, que el propio mariscal había construido de su peculio.

3) EL LEVANTAMIENTO DE CISTEIL

El levantamiento indígena de Cisteil, pueblo de la jurisdicción de Tixcacaltuyú, en lo que fue el cacicazgo de Sotuta, iniciado en 1761, fue uno de los más importantes que se produjeron durante la colonia.

Fue su caudillo Jacinto Canek, quien había vivido en los conventos y tenía cierta ilustración. Aprovechando la fiesta religiosa del lugar, Canek invitó a los nativos a rebelarse en contra de los dominadores hispanos.

Los sublevados dieron muerte a un comerciante llamado Diego Pacheco, y tuvieron su primer encuentro con un grupo de soldados de caballería al mando del capitán Tiburcio Cosgaya, al que derrotaron, siendo muertos el propio capitán y ocho de sus subalternos. Los hombres que sobrevivieron gracias a sus cabalgaduras, difundieron lo que estaba sucediendo en las poblaciones inmediatas.

Al tener noticia de lo anterior, el gobernador don José Crespo y Honorato se dedicó a organizar la lucha en contra de la insurrección, disponiendo la salida de Mérida a Cisteil, de una compañía de infantes y 30 soldados de caballería. Igualmente ordenó el traslado de Campeche a la región rebelde, de 250 hombres; y la movilización al mismo rumbo de 400 hombres de Valladolid, 600 de las poblaciones de la Sierra, 500 de Sotuta y Yaxcabá, 160 de Tizimín y un contingente del Batallón de Castilla, acuartelado en Mérida.

Así también, el mencionado Crespo, que era brigadier de los ejércitos reales, ordenó que se despojara a los indios de armas de fuego y que a ninguno se les vendiera pólvora, ni se les permitiera salir del lugar donde estaban avecindados, sin permiso de la autoridad. Además dispuso que todos los hombres pertenecientes a las milicias fuesen dotados de escopetas, y que se levantaran horcas en la plaza principal de Mérida y en las de los suburbios, así como en otras poblaciones de la península.

Dicho movimiento llenó de zozobra a los habitantes de la colonia y a las autoridades, pues se tenían noticias de que centenares de indios de los poblados y rancherías cercanas a

Cisteil se habían adherido a la rebelión, llegando a integrar una fuerza mayor de mil quinientos hombres.

Cuando se produjo el encuentro entre los sublevados y las tropas coloniales, aunque los indígenas se defendieron con bravura, sucumbieron ante la superioridad del enemigo. Los mayas que salvaron la vida, huyeron a los bosques en busca de refugio. Canek pudo escapar en unión de varios de sus seguidores, habiendo llegado a la hacienda Huntulchac, donde levantaron fortificaciones. Pero la presencia de los soldados españoles obligó a Canek a escapar a la sabana de Sihac, donde finalmente fue aprehendido por una columna de 125 hombres, comandada por Cristóbal Calderón de la Helguera.

Llevado a Mérida, el caudillo indígena fue condenado a morir atenaceado. Su cuerpo fue quemado y sus cenizas esparcidas en el aire. Ocho de sus compañeros fueron condenados a la horca, y los demás prisioneros recibieron doscientos azotes y fueron amputados de una oreja. Las sentencias fueron aplicadas en un tablado que se levantó en la plaza principal de Mérida, ante la presencia del gobernador Crespo y Honorato, las principales autoridades y vecinos, y muchos de los indios presos.

Canek fue ajusticiado el 14 de diciembre de 1761; el 16 del mismo mes, los condenados a la horca, y durante los tres días siguientes, los sentenciados a recibir azotes y a ser mutilados. El verdadero nombre de Canek era el de José Uc de los Santos y había nacido en Campeche. Se atribuye la adopción del nombre de Canek al prestigio que tenía el que fuera cacique del Petén-Itzá, y que era recordado entre los mayas por su actitud brava ante los españoles.

4) DON LUCAS DE GALVEZ

Don Lucas de Gálvez, quien era capitán de navío y había tomado posesión del gobierno de la provincia el 4 de junio de 1789, se hizo notar por su empeño en mejorar las condiciones materiales de la península y por las excepcionales dotes administrativas de que dio pruebas durante su gestión.

Eran los tiempos en que la metrópoli española había puesto en vigor importantes reformas de particular trascendencia para las colonias americanas y entre las cuales destacaron la supresión de las encomiendas y el establecimiento de las intendencias. Con la primera se trataba de frenar la desmedida explotación de los indígenas, y con la segunda poner un hasta aquí a la corrupción en la administración civil de las citadas colonias.

Yucatán, como era lógico, fue sometido al nuevo sistema, correspondiendo a don Lucas de Gálvez ser el primero que recibió el nombramiento de intendente, cargo que sumó a los que ostentaba de gobernador y capitán general de la provincia. El intendente venía a ser una especie de jefe superior de Hacienda, que dependía directamente del ministro del ramo.

En virtud de lo anterior, la península fue dividida para los efectos de dicha reforma, en las siguientes sub-delegaciones: la de la Sierra Alta; la de la Sierra Baja; la de los Beneficios Altos; la de los Beneficios Bajos; la de la Costa; la de Valladolid; la del Camino Real Alto; la del Camino Real Bajo; la de Bolonchén-Cahuich; la de Champotón; la del presidio Bacalar; la de la ciudad de Campeche, y la de la capital de Mérida. Cada una de ellas quedó bajo la autoridad de un subdelegado, que no solamente era el agente subalterno de Hacienda que recaudaba dentro de su jurisdicción el tributo que los indios pagaban a la Corona, y de los demás impuestos reales, sino también el jefe de la milicia local, el agente del poder ejecutivo y el juez que dirimía ciertos litigios tanto de orden civil como criminal. Además, por si fuera poco, dicho funcionario se encargaba también de cobrar las obvenciones destinadas a curas y frailes, con lo que reunieron un poder excesivo, no siempre debidamente ejercido.

Don Lucas de Gálvez supo neutralizar los problemas derivados de lo anterior, entregándose a realizar no pocas obras reveladoras de su reconocido espíritu progresista. Con la ayuda de la gente adinerada y la colaboración personal de los vecinos, logró la transformación de los caminos que unían a Mérida con Izamal, Ticul y Campeche; introdujo el alumbrado público en Mérida y mandó construir la alameda de la misma ciudad, donde hoy existe la llamada Calle Ancha del Bazar y que entonces recibió el nombre, muy de la época, de "Paseo de las Bonitas".

También favoreció la construcción de depósitos de maíz en las poblaciones del interior, para evitar la escasez de dicho grano, tan vital para la alimentación popular, y ahuyentar la amenaza del hambre; fomentó el cultivo del arroz, del tabaco y de la higuerilla, y organizó una empresa pesquera para la explotación comercial de las especies existentes en las costas peninsulares, aparte otros no menos interesantes proyectos, en los cuales mencionaremos el fomento de la marina mercante.

Lamentablemente, el asesinato en forma un tanto misteriosa de dicho personaje, quien había sido ascendido poco antes a brigadier, le impidió cumplir todos los ambiciosos planes que había formulado. El sonado crimen se produjo la noche del 22 de junio de 1792, cuando en compañía del Tesorero Real don Clemente Rodríguez Trujillo había salido de la Casa de Gobierno para dirigirse, a bordo de una calesa a su casa-habitación. Un jinete, quien al parecer lo aguardaba pacientemente dos esquinas al oriente de la plaza principal, se acercó al vehículo en medio de las sombras de la noche, y blandiendo una larga vara de madera, en cuyo extremo estaba fuertemente atado un cuchillo, hirió gravemente al gobernador. Llamados para atenderlo un médico y un sacerdote, éstos llegaron cuando don Lucas había fallecido.

Dicho suceso causó una honda consternación no solamente en la provincia, sino también en la capital de la Nueva España y aún en la misma corte, tanto por la importancia de los cargos que ejercía la víctima, como por sus reconocidas cualidades personales.

Después del breve interinato del coronel José Sabido de Vargas, teniente del rey de Campeche, asumió el gobierno de Yucatán el mariscal O'Neill y Kelly, quien lo desempeñó de 1793 a 1800 siendo, por lo tanto, el último gobernador de la provincia en el siglo XVIII. O'Neill organizó, acatando órdenes del rey Carlos IV, una expedición a Belice para expulsar a los ingleses del controvertido territorio, aunque sin conseguirlo por diversas circunstancias que malograron sus propósitos.

5) LA CULTURA EN LA COLONIA

Una de las más importantes manifestaciones intelectuales de la colonia fue la descripción de las costumbres de los mayas y de los sucesos de la época, y siempre fueron religiosos o alumnos de ellos quienes realizaron tales trabajos.

Mencionaremos a Gaspar Antonio Xiu, quien educado por Diego de Landa escribió la relación de las costumbres de los indios de Yucatán; al propio Landa, autor de la "Relación de las cosas de Yucatán", que ha sido fuente importante para el estudio de los mayas; a Pedro Sánchez de Aguilar, autor de "Memorial sobre los Conquistadores" e "Informe contra Idolorum Cultores del Obispado de Yucatán", y Francisco Cárdenas Valencia, autor de la "Relación de la Conquista y sucesos de Yucatán".

Los llamados "Libros de Chilam Balam", escritos con letras españolas por indios cultos, que ante la destrucción de los códices y documentos mayas, trataron de conservar en alguna forma las tradiciones de sus antepadasos. Entre ellos, el más divulgado ha sido el "Chilam Balam de Chumayel", traducido al español por el ilustre poeta yucateco don Antonio Mediz Bolio.

En el terreno educativo, en el año de 1624, el Colegio de San Javier, fundado unos años antes, obtuvo el privilegio de otorgar grados académicos a semejanza de las universidades españolas, abriendo las cátedras de Humanidades, Filosofía, Teología y Derecho Canónico.

En 1711 inició sus labores el Colegio de San Pedro, estableciéndose en el edificio donde se instaló en 1867 el Instituto Literario, y que reformado y ampliado posteriormente en el presente siglo sirve hoy de asiento a la actual

Universidad Autónoma de Yucatán.

El 24 de marzo de 1751 abrió sus puertas el Seminario Conciliar de San Ildefonso, que alcanzó sus mejores días a principios del siglo XIX.

6) ARQUITECTURA COLONIAL EN YUCATAN

La arquitectura colonial en Yucatán está representada por los elementos siguientes:

1.— La construcción de templos para el culto religioso y de conventos para la residencia de las distintas órdenes que se establecieron en la Península. como ejemplo de lo anterior citaremos la Catedral de Mérida, de tipo románico, cuya construcción se terminó en 1598; el templo que primero recibió el nombre de Nuestra Señora del Rosario y luego fue llamado de San Juan de Dios, considerado como el más antiguo de la colonia, pues sirvió de catedral provisional; el convento de las Monjas Concepcionistas, que se caracteriza por su mirador y su aspecto de fortaleza; el templo del Jesús, construido a principios del siglo XVII; la iglesia de Santa Ana, construida en 1731; la de San Juan Bautista, reconstruida en 1776, y la de Mejorada o de San Francisco, construida en 1640, todas las citadas de la ciudad de Mérida. También pueden citarse el convento de la Asunción, en Muna, construido a fines del siglo XVI; el convento de Izamal, cuya construcción inició Fray Diego de Landa en 1553; el templo de San Gervasio, de Valladolid, cuya construcción terminó en 1570; el templo y convento de San Juan Bautista, terminado en Motul en 1561; el templo de Umán, construido por los franciscanos en el siglo XVIII, y que tiene el aspecto de fortaleza, típico de los edificios de esa orden; el templo de Maní, etc., etc.

2.— La planificación de las ciudades españolas en sitios cercanos o en el propio lugar (como en el caso de Mérida) donde se encontraban las poblaciones nativas.

3.— La construcción de los edificios donde deberían establecerse las autoridades. Ejemplo de este tipo de arquitectura, lo constituyeron las Casas Consistoriales, levantadas en el siglo XVI, y la Casa de los Gobernadores y Capitanes Generales.

Las Casas Consistoriales, que se levantaron en el sitio donde estuvo uno de los montítulos que existían en la antigua Thó, fueron substituidas en 1735 por un edificio que abarcaba toda la manzana, formada por las calles 61, 62, 63 y 64, y en el que se establecieron además de las dependencias del cabildo, el mercado, la cárcel, el matadero, etc.

La Casa de los Gobernadores y Capitanes Generales estuvo en el mismo lugar donde hoy se halla el Palacio del Ejecutivo, construido a fines del siglo XIX y que se concluyó en 1892.

4.— La construcción de las casas donde deberían residir los conquistadores. La más antigua y más admirada hasta hoy, es la Casa de Montejo, ubicada en el costado sur de la Plaza Principal de Mérida, cuya construcción se realizó entre los años 1543 y 1549, y que es considerada como un valioso exponente del arte colonial americano, por su portada tallada en piedra, con muy interesantes motivos ornamentales.

5.— Las obras urbanísticas, como los corredores del ya citado Palacio del Ayuntamiento; los llamados "portales de granos", a un costado del actual edificio de Correos; los que existen rodeando parte del parque Santa Lucía y otros de semejante índole. En Mérida existen aún, por otra parte, algunos de los arcos levantados en 1690, no se sabe bien si destinados a puertas de la ciudad. Ellos reciben los nombres de Dragones (calle 61 con 50), del Puente (calle 63 con 50), y de San Juan (calle 64 con 69), en el costado sur del parque del mismo nombre.

6.— Las obras militares para la defensa, como las murallas de Campeche, de las cuales pueden admirarse todavía algunos de sus baluartes, y la fortaleza o castillo de San Benito, que juntamente con el convento de San Francisco, se levantaba sobre un cerro de la ciudad de Mérida.

La arquitectura colonial de Yucatán, se ajustó a los materiales peculiares del terruño y a la habilidad de los nativos, aplicada en la ejecución de las obras. A diferencia de otras regiones de América, ricas en metales preciosos, las edificaciones coloniales de Yucatán se caracterizan por su modestia y sencillez.

CAPITULO

IX

1) La Constitución de Cádiz

2) Los Sanjuanistas

3) El golpe de estado de Fernando VII

4) Postrimerias de la colonia

5) Proclamación de la Independencia

LORENZO DE ZAVALA en su juventud. (Retrato reproducido del Vol. VII de la Enciclopedia Yucatanense. Gobierno del Estado. 1944).

CAPITULO IX

1) LA CONSTITUCION DE CADIZ

Ocupaba el gobierno de Yucatán el mariscal de campo Benito Pérez Valdelomar, quien había tomado posesión el 19 de octubre de 1800, cuando se registraron en la metrópoli ibera los acontecimientos que, por su naturaleza, contribuyeron al florecimiento de las inquietudes libertarias y de los sentimientos independentistas en las colonias americanas.

Pérez Valdelomar puso especial empeño en romper el monopolio que hasta entonces se ejercía a través de Campeche, donde se descargaban todas las mercancías provenientes de Cuba, al conseguir la apertura del puerto de Sisal al tráfico marítimo, y se vio envuelto en un suceso que agitó a la colonia, como sin duda lo fue la detención y el juicio de quien resultó ser emisario secreto de José Bonaparte, el joven danés Gustavo Nording de Witt, sentenciado a la horca con la solemnidad propia de la época. Pero nombrado virrey de la Nueva Granada en agosto de 1811, Pérez Valdelomar fue substituido por el mariscal Manuel Artazo y Torre de Mer, quien como se verá después, tuvo que enfrentarse a una difícil situación por las circunstancias políticas que se presentaron en Yucatán, y a las que nos referiremos después.

Volviendo a los acontecimientos a que hicimos mención con anterioridad, citaremos el despliegue de poder de Napoleón Bonaparte en Europa y que condujo a la usurpación del trono español por su hermano José; el cautiverio de Fernando VII en suelo francés; el movimiento de resistencia de los patriotas ante la ocupación napoleónica, y, por último, la promulgación de la Constitución de Cádiz, que no solamente introdujo amplias reformas de tinte liberal en la estructura absolutista de la monarquía hispana, sino que abrió nuevas perspectivas a las provincias de ultramar y reconoció los derechos de los naturales y vecinos de ellas.

Al expedirse la convocatoria a las cortes por el Consejo de

119

Regencia e Indias, establecido primero en la Isla de León y trasladado después a Cádiz por razones de la guerra, se giraron instrucciones a las autoridades del Nuevo Continente sobre la forma en que deberían ser electos los diputados, y en las que se habló del reconocimiento de los habitantes de las provincias como "españoles americanos", rompiendo así con los viejos términos establecidos en las rígidas divisiones raciales y socio -culturales impuestas por la Corona.

La nación fue considerada como la "reunión de todos los españoles de ambos hemisferios", dándole el título de tales a todos los hombres libres nacidos y avecindados en los dominios de España y los hijos de éstos. Otras reformas trascendentales incluidas en el documento de que hablamos, consistieron en la protección de la libertad de imprenta; el derecho a escribir, imprimir y publicar ideas políticas, sin necesidad de licencia, revisión, o aprobación alguna para su publicación; y la división del gobierno en tres poderes: el Ejecutivo, que recayó en el rey, y el Legislativo, cuyas funciones quedarían a cargo de las Cortes, no solamente absorbiendo muchas de las atribuciones que hasta entonces había tenido el monarca, sino también algunas que con posterioridad pasaron a formar parte del poder Judicial.

Por cierto que aunque la diputación de Yucatán estuvo integrada por el Dr. Miguel Mariano González Lastiri, el Pbro. Angel Alonso Pantiga, Pedro Manuel de Regil y José Martínez de la Pedrera, solamente hay noticias de la intervención del primero, quien en la sesión del 3 de septiembre de 1811, pidió a la asamblea que fuera incluido oficialmente el nombre de la península en la relación de los territorios ultramarinos de España, lo cual fue aprobado sin dificultad alguna, por los motivos invocados por el representante yucateco.

2) LOS SANJUANISTAS

Esta importante sociedad, llamada así por el lugar donde se reunía (la sacristía de la Ermita de San Juan Bautista de la ciudad de Mérida) fue precursora de la independencia de la colonia, en la que adquirió prestigio por el espíritu progresista y el amor a la libertad de sus componentes, entre los que se hallaban jóvenes ilustrados e inteligentes.

Inició sus actividades en 1805, bajo la inspiración del padre Vicente María Velázquez, quien en los primeros tiempos buscaba solamente promover actos piadosos en favor del patrono de la citada ermita. Pero en la medida en que fue mayor el número de los asistentes a sus reuniones, entre los que se hallaban varios ex-alumnos de don Pablo Moreno, quien había sido combativo maestro de Filosofía en el Seminario de San Ildefonso, y las condiciones se hicieron propicias para realizar actividades francamente políticas, los "sanjuanistas" abandonaron los temas parroquiales y se convirtieron en tribuna de discusión franca de los problemas locales y de los que planteaban con inusitada claridad los periódicos que comenzaron a llegar de la metrópoli, impregnados en su mayoría del espíritu reformista que dominaba en las discusiones apasionadas de las Cortes de Cádiz.

El padre Velázquez, conocido por su preocupación por la forma en que eran tratados los indígenas bajo la dominación española, gozaba del respeto de sus feligreses, que veían en él no solamente al fiel cumplidor de sus obligaciones religiosas, sino a quien, poseedor de pensamientos nobles sobre el porvenir de la provincia, los había puesto siempre al servicio de las mejores causas. Por ello pudo desempeñar acertadamente la dirección de la citada sociedad, a pesar de que en la misma participaban gentes de distinta mentalidad.

Entre ellas figuraban en forma destacada Lorenzo de Zavala, notable por su inteligencia y quien llegó a alcanzar en la política nacional en el siglo pasado, una situación privilegiada; José Matías Quintana, padre del prócer insurgente Andrés Quintana Roo; José Francisco Bates, introductor de la imprenta en Yucatán y Manuel Jiménez Solís, quien hizo célebre su pseudónimo de "El Padre Justis".

Al promulgarse en 1812 la Constitución de Cádiz, los "sanjuanistas" impulsaron sus labores cívicas, haciéndolas llegar a todos los lugares de la colonia a través de los periódicos que editaron para divulgar sus propósitos políticos, de claras tendencias liberales. El gobernador Artazo y Torre de Mer, después de resistirse a publicar el texto de la misma, resolvió finalmente hacerlo, en cumplimiento a las órdenes giradas por la regencia, y a exigir a las autoridades bajo su mando el juramento de rigor y la promesa de su fiel cumplimiento.

La convocatoria para constituir la Diputación Provincial y elegir los ayuntamientos en las principales poblaciones de la península, se prestó para que los "sanjuanistas" pusieran a prueba su creciente influencia, ya que en ambas oportunidades, se enfrentaron a los "rutineros", llamados así por su postura conservadora frente a las corrientes progresistas que habían invadido a la península. Cabe apuntar que si la diputación, por el sistema electoral adoptado para el caso, quedó dominada por los "rutineros", en cambio los "sanjuanistas" lograron poner en los ayuntamientos a algunas de sus figuras representativas, como don Pedro Almeida y don José Matías Quintana, que formaron parte del cabildo de Mérida y otros partidarios suyos que resultaron electos para participar en los ayuntamientos de Campeche, Valladolid y otros lugares.

Por cierto que cuando a la plaza principal de Mérida le fue impuesto el nombre de "Plaza de la Constitución", para obedecer lo dispuesto por las Cortes de Cádiz, y el gobernador Artazo y Torre de Mer acordó colocar una placa alusiva en el frente del edificio del Ayuntamiento, se contó con la desprendida colaboración de distinguidas damas de la ciudad, que donaron sus joyas para forjar la citada placa. Entre ellas figuró doña Ana Roo de Quintana, quien regaló los diamantes necesarios para la letra "C" del texto de referencia.

Otro decreto de las Cortes, que avivó las discrepancias regionales fue el que abolió los repartimientos de los indígenas y los servicios personales de los mismos a particulares, corporaciones, funcionarios públicos y sacerdotes, y ordenó el reparto de tierras a los indios casados y mayores de edad, pues en tanto dichas medidas fueron muy bien recibidas por los "sanjuanistas" y los elementos liberales que los seguían, provocaron hondo malestar entre las clases que se sintieron lesionadas en sus intereses y, por consiguiente, entre los "rutineros".

3) EL GOLPE DE ESTADO DE FERNANDO VII

La derrota militar y política de Napoleón Bonaparte cambió el panorama de Europa, pudiéndose citar entre sus consecuencias inmediatas la restauración de los borbones en España y la libertad de Fernando VII, quien volvió a su patria después de cinco años de cautiverio, en medio de manifestaciones de júbilo de sus súbditos.

Pero para sorpresa de los españoles, el monarca expidió en Valencia el 4 de mayo de 1814, un decreto en el que después de calificar los trabajos de las Cortes de Cádiz como "abusivos y atentatorios a la autoridad real", declaró la nulidad de la Constitución de 1812 y de los decretos que la sucedieron, restableciendo el absolutismo y borrando en consecuencia las avanzadas reformas implantadas en tan importantes leyes.

Si ese decreto, que Eligio Ancona califica de "golpe de Estado", de Fernando VII, tuvo naturales consecuencias en la vida interna de España, ellas fueron mayores en las colonias de ultramar, porque interrumpieron el proceso libertario de vasto alcance, que había sembrado justificadas esperanzas y vigorosos estímulos en quienes pensaban ya decididamente en la independencia de América.

Lo que primero llegó a Yucatán en forma de débiles rumores y que dio margen a contradictorias especulaciones, causó de momento que los dos bandos políticos contendientes —"sanjuanistas" y "rutineros"— suspendieran sus actividades. Pero cuando la situación se fue aclarando y se redujeron las dudas sobre la restauración del absolutismo, cambió la relación de fuerzas entre ambas corrientes, pues en tanto los primeros vieron reducir sus filas por inesperadas deserciones, los "rutineros" recibieron con los brazos abiertos a los que abandonaron repentinamente la causa constitucional.

Así las cosas, el arribo de un buque a Sisal, proveniente de La Habana, trayendo periódicos en los que se publicaba el texto completo del decreto del monarca, exaltó en tal forma a los "rutineros", que el 24 de julio de 1814, se reunieron en la plaza principal de Mérida, que como ya hemos visto llevaba ya el nombre de "Plaza de la Constitución", para vitorear a Fernando VII y exigir al gobernador Artazo la declaración oficial del citado decreto. Después de intentar desprender la placa correspondiente al nombre de la plaza, el populacho, enardecido, recorrió las principales calles de Mérida y se dirigió a la ermita de San Juan Bautista, donde sacaron en forma violenta e irrespetuosa al padre Velázquez, quien después de ser objeto de burlas y ultrajes, fue conducido al convento de San Francisco.

El regidor Pedro Almeida, por haber protestado por aquel atropello, fue enviado a la cárcel; Jiménez Solís fue recluido en el convento de Mejorada, donde permaneció hasta 1817; Lorenzo de Zavala, José Matías Quintana y Francisco Bates, fueron sacados de sus domicilios por la fuerza de las armas y trasladados a la prisión de San Juan de Ulúa, en la que permanecieron durante tres años.

La diputación provincial, después de dirigir una proclama a los habitantes de la Colonia, exhortándolos a obedecer la real voluntad, acordó su disolución; los ayuntamientos y demás autoridades de origen constitucional, fueron desconocidos, y se restablecieron el pago de obvenciones, el servicio personal de los indios y los tributos a los encomenderos.

Artazo y Torre de Mer falleció el 31 de agosto de 1815, siendo ocupado el cargo que desempeñaba, por el brigadier Miguel de Castro y Araoz, entonces teniente de rey de Campeche.

4) POSTRIMERIAS DE LA COLONIA

Durante la gestión de Castro y Araoz se produjo otro suceso en la metrópoli: el pronunciamiento del general Juan Riego en Cádiz, con fecha primero de enero de 1820, y que al extenderse en el territorio español, obligó a Fernando VII a restaurar la Constitución de 1812, prestándole debido juramento y, por consiguiente, poniendo en vigencia de nuevo las medidas liberales que había suspendido en 1814.

Los luchadores liberales Lorenzo de Zavala, José Matías Quintana y Francisco Bates, que habían retornado en 1817, después de su prolongado encierro en San Juan de Ulúa, así como los padres Velázquez y Jiménez Solís, se encontraban en la provincia en espera de una nueva oportunidad para reanudar sus actividades, aunque Zavala, demasiado inquieto para permanecer pasivo, se había afiliado a una logia masónica, convirténdose así en el introductor de la masonería en la península, para la que fue ganando adeptos.

Las primeras noticias del pronunciamiento de Riego y de la restauración del sistema constitucional, llevaron a la reorganización de la sociedad sanjuanista, que aceptó en su seno a viejos "rutineros" que se habían hecho masones para borrar su pasado, y a otros elementos que como el coronel Marino Carrillo y Albornoz, contaba con pocos años de residencia en la península. Posteriormente, en atención a las circunstancias políticas que se presentaron, la citada sociedad acordó transformarse en una organización más amplia, a la que se le dio el nombre de "Confederación Patriótica", y cuya dirección quedó a cargo de Lorenzo de Zavala, en reconocimiento a su larga experiencia.

La indecisión de Castro y Araoz en juramentar la Constitución y su resistencia a aceptar la situación creada por la revolución de Riego, condujo a su separación de la capitanía general de Yucatán por un acuerdo de la diputación provincial, que nombró para sustiturlo al ya citado coronel Carrillo y Albornoz, quien tomó posesión el 21 de junio de 1820. Durante su gestión fueron electos diputados ante las Cortes, Lorenzo de Zavala, Manuel García Sosa y Pedro Sáinz de Baranda.

El último gobernante colonial de Yucatán, fue el mariscal de campo Juan María Echéverri, quien habiendo asumido su cargo de jefe superior e intendente de la provincia el 1o. de enero de 1821, intervino en los hechos de trascendencia histórica que antecedieron y ayudaron a la independencia política de la misma.

Primeramente, el mariscal Echéverri vigiló el cumplimiento de las cortes españolas relacionadas con el número de conventos que debería funcionar en la península, y con el traslado de los panteones que hasta entonces estaban anexos en las iglesias. Como consecuencia de lo anterior, fueron clausurados los conventos de San Francisco, que se encontraba dentro del recinto de la llamada Ciudadela de San Benito, y los que en número aproximado de veinte, funcionaban en el interior de la península. Solamente quedaron abiertos los de Mejorada y de las Monjas Concepcionistas, en Mérida, y los de Ticul y Calkiní. Los bienes embargados con ese motivo, pasaron al tesoro real y cerca de doscientos frailes renunciaron a su hábitos. En lo que toca a los panteones, después de ser clausurados los que funcionaban anexos a los templos, fueron abiertos otros, en lugares adecuados en Campeche y Mérida.

Posteriormente, Echéverri se enfrentó a la situación creada por el levantamiento encabezado en la Nueva España por Agustín de Iturbide, y la acogida que tuvo en Tabasco y en Campeche, cuyas autoridades se dirigieron a él pidiendo la adhesión de la provincia al citado movimiento. Pero como se advertía en Mérida un sentimiento favorable a la independencia nacional, el mariscal convocó a una junta extraordinaria para acordar lo que se estimara más conveniente.

5) PROCLAMACION DE LA INDEPENDENCIA

La junta de que hablamos antes, se efectuó el 15 de septiembre de 1821, bajo la presidencia del propio Echéverri, y con la asistencia de los miembros de la diputación provincial y del ayuntamiento de Mérida, del obispo Estévez, de los párrocos de la ciudad, de los jefes con mando militar, de los empleados reales, de los representantes de las corrientes políticas y de los principales vecinos, habiéndose pronunciado unánimemente por la independencia de Yucatán del dominio español y su inmediata adhesión al plan

126

de Iguala, y por consiguiente, al régimen que se estableciera en México de acuerdo con dicho plan.

Entre los puntos acordados en tan memorable ocasión, destacan los siguientes:

1o.— Que la provincia de Yucatán, unida en afectos y sentimientos a todos los que aspiraban a la felicidad del suelo americano, proclamaba su emancipación política de la metrópoli, bajo el supuesto de que el sistema de independencia acordado en los planes de Iguala y Córdoba, no estaría en contradicción con la libertad civil.

2o.— Que Yucatán haría la proclamación solemne de su independencia, luego que los encargados del poder interino en México fijasen las bases de la nueva nacionalidad.

3o.— Que entretanto, y para afianzar más eficazmente la libertad, la propiedad y la seguridad individual, que son los elementos de toda sociedad bien organizada, se observasen las leyes existentes, con inclusión de la Constitución española, y se conservasen las autoridades establecidas.

4o.— Que la provincia reconocía como hermanos y amigos a todos los americanos y españoles europeos que participaran de los mismos sentimientos y quisiera comunicar pacíficamente con sus habitantes, para todos los negocios y transacciones de la vida civil.

En relación al punto tercero mencionado antes, debe apuntarse que como el mariscal Echéverri manifestó deseos de renunciar a su cargo de jefe político superior y capitán general de la provincia, se le pidió que continuara en el desempeño de sus funciones por el tiempo necesario, por la confianza que todos los presentes tenían en él para enfrentarse a los problemas que se presentaran en la nueva situación.

Por otra parte, fueron comisionados los señores Juan Rivas Vértiz y Francisco Antonio Tarrazo para trasladarse a la ciudad de México y ponerse en contacto con Iturbide para darle cuenta de la resolución tomada en favor de la independencia. Pero mientras los citados cumplían con la misión que se les había conferido, en la península se registraron algunos incidentes derivados de la antigua rivalidad que existía entre Mérida y Campeche, y que llevaron finalmente al mariscal Echéverri a separarse definitivamente de la autoridad que aún conservaba, muy a su pesar.

En una junta extraordinaria que tuvo lugar en Mérida para encontrar solución a las dificultades citadas, fueron designados el señor Pedro Bolio Torrecillas, como jefe político, y el sargento mayor Benito Aznar, como comandante militar del partido de Mérida. Bolio Torrecillas había fungido hasta entonces como intendente de Mérida.

Días después de dichos nombramientos, Echéverri abandonó la península, embarcándose en el puerto de Sisal el 12 de noviembre de 1821. Para patentizarle la estimación de que gozaba entre los yucatecos, una nutrida concurrencia lo acompañó hasta la plaza de Santiago y no fueron pocos los que siguieron hasta Sisal para despedirlo.

Según lo calificó don Eligio Ancona, el citado mariscal fue uno de los gobernantes más dignos e ilustrados que tuvo Yucatán durante la dominación española, y que supo conquistarse muchas y muy justificadas simpatías durante su administración.

128

CAPITULO

1) El Plan de Iguala y la Independencia

2) El primer Congreso Nacional

3) Iturbide, Emperador de México

4) Yucatán en favor de la República

CAPITULO X

1) EL PLAN DE IGUALA Y LA INDEPENDENCIA

En el capítulo anterior se hizo mención de la situación creada en Yucatán por el movimiento encabezado por el coronel Agustín de Iturbide en favor de la independencia nacional. Ahora nos ocuparemos del contenido político de dicho plan y de la personalidad de su autor.

Oficial realista de larga trayectoria, Iturbide fue nombrado por el virrey Ruiz de Apodaca para combatir al caudillo insurgente Vicente Guerrero, quien mantenía en alto las banderas de Hidalgo y de Morelos en la región sur del país que hoy lleva su nombre.

Al frente de un numeroso ejército, para poder cumplir con éxito la importante misión que se le había encomendado, salió de la ciudad de México el 16 de noviembre de 1820 en plan de campaña, estableciendo su cuartel de operaciones en Teloloapan. Pero ante la heroica resistencia y la firmeza de convicciones de Guerrero, Iturbide resolvió utilizar otros medios para apaciguarlo. Primero le propuso el indulto, mas habiendo recibido una enérgica negativa, lo invitó a adherirse a un plan que había formulado en aras de la liberación del dominio español, y que fue llamado de Iguala, por haberse proclamado en la población de ese nombre.

El 24 de febrero de 1821, en una reunión con la mayor parte de los jefes de las distintas corporaciones puestas bajo sus órdenes y que conocían su proyecto de rebelarse a la corona, Iturbide hizo público el ya mencionado plan y dio a conocer un manifiesto que con ese motivo dirigió a los habitantes de la Nueva España.

El Plan de Iguala adoptó el lema de "religión, independencia y unión", con el que reveló la orientación conservadora del mismo, e incluyó en su programa los puntos siguientes: (a) luchar por la independencia del país, tanto de España como de otra potencia; (b) adopción del catolicismo como religión oficial; (c) establecimiento de un gobierno monárquico moderado, cuya corona sería ofrecida en primer lugar a Fernando VII, y a falta de éste a los familiares suyos cuyos nombres fueron mencionados expresamente; (d) creación de una junta gubernativa provisional, que funcionaría mientras se reuniese el congreso que sería convocado para redactar la constitución de la nueva nación y (e), la estructuración del ejército que llevaría el nombre de "Trigarante" porque tendría entre sus objetivos, defender las garantías representadas en el lema primeramente citado.

Iturbide envió ejemplares de su manifiesto al propio virrey, al mismo tiempo que despachó emisarios a altos jefes realistas y a los más connotados insurgentes, invitándolos a adherirse al plan proclamado y pidiéndoles su respaldo para alcanzar el triunfo del mismo en un sorprendente propósito de unir a su alrededor tendencias que hasta entonces se creían irreconciliables.

Vicente Guerrero fue el primer insurgente que, llevado por un profundo patriotismo —a él se le atribuye la frase "La Patria es Primero"— y dominando la natural desconfianza que le inspiraba su antiguo enemigo, reconoció el plan iturbidista, con lo cual no solamente le dio prestigio, sino que estimuló a viejos compañeros de lucha, a seguir su ejemplo. Al mismo tiempo varios comandantes del ejército realista, con las fuerzas de que disponían, engrosaron las filas revolucionarias. Entre estos últimos citaremos a José Joaquín Herrera, Antonio López de Santa Anna, Anastasio Bustamante, Manuel Gómez Pedraza y Juan José Codallos. Santa Anna y Codallos, como veremos más adelante, fueron jefes de las armas de Yucatán.

La insurrección se extendió rápidamente por todo el territorio mexicano, pues en julio de 1821 ya sólo quedaban bajo el control del gobierno virreinal las ciudades de México, Veracruz, Chihuahua y Acapulco, con gran descontento de las autoridades españolas. La situación hizo crisis con la separación de Ruiz de Apodaca y el nombramiento en su lugar del señor Pedro Novella, con carácter provisional.

La causa de la independencia recibió un apoyo definitivo

con el arribo a Veracruz de quien sería el último virrey de la Nueva España, don Juan O'Donojú, liberal de ideas avanzadas y enemigo del absolutismo, que comprendió rápidamente la situación que vivía el país y se dispuso a poner los medios para encontrarle una pronta y adecuada solución.

Habiendo establecido contacto con el cabecilla michoacano, O'Donojú propició una reunión que tuvo lugar en Córdoba el 23 de agosto, y después de varias entrevistas firmó los tratados que detuvieron el avance incontenible de las tropas revolucionarias, y por medio de los cuales fue aprobado en su parte substancial el Plan de Iguala y se reconoció la independencia de México.

Con la entrada triunfal del ejército Trigarante el 27 de septiembre de 1821, concluyó la guerra. Pero si es cierto que con tal suceso quedó consumada la independencia política, las condiciones económicas y sociales del país permanecieron iguales. Los españoles, el alto clero y los antiguos militares absolutistas que se habían opuesto a toda idea de libertad y de cambio en la sociedad colonial, conservaron sus viejos privilegios, mientras fueron olvidados los ideales de emancipación popular y de justicia por los que habían peleado incansablemente los próceres de la guerra iniciada en Dolores en 1810.

El primer paso que siguió al triunfo del Plan de Iguala lo constituyó la integración de la junta gubernativa por elementos seleccionados personalmente por Iturbide, entre los que fueron designados los componentes de la regencia, formada ésta de la manera siguiente: Agustín de Iturbide, como presidente; don Juan O'Donojú, el canónigo Manuel de Bárcenas, el oidor Isidro Yáñez y don Manuel Velázquez. Pero habiendo fallecido poco después O'Donojú, ocupó su lugar el obispo de Puebla, Antonio Joaquín Pérez. Lo anterior puso de bulto las características de quienes se hizo rodear el futuro emperador, marginando a Guerrero y otros veteranos soldados insurgentes.

2) EL PRIMER CONGRESO NACIONAL

La convocatoria al primer congreso nacional fue

publicada en la "Gaceta Imperial" el 27 de noviembre de 1821, fijándose en 162 el número de diputados propietarios y en 29 el de suplentes. Además fue fijada como fecha de su instalación el 24 de febrero de 1922, primer aniversario de la proclamación del Plan de Iguala.

El congreso tendría como tarea establecer las normas que deberían regir el país y darle forma al gobierno, de acuerdo con el Plan de Iguala y los Tratados de Córdoba. Sin embargo, diversos factores hicieron desviarse a dicha asamblea de las originales funciones fijadas en la convocatoria que le dio vida. Primeramente, la muerte del último virrey español, por obvios motivos, hizo acumular mayor fuerza a Iturbide; y posteriormente, la desaprobación del gobierno de Madrid del tratado firmado en Córdoba por el propio O'Donojú, liberó al controvertido personaje de sus compromisos en favor de la familia real, quedando por lo tanto con el camino abierto para satisfacer sus ambiciones.

Por otra parte, el congreso quedó dividido en dos corrientes bien definidas: la republicana, sostenida por antiguos insurgentes y elementos liberales, y en la que participaron la mayoría de los diputados por Yucatán, y la monárquica, apoyada por los españoles, el ejército, parte del clero y las clases adineradas. Los monarquistas, a su vez, se dividieron en "borbonistas", que deseaban que en cumplimento del Plan de Iguala gobernara al país un príncipe extranjero, y los "iturbidistas", que favorecían el ascenso al trono del caudillo victorioso. A lo anterior se sumó el hecho de que casi todos los diputados, saliéndose del carácter de constituyente que tenía el organismo del que formaban parte, actuaran en nombre de la soberanía nacional, tomando decisiones y atribuyéndose facultades que en verdad no tenían.

Las condiciones descritas, propicias a confusiones, produjeron varios incidentes entre Iturbide y los diputados, mismos que a la larga provocaron un rompimiento entre el primero y los segundos. Pero a reserva de ocuparnos más adelante de ello, nos referiremos a continuación a los más importantes sucesos registrados en Yucatán durante tan agitada época:

1.— La elección de los diputados representantes de la
península en el mencionado congreso, recayó en los
ciudadanos Francisco Antonio Artazo, Juan Rivas Vértiz,
Manuel López Constante, Bernardo Peón, Lorenzo de Zavala,
Joaquín Castellanos, José María Sánchez, Pedro Tarrazo,
Fernando Valle, Tomás Aznar y Manuel Crescencio Rejón,
quienes tuvieron una actuación destacada en la política local.
Zavala y Rejón, como es sabido, obtuvieron notoriedad
nacional en la primera mitad del siglo XIX.

2.— Con el fin de eliminar las diferencias surgidas entre
Mérida y Campeche, que como vimos en el capítulo anterior,
provocaron una situación tensa en los días iniciales de la
independencia, la junta gubernativa central designó jefe
político y capitán general de la provincia al mariscal Melchor
Alvarez, quien después de tomar posesión el 8 de mayo de
1822, se dedicó a establecer la armonía dentro del territorio
de su jurisdicción.

3.— A su vez, la diputación provincial intervino en un
sonado asunto, relacionado con el comercio regional, que
desde 1814 gozaba de amplia libertad por decreto expedido
por el gobernador Artazo, y que se vio perjudicado por la
reforma del arancel de aduanas que estableció un derecho
del veinte por ciento sobre el valor de factura, y prohibía la
introducción de harinas extranjeras al país. Con fecha
primero de junio de 1822, la diputación envió un amplio
memorial a la ciudad de México pidiendo la derogación de las
medidas impugnadas, en defensa de la economía peninsular.

4.— Por el contrario, otro decreto del gobierno provisional
causó magnífica impresión al abolir los tributos que pagaban
los indios desde la época colonial. En su lugar, se creó otro
impuesto que con el nombre de "contribución patriótica" se
hizo extensivo a todos los habitantes de la península.

5.— Cuando fue exaltado al trono, Iturbide giró
instrucciones al gobernador Alvarez para que aprehendiera a
los diputados yucatecos Juan Rivas Vértiz y Joaquín
Castellanos, por haberse negado a sancionar con su
presencia su investidura imperial.

3) ITURBIDE, EMPERADOR DE MEXICO

A tres meses de su entrada triunfal a la ciudad de México, y cuando su desacuerdo con el congreso amenazaba con la anarquía, Iturbide presionó a sus amigos y partidarios para que favorecieran sus ambiciones, contando de inmediato con el decidido apoyo de los generales Anastasio Bustamante, Luis Quintanar, Antonio López de Santa Anna, Vicente Filisola y otros de semejante graduación. Lo anterior, como era de esperarse, provocó la reacción contraria entre los opositores a dichos propósitos, como Miguel Barragán, Guadalupe Victoria, Pedro Celestino Negrete, Nicolás Bravo y Vicente Guerrero. Así también desaprobaron las maniobras iturbidistas las logias masónicas, que habían adquirido suficiente fuerza para influir en ese sentido.

La noche del 18 de mayo de 1822, cuando el que era llamado "Libertador del Anáhuac" jugaba con unos amigos en su palaciega residencia de San Francisco, el regimiento de infantería Núm. 1 y el regimiento de Celaya, que estaban acuartelados en el convento de San Hipólito, se lanzaron a la calle, encabezados por el sargento Pío Marcha, pidiendo a gritos que Iturbide fuese coronado Emperador de México y despertando a su paso el entusiasmo del populacho, que se unió a la tumultuosa manifestación. Se dijo que un ayudante de don Agustín, con grado de coronel y apellidado Reyes, seguramente conocedor del complot que había dado motivo a los escandalosos hechos, penetró de manera violenta al principal teatro que funcionaba en la ciudad de México y con palabras exaltadas consiguió que la concurrencia a la función se pusiera de pie y vitoreando a su jefe, se uniera a los revoltosos.

Reaccionando ante esos sucesos, que interpretó como la voz y la representación auténtica de la voluntad mayoritaria de la nación, Iturbide aceptó la corona y, como era su costumbre, dirigió un manifiesto a quienes consideraba ya como súbditos. Pero comprendiendo que necesitaba legalizar el título que en forma tan irregular le había sido otorgado, acudió al Congreso.

Con la asistencia de solamente 82 diputados (cuando el quórum fijado para que celebraran sesión era de 101) rodeados de una multitud desordenada e irrespetuosa que exigía a gritos que fuera satisfecha su demanda, y ante la presencia personal de Iturbide, que se mostraba complacido de las expresiones de sus inconscientes seguidores, el congreso lo confirmó como emperador con una votación de 67 a favor y 15 en contra.

Fue creado el "Consejo de Estado", se mandó grabar una moneda especial de plata en honor del flamante monarca; se fundó la "Orden de Guadalupe" y se iniciaron los preparativos para que funcionase la "casa imperial", con ayudantes, chambelanes, sumilleros, caballerangos, mayordomos, limosneros, capellanes, confesores, pajes, ayos de los príncipes, damas de honor, camaristas, y otros cargos, con los que se pretendió dar esplendor a la incipiente corte, a pesar de las difíciles condiciones económicas del erario para sostener a tan dispendioso personal.

El 21 de julio siguiente se efectuó la ceremonia de coronación, presentando la capital un ambiente de fiesta. La catedral fue galardonada con tribunas, cortinas, candelabros de plata y centenares de luces, y a la llegada de Iturbide y su esposa, doña Ana María Huarte, fueron recibidos en la puerta por dos obispos, quienes los llevaron bajo palio al trono, seguidos del cabildo eclesiástico.

El diputado Manguino, presidente del Congreso, puso la corona sobre la cabeza de Agustín I, quien a su vez hizo lo mismo con su consorte, pasando después a recibir las prendas simbólicas de su alta investidura, para trasladarse finalmente al antiguo palacio virreinal en medio de las aclamaciones de la gente que había ocupado la plaza y los lugares circunvecinos para verlo pasar.

Lamentablemente, el carácter violento y soberbio del emperador le impidió mantenerse en el trono con un ambiente favorable a su régimen. Dispuso el encarcelamiento de once diputados, acusándolos de conspiración, pero ante las protestas del Congreso por lo que consideró un atropello, decretó la disolución del mismo con fecha 11 de octubre de

1822, en la que intervino con las tropas a su mando el general Luis Cortazar. Pero para neutralizar el descontento creado por esa medida, que lo mostraba como amigo del absolutismo, creó más tarde una junta que llamó "instituyente".

4) YUCATAN EN FAVOR DE LA REPUBLICA

Al comenzar el año de 1823, el destino del imperio estaba ya marcado, pues se habían sucedido algunas insurrecciones y levantamientos, que sumados a un malestar que se generalizaba día a día, anunciaban el final de lo que había comenzado con extraordinaria pompa. Los más importantes de dichos pronunciamientos fueron el encabezado por el brigadier Antonio López de Santa Anna en Veracruz, con fecha 8 de diciembre, demandando, el establecimiento de un gobierno republicano, y el que en febrero de 1823 jefaturaron los generales Echavarri, Cortázar y Lobato, quienes pidieron la reinstalación del Congreso, de acuerdo con el plan firmado en Casamata.

Derrocado, Iturbide se refugió en Tacubaya, de donde salió, acompañado de sus familiares, a Veracruz, para embarcarse rumbo a Italia, el 11 de mayo de 1823, en tanto se creó una junta provisional de gobierno formada por los generales insurgentes Guadalupe Victoria y Nicolás Bravo y el exrealista Pedro Celestino Negrete. Por ausencia de los dos primeros, los substituyeron temporalmente los civiles Mariano Michelena y Miguel Domínguez, asumiendo al mismo tiempo las carteras del ministerio las siguientes personas: Relaciones Exteriores e Interiores, Lucas Alamán; Hacienda, Francisco Arrillaga; Justicia y Negocios Eclesiásticos, Pablo de la Llave, y Guerra y Marina, José Joaquín Herrera.

Haciendo honor a su tradición liberal sanjuanista y a sus ideales democráticos, Yucatán se definió en aquella situación, declarándose en favor de la forma republicana de gobierno, aunque precisando que la república que se estableciera debería ser precisamente federal.

Ante las noticias recibidas en Mérida sobre lo sucedido en

la capital del país, la diputación provincial convocó a una junta que tuvo lugar el 29 de mayo de 1823, a la que asistieron el alcalde, el intendente don Pedro Bolio, y destacados elementos liberales como el sanjuanista Manuel Jiménez Solís y el maestro Pablo Moreno, y en la cual se acordó unánimemente declarar obediencia al gobierno nacional, aunque estableciendo las siguientes condiciones:

1.— Que dicho gobierno fuese liberal y representativo.

2.— Que la unión de Yucatán sería la de una república confederada y, por consiguiente, con derecho a elaborar su constitución particular, y establecer las leyes que juzgara convenientes para su felicidad.

3.— Que el gobierno superior de México tendría a su cargo la firma de tratados de amistad y comercio, las declaraciones de guerra y los demás asuntos generales de la nación, tomando en consideración las circunstancias particulares de Yucatán. En lo que fuere posible, se indicaba que debería oírse los puntos de vista del senado yucateco.

4.— El mismo gobierno superior de México tendría a su cargo el nombramiento de los empleados militares, de los obispos y de los funcionarios diplomáticos ante los países extranjeros.

5.— Se reservaba al senado de Yucatán el nombramiento de las demás autoridades y el hacer ingresar a la tesorería general de la nación, la parte correspondiente al Estado en los gastos generales.

El 20 de agosto se reunió el llamado "Augusto Congreso Constituyente de Yucatán", el cual ratificó la declaración republicana citada antes, fijó en cinco miembros la junta gubernativa local, prohibió la introducción de esclavos a la península, abolió los títulos nobiliarios y suspendió todas las gabelas que pesaban sobre el comercio.

Acerca de los componentes de dicho Congreso, los datos de Eligio Ancona y Molina Solís tienen algunas diferencias. El primero menciona a Perfecto Baranda, Juan de Dios Cosgaya, Pedro Manuel de Regil (representante de Campeche y que fue su primer presidente), Agustín López de Llergo, Joaquín García Rejón, José Tiburcio López Constante y al filósofo Pablo Moreno, de cuya influencia en el grupo sanjuanista se habló en su oportunidad. Molina Solís, a su vez, agrega a los citados los nombres de los presbíteros Francisco Genaro de Cicero y Eusebio Villamil; Pedro José Guzmán, José Ignacio Cervera, Manuel Milanés, Pedro Almeida, Miguel Errazquía, Manuel Rodríguez de León, Felipe Estrada, Juan N. Rivas, Pedro Souza, Juan Evangelista Echánove y Rocha, José Antonio García y José María Quiñones.

La primera constitución política de Yucatán fue promulgada en abril de 1825, en la cual fueron mencionados por primera vez los derechos humanos, mismos que posteriormente aparecieron en las constituciones federales de México bajo la denominación de "garantías individuales"

Cuando se acordó que el Poder Ejecutivo lo ocupara una sola persona, fue nombrado gobernador interino el señor Francisco Antonio Tarrazo, quien tomó posesión el 23 de abril de 1824, aunque poco tiempo después se vio obligado a separarse de ese cargo ante las dificultades provocadas por el gobierno nacional por la declaración de guerra que hizo a España. Resulta que con motivo de esa declaración, se pretendía que Yucatán rompiera sus relaciones comerciales con Cuba, que era el único mercado exterior con que contaba la península, prohibiendo todo movimiento marítimo entre los puertos yucatecos y el de La Habana.

El Gral. Antonio López de Santa Anna, que con el carácter de comandante militar de la provincia intervino en el mencionado conflicto por instrucciones de la superioridad, se hizo cargo también del gobierno civil en mayo siguiente, pero ante el fracaso de sus gestiones, se vio obligado a separarse de ambas responsabilidades, embarcándose hacia Veracruz, donde se reincorporó a sus antiguas tareas.

El Augusto Congreso, en el que fue el último de sus actos, nombró a José Tiburcio López Constante y a Juan Evangelista Echánove y Rocha, gobernador y vicegobernador interinos, respectivamente.

CAPITULO

XI

1) Federalismo y Centralismo

2) El primer golpe centralista

3) El segundo golpe centralista

4) La revolución federalista

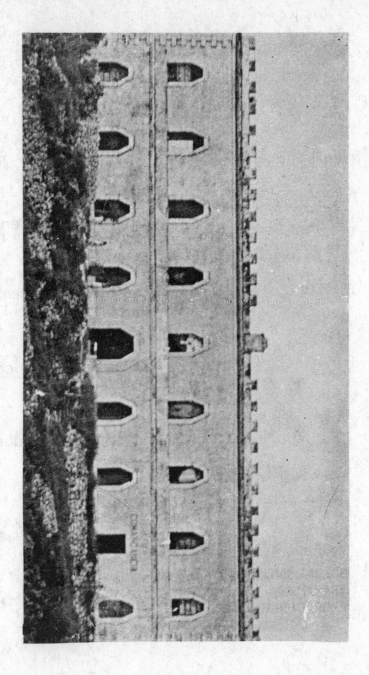

La ex-ciudadela de Sa Benito escenario de importantes sucesos en el siglo XIX.

CAPITULO XI

1) FEDERALISMO Y CENTRALISMO

El fracaso del imperio se debió tanto a los irrefrenables impulsos absolutistas de Iturbide, que contribuyeron al creciente descontento en su contra, como al oneroso aparato cortesano con que se hizo rodear, sin tomar en cuenta la ancestral pobreza de la mayoría de sus súbditos y las precarias condiciones en que se encontraba el país al iniciarse la vida independiente.

El establecimiento de la república, por consiguiente, tuvo una favorable acogida por muchos conceptos, ya que se consideró que era el sistema gubernativo que mejor satisfacía los ideales de emancipación popular, libertad y justicia, de los próceres insurgentes. Pero al ponerse en marcha el proyecto republicano, aparecieron dos tendencias, que correspondían a los antecedentes socio-políticos de los más importantes sectores de la población: la federalista y la centralista.

Los federalistas simpatizaban con una república democrática y representativa, con división de poderes, en la que fueran respetados los derechos de las provincias (o Estados) que la integraban, y el de sus habitantes en lo tocante a la elección de las autoridades. Entre las figuras representativas de dicha corriente, destacó don Valentín Gómez Farías, quien durante su interinato como Presidente de la República le dio un extraordinario impulso al sistema federal, dentro de los tradicionales principios liberales, y anticipándose al proceso reformista que más adelante marcaría una interesante etapa de la historia nacional.

Los centralistas por el contrario, querían un régimen autoritario, en el que el poder presidencial fuese ejercido en todo el territorio del país, sin ninguna limitación derivada de las atribuciones de las diversas regiones en que estaba dividido. A esa tendencia, por naturales razones de afinidad ideológica, ingresaron muchos "iturbidistas" y ex-monarquistas. El más fiel exponente del centralismo fue Fray Servando Teresa de Mier.

En la pugna que se produjo entre ambas corrientes, Yucatán sufrió graves trastornos en su paz interna y hondas divisiones entre sus hijos. Los liberales que seguían el pensamiento de los "sanjuanistas", se pusieron del lado del federalismo, a cuya bandera sirvieron apasionadamente tanto dentro del Estado como en el ámbito nacional. .Entre las organizaciones que se formaron para intervenir en las contiendas electorales bajo el signo federalista, adquirió notoriedad "La Liga".

Los conservadores, por su parte, no perdieron oportunidad para mostrarse partidarios del centralismo, tanto en los movimientos subversivos que se produjeron en el terruño en favor de esa tendencia, como apoyando a quienes, fuera de el, combatieron el sistema federal y a los hombres que lo representaban política y doctrinariamente. La agrupación formada por los citados, fue conocida con el nombre de "La Camarilla".

2) EL PRIMER GOLPE CENTRALISTA

El primer golpe centralista que se registró en Yucatán fue en el año de 1829 y tuvo como origen algunas dificultades surgidas entre el gobernador López Constante y el general Felipe Codallos, que en esa época desempeñaba la comandancia militar del Estado.

Disgustado por la actitud de Codallos, que calificó de irrespetuosa, el gobernador solicitó su destitución de las autoridades del Ministerio de Guerra, y habiendo sido satisfecha esa petición, se hizo cargo interinamente de la comandancia el coronel Juan Segundo Carvajal, con cuartel en Campeche.

Pero dicho cambio, lejos de mejorar la situación, la agravó, pues las relaciones entre el coronel Carvajal y el gobernador civil se hicieron cada vez más tirantes, por la negativa de López Constante a atender las frecuentes exigencias de ayuda monetaria para pagar a las tropas, tanto porque no estaba obligado a ello, como porque la condición del erario no permitía distraer los escasos fondos con que se contaban, para el sostenimiento de las fuerzas militares.

La llegada de persistentes rumores de que los generales Bustamante y López de Santa Anna preparaban una sublevación para derrocar al presidente Guerrero, influyeron en los militares comisionados en Yucatán para definir su postura. Por eso, en ocasión de un banquete que le fue ofrecido en Campeche al capitán Luis Gutiérrez para celebrar su ascenso, los jefes y oficiales reunidos con ese motivo se pronunciaron francamente en favor del centralismo.

En el acta que firmaron el 6 de noviembre de 1829, los descontentos le dieron forma a la rebelión, desconociendo a todas las autoridades legales del Estado e invitando al coronel Carvajal a asumir la jefatura de la misma y, con ese carácter, hacerse cargo de los mandos político y militar de Yucatán.

No obstante las medidas tomadas por el gobernador López Constante en contra de los centralistas, éstos dominaron rápidamente la península, al sumarse a ellos la guarnición de Mérida, que en el acuerdo que tomó al respecto, expresó que "Yucatán no volvería a la confederación mexicana hasta que ésta adoptara el sistema de república central", y pronunciarse después con igual propósito las guarniciones de Sisal, Izamal, Champotón, Carmen y Bacalar, cuyas autoridades fueron depuestas.

Informado el presidente Guerrero de lo que acontecía en Yucatán, envió a Lorenzo de Zavala como comisionado especial para invitar a los pronunciados a volver al pacto federal y someterse a la autoridad nacional. Lamentablemente, por la mentalidad militarista de Carvajal, éste no tomó en cuenta los antecedentes y la personalidad política de Zavala, y después de prohibirle abandonar Sisal, a donde había llegado a bordo de una nave extranjera, le advirtió de manera especial que si se presentaba de nuevo en suelo peninsular, sería fusilado de inmediato.

Posteriormente, cuando ya ocupaba la Presidencia de la República el Gral. Anastasio Bustamante, quien contrariamente a lo que esperaban Carvajal y sus seguidores, mantuvo el sistema federal y autorizó la reapertura del Congreso, arribó a Campeche una nueva comisión conciliadora, compuesta por el Gral. Codallos —conocido entre los militares destacados en el Estado— y el diputado Requena. Pero las gestiones de dichos comisionados, al igual que la que desempeñó Zavala, resultaron infructuosas.

Carvajal, entonces, se dedicó a buscar el reconocimiento del Gral. Bustamante y por ello tomó varias medidas tendientes a ese objetivo. Para ello convocó a una junta que tuvo lugar en Calkiní el 12 de noviembre de 1830, para nombrar a los diputados que deberían representar a Yucatán ante el Congreso Nacional. Pero como esos diputados no fueron aceptados en México, el caudillo golpista llamó a elecciones de diputados locales, mismos que se instalaron en Congreso el 21 de septiembre de 1831, nombrando gobernador provisional al mismo Carvajal y estableciendo la observancia de la Constitución Federal y de la particular del Estado, aunque declarando que los funcionarios electos en 1829 "habían desmerecido la confianza pública".

El siguiente paso fue la convocatoria a elecciones de mandatario, mismas en las que resultaron favorecidos Carvajal como gobernador y Pablo Lanz y Marentes, como vice-gobernador. Pero como a pesar de tales esfuerzos por "legalizar" la situación, Bustamante siguió negándose a reconocerla, y por otra parte, se anunció un nuevo pronunciamiento militar para llevar a la presidencia al general Manuel Gómez Pedraza, el caso político de Yucatán se hizo más crítico.

Con la autorización del Congreso, el gobierno carvajalista cambió su sede a Campeche, donde contaba con recursos bélicos, y más adelante, le fueron otorgadas facultades extraordinarias para expulsar sin formación de causa e impedir la entrada a la península a todos los mexicanos y extranjeros que "pudieran perturbar la tranquilidad pública".

Dichas medidas resultaron tardías, pues el teniente coronel Gerónimo López de Llergo, de acuerdo con elementos descontentos y pidiendo la reposición de las autoridades desconocidas en 1829, se lanzó a la lucha que, más pronto que lo que se esperaba, resultó triunfante. Las tropas destacadas en Hecelchakán, que estaban al mando del coronel Francisco de Paula Toro (cuñado nada menos que de Santa Anna), en lugar de combatir a los rebeldes se unió a ellos. Lo mismo hicieron los destacamentos de otras poblaciones del Estado.

Con la derrota de Carvajal se estableció el orden constitucional en agosto de 1832, volviendo al gobierno López Constante, quien después de nulificar los acuerdos tomados durante el período centralista, reorganizó la administración pública de acuerdo con los móviles que habían llevado a Gómez Pedraza al Palacio Nacional.

López Constante fue un gobernante probo y emprendedor dentro de las circunstancias que rodearon su gestión. Favoreció el fomento y el desarrollo industrial y agrícola del Estado y fue el primer mandatario que con gran visión impulsó la siembra del henequén.

Al concluir el segundo período de López Constante, fueron electos los señores Juan de Dios Cosgaya, como gobernador y Santiago Méndez, como vice-gobernador. A este último le estaba destinado un papel preponderante en la historia local, como se verá más adelante.

3) EL SEGUNDO GOLPE CENTRALISTA

Si el movimiento centralista de Carvajal fue provocado por circunstancias de índole local, derivadas de pugnas entre autoridades civiles y militares, ajenas a móviles políticos, el golpe que encabezó en 1834 el general Francisco de Paula Toro, estuvo inspirado y fomentado por la influencia que entonces tenía en el país el Gral. Antonio López de Santa Anna, quien en abril de ese mismo año volvió a la presidencia de la República enarbolando el lema de "religión y fueros".

Anteriormente a esos sucesos, había desembarcado en Campeche procedente de Veracruz el teniente coronel Marcial Aguirre, quien sin embozo alguno se dedicó a exaltar los ánimos de los militares, anunciando que muy pronto sería proclamada la república central y mencionando a López de Santa Anna como la cabeza de ese movimiento. Como se sabe, el citado general disolvió el Congreso, destituyó a Gómez Farías y asumió facultades dictatoriales.

El comandante militar, que lo era el Gral. Toro, mostró desde luego su connivencia con los simpatizantes del centralismo a través de ciertas órdenes a sus subalternos, por lo que el gobernador Cosgaya desconoció su autoridad y, de acuerdo con el Congreso del Estado, puso sobre las armas a los hombres necesarios.

Toro, a su vez, movilizó fuerzas en Campeche, se situó en Hecelchakán, mandó bloquear el puerto de Sisal y derrotó a los soldados del gobierno de Calkiní. Cosgaya, que se había retirado a Izamal acompañado de los diputados y otros funcionarios, se vio finalmente obligado a dejar en manos de los pronunciados la situación política del Estado.

Reinstalado el Congreso disuelto en 1832, designó gobernador interino del Estado al general Toro, mientras Cosgaya, Santiago Méndez y el coronel Eduardo Vadillo fueron expulsados de la península.

Por otra parte, en México se afirmaba el centralismo. El nuevo congreso que se instaló en 1835, aprobó sustanciales reformas políticas y estableció las bases para la organización del gobierno bajo ese sistema. Los antiguos Estados perdieron su soberanía, quedando sometidos a la autoridad directa del presidente; los gobernadores serían nombrados directamente por el poder central, y se estableció en cada Estado, cuyo nombre fue cambiado por el de "departamento", una junta con funciones legislativas.

El Gral. Toro fue conservado en el Gobierno de Yucatán, y la junta departamental que sustituyó al Congreso, quedó integrada por Pedro Escudero de la Rocha como presidente, y el cura Manuel José Pardío, Vicente Solís, José Luis de Meléndez y Joaquín Calixto Gil como vocales, quedando como suplentes Pilar Canto Zozaya y Basilio Ramírez. Toro concluyó su gestión el 15 de febrero de 1837, por haber sido llamado a México, siendo substituido en la comandancia militar por el coronel Joaquín Rivas Zozaya, y en el gobierno civil por el señor Escudero de la Rocha que, como se dijo, desempeñaba la presidencia de la junta departamental.

El malestar creado en Yucatán por el gobierno establecido al triunfo del Gral. Toro se debió,. entre otros factores no menos importantes, a los siguientes:

1.— Muchos de los que habían simpatizado originalmente con dicho golpe y que ayudaron a su consolidación en el Estado, se fueron desilusionando después por los procedimientos que había utilizado.

2.— Los gravámenes que pesaban sobre el pueblo eran inaguantables y gran parte de los derechos aduanales, que antes habían servido para el sostenimiento del gobierno local, fueron destinados a México, siempre urgido de fondos.

3.— Faltaban recursos para cubrir los sueldos de los empleados públicos y de las fuerzas locales, lo cual contribuyó a agudizar el descontento general.

4.— La orden de movilizar elementos nativos para la guerra de Texas había despertado la natural resistencia entre los yucatecos, quienes no simpatizaban con la idea de ser llevados lejos de sus hogares y fuera del Estado para desempeñar funciones militares.

Ante lo expuesto, los elementos federalistas comenzaron a agitar la opinión pública para capitalizar en su favor los desaciertos de sus enemigos, infiltrándose en los ayuntamientos, los tribunales y en la misma junta departamental. El principal argumento que utilizaron fue anunciar la proclamación de la independencia de la península, ya que con ella pensaban se alcanzarían las siguientes metas.

1.— La suspensión del envío de campesinos a la guerra texana.

2.— Se dejarían de llevar a Veracruz las gruesas sumas de dinero que se embarcaban con destino al gobierno nacional.

3.— Se restablecería el arancel de 1814, con el consiguiente beneficio del comercio regional.

4.— Se "desestancaría" el tabaco, a cuyo cultivo y explotación estaban dedicados numerosos yucatecos, y

5.— La marina de Campeche recuperaría sus antiguos derechos.

4) LA REVOLUCION FEDERALISTA

El 29 de mayo de 1839 se levantó en armas en Tizimín el coronel Santiago Imán, quien influido por los elementos simpatizantes de Mérida y Campeche, enarboló la bandera federalista. Pero ante los mayores recursos del gobierno —que estaba a cargo entonces de Pedro Marcial Guerra y del coronel Joaquín Rivas Zayas— sufrió en los primeros encuentros algunas derrotas que debilitaron momentáneamente su causa.

Refugiado en los montes de Chemax, en la región de Valladolid, Imán resolvió llamar a su lado a los indígenas mayas, ofreciéndoles que al triunfo de la revolución que jefaturaba dejarían de pagar obvenciones a las parroquias, se disminuirían las contribuciones y serían distribuidas tierras para su cultivo. Precisamente, como se verá más adelante, el paso tomado por el guerrillero oriental, incorporando a los mayas a las luchas intestinas y que hizo, por consiguiente, que se familiarizaran con el uso de las armas, contribuyó a despertar entre los nativos la posibilidad, más o menos cercana, de sublevarse, como lo hicieron después en la prolongada y sangrienta guerra que fue llamada "de castas".

Aprovechándose de las hondas diferencias sociales que existían en Valladolid, Imán atacó dicha ciudad, la cual cayó en sus manos sin gran resistencia. En el acta que se levantó con ese motivo, se incluyeron los siguientes acuerdos:

1.— El restablecimiento de la Constitución de 1824 y el retorno a sus puestos de las autoridades que fungían en 1834.

2.— Que el Congreso sólo tendría el carácter de convocante, para proceder a elecciones en los dos meses siguientes a su instalación.

3.— Que cuarenta días después de verificadas las elecciones, asumirían sus responsabilidades los funcionarios designados.

4.— Que mientras se recuperase la capital del Estado, se establecería una junta gubernativa compuesta por el Lic. Pablo Castellanos, Agustín Acereto, Miguel Cámara y los curas Buenaventura Pérez y José Antonio García, y en la que figuraban como suplentes Juan José Ramírez, Luis Ríos y Tomás Ruiz.

5.— Que dicha junta cesaría en sus funciones luego que el gobernador y el vice-gobernador constitucionales pudiesen ejercer sus atribuciones.

6.— Que Santiago Imán fungiría como comandante militar de la península.

7.— Que restablecida la administración pública serían indemnizadas las poblaciones que hubiesen recibido perjuicio de las tropas del gobierno a quien se estaba combatiendo.

8.— Que el batallón 3o. Activo, integrado por habitantes de los partidos de Izamal, Valladolid, Tizimín y Espita, sería disuelto desde luego.

9.— La extinción de las obvenciones que pagaban a los párrocos tanto los varones como las mujeres de la clase indígena, imponiéndoseles en su lugar una contribución religiosa de un real mensual, que pagarían solamente los primeros, de los catorce a los sesenta años de edad.

10.— Que los componentes de la Junta así como los demás empleados, jurarían la Constitución y las Leyes del Estado prestando el juramento al presidente de ella ante el comandante general del ejército libertador, y éste, así como los demás miembros de la mencionada junta, ante dicho presidente. Igualmente se estableció que las tropas prestarían el mismo juramento.

A partir de la ocupación de Valladolid, la revolución se fue consolidando. En Mérida, el coronel Anastasio Torrens reunió en la ciudadela de San Benito a los jefes y oficiales de la guarnición y a numerosos partidarios del federalismo, se declaró en favor del mismo y proclamó la independencia de Yucatán de México, llamando a Juan de Dios Cosgaya para que reasumiera sus funciones de gobernador. El teniente coronel Sebastián López de Llergo, después de salir furtivamente de Campeche, sublevó a los destacamentos de Tenábo, Hecelchakán y Calkiní siguiendo el mismo camino de las fuerzas de Sisal, Hunucmá y Motul. El oriente y el sur del Estado fueron dominados por las tropas de Vito Pacheco y de Vicente Revilla, respectivamente, quedando Campeche como la única plaza no controlada por el federalismo, pues en ella se encerró Rivas Zozaya con los soldados que la guarnecían.

Una fuerte división al mando del teniente coronel López de Llergo y una numerosa columna de fuerzas orientales jefaturada por el coronel Imán, se dirigieron entonces hacia Campeche, donde sitiaron al excomandante Rivas Zozaya, quien presentó una obstinada resistencia. Las tropas sitiadoras, con la solidaridad de los habitantes de los barrios, fueron cerrando el cerco, mientras Cosgaya y el vice-gobernador Santiago Méndez intervinieron, hasta lograr finalmente la rendición el 6 de junio de 1840, firmando por los sitiados el coronel Francisco López y el capitán Santiago Blanco, y por el gobernador Cosgaya los coroneles Eulogio Rosado y Gerónimo López de Llergo. Las fuerzas federalistas ocuparon Campeche, mientras Rivas y Zozaya y sus hombres se embarcaron hacia Tabasco y Veracruz.

Analizando los acontecimientos de que se ha hablado en el presente capítulo —los pronunciamientos centralistas de Carvajal y de Toro y la revolución federalista de Imán— don Eligio Ancona señala como diferencias esenciales entre los dos primeros y la última, el que en los golpes encabezados por los citados comandantes de la península participaron casi exclusivamente elementos militares que actuaron por razones personalistas, mientras que la revolución de 1840 respondió a un conjunto de circunstancias —señaladas pormenorizadamente en párrafos anteriores— que desperta-ron en favor de la misma la simpatía de importantes sectores representativos de la población. "Por eso —concluye el mencionado historiador— cuando la noticia de las capitula-ciones de Campeche se hubo extendido por la península, la alegría se apoderó de todos los corazones y se concibieron grandes esperanzas para el porvenir", aunque añadiendo que, lamentablemente, tales esperanzas se desvanecieron muy pronto.

Restablecida la legalidad con la reunión del Congreso, fueron electos para los puestos de gobernador y vice-gobernador del Estado, los señores Santiago Méndez y Miguel Barbachano, quienes como se verá más adelante, tuvieron una importante intervención en la dolorosa guerra de 1847, aunque desde perspectivas opuestas.

Dicho Congreso otorgó el grado de general de brigada al caudillo triunfante, ascendió a coronel efectivo al teniente coronel Sebastián López de Llergo, dispensó de la contribución personal vencida en el mes de junio de ese mismo año a quienes habían prestado sus servicios en la revolución, declaró extinguidas las obvenciones y decretó otras medidas tendientes a dar debido cumplimiento a las promesas hechas por Imán.

CAPITULO

XII

DON ANDRES QUINTANA ROO

CAPITULO XII

1) YUCATAN, REPUBLICA INDEPENDIENTE

Después de los sucesos a que hicimos mención en el capitulo anterior, Yucatán se enfrentó a una sucesión de importantes acontecimientos que influenciaron sustancialmente el curso de la historia regional, y entre los cuales citaremos en orden cronológico a los siguientes:

1.— Exasperado por el creciente descontento en su contra, el presidente Bustamante, sobre quien pesaba la grave acusación de haber ordenado el artero asesinato del general Vicente Guerrero, decretó el cierre de los puertos de Sisal y Campeche, declarando "piratas" a los buques yucatecos. A consecuencia de esas medidas, se registró un sonado incidente con las autoridades de Belice con motivo de la detención de la goleta inglesa "True Blue" en la costa de Telchac, por sospechas de haber introducido contrabando en la península.

Poco después se presentó en Sisal la corbeta de guerra "Comus" como protesta por aquella detención y pidiendo en concepto de indemnización por daños y perjuicios sufridos por los armadores del "True Blue", la cantidad de doce mil pesos. Comisionados del gobierno yucateco para intervenir en el espinoso asunto, Manuel Crescencio Rejón y Pedro Regil de Estrada tuvieron repetidas entrevistas con el capitán de dicha corbeta, de quien recibieron un tratamiento humillante, viéndose obligados finalmente a acceder a la ignominiosa demanda.

2.— La Legislatura del Estado nombró una comisión para estudiar y proponer las reformas que a su juicio eran convenientes a la Constitución de 1825. Esa comisión estuvo presidida por Manuel Crescencio Rejón, quien aportó trascendentales reformas al texto constitucional, entre las cuales destacó el capitulo dedicado a las "garantías individuales" para frenar los abusos del gobierno y que fue el antecedente de la institución del amparo que apareció después en la constitución nacional promulgada en 1857. Juntamente con Rejón, los diputados Pedro C. Pérez y Darío Escalante, creyeron más prudente elaborar una nueva constitución, y con la anuencia oficial se dedicaron a estructurarla, concluyendo el correspondiente proyecto el 23 de diciembre de 1840, que, desde luego, fue sometido al Congreso para su consideración.

Promulgada por el gobernador Santiago Méndez, la nueva Constitución entró en vigor el 16 de Mayo de 1841 con gran beneplácito de los yucatecos. Entre las principales reformas contenidas en ella, cabe citar la libertad de creencias religiosas, la abolición de toda clase de fueros y privilegios para el clero, y la elección directa de los cargos correspondientes a los poderes Ejecutivo y Legislativo. Pero lo que le hizo adquirir particular renombre a esa constitución y a su autor, fueron las ya mencionadas "garantías individuales" por su profunda significación en la vida política y social de la península.

3.— El entusiasmo despertado por dicha constitución hizo resurgir el apasionante tema de la independencia política de Yucatán, que al ser comentado en el Congreso y los periódicos de la época, ahondó la división que existía entre el gobernador Méndez y el vice-gobernador Barbachano, quienes a pesar de su común filiación federalista y liberal, representaban los intereses localistas y los puntos de vista opuestos de Campeche y Mérida, respectivamente, y actuaban, por supuesto, de acuerdo con tales posiciones.

Así nació un proyecto de "Acta de Independencia de la Península de Yucatán", que sometido al dictamen de una comisión nombrada especialmente por el Congreso, fue dado a conocer en la sesión celebrada el 1o. de octubre de 1841, ante una apasionada concurrencia que lo aplaudió calurosamente. Ese proyecto contenía la importante declaración que reproducimos en seguida:

"1o. El pueblo de Yucatán, en el pleno uso de su soberanía, se erige en República libre e independiente de la Nación Mexicana."

"2o. Para el régimen administrativo de la República Yucateca, se declaran vigentes e inalterables, en todo lo que sea compatible con la independencia proclamada, las bases de la Constitución sancionada y publicada el 31 de marzo último."

"3o. El actual Congreso se declara facultado para hacer las modificaciones y adiciones constitucionales que requiera la nueva forma que debe darse a la administración pública, en la que no habrá más que un solo fuero."

"4o. Todos los empleados elegidos o nombrados constitucional y legalmente, continuarán en el ejercicio de sus destinos, y serán renovados en los períodos que designe el código fundamental."

"5o. La República Yucateca goza de plena libertad y facultad de entrar en relaciones directas, y de celebrar pactos y tratados con todos los gobiernos establecidos en las demás naciones."

"6o. La República de Yucatán reconoce y se obliga a pagar la parte que proporcionalmente le corresponda de la deuda extranjera que haya contraído la Nación Mexicana hasta el 18 de febrero de 1840, previa liquidación, y según las bases que acuerde el Gobierno."

"7o. La Republica Yucateca ofrece asilo y particular protección a todos los naturales del continente septentrional que sean perseguidos por sus opiniones políticas."

"8o— La República Yucateca admite en su territorio a todo hombre honrado, sea cual fuese su nación y creencia religiosa."

Después de una agitada discusión, en la que intervino el secretario general de gobierno, señor Joaquín García Rejón, oponiéndose al dictamen, éste fue aprobado por arrolladora mayoría por los diputados, entre los que mantenía notoria influencia el señor Barbachano. Pero turnado al Senado para su ratificación, fue detenido en dicho órgano legislativo por gestiones del gobernador Méndez en ese sentido.

En tales circunstancias se hallaba el Estado, cuando el nuevo golpe militar llevó una vez más a la presidencia del país, al general López de Santa Anna.

2) LA MISION DE ANDRES QUINTANA ROO

Dueño del poder de acuerdo con el texto de las "Bases Orgánicas de Tacubaya", Santa Anna comisionó a don Andrés Quintana Roo a tratar el problema de la separación de Yucatán. El ilustre insurgente, llevando como secretario a Miguel Arroyo, se trasladó a Mérida, donde tuvo repetidas entrevistas con los representantes del Gobierno del Estado, señores Miguel Barbachano y Juan de Dios Cosgaya, con quienes se reunió por primera vez la noche del 17 de diciembre de 1841, en el recinto oficial.

Quintana Roo expuso la buena disposición del Gral. Santa Anna de facilitar la reincorporación de la península, siempre y cuando fuesen satisfechos los requisitos que señaló, y después de las conversaciones entre ambas partes, firmó un convenio el 28 del mismo mes en el que mostró una amplia comprensión hacia su tierra natal como se advierte en los siguientes puntos que se citan:

1.— El reconocimiento del derecho de Yucatán a su autonomía interna y a expedir sus propias leyes.

2.— La eliminación de los comandantes militares enviados por el Gobierno Nacional, en vista de la experiencia tenida con el coronel Carvajal y el general Toro, autores de los golpes centralistas de que se ha hablado.

3.— Yucatán organizaría sus propias milicias, las cuales no podrán ser utilizadas fuera del Estado, prohibiéndose todo reclutamiento forzado para cumplir tareas militares en otras regiones del país.

4.— El derecho de establecer sus propios aranceles aduanales y de administrar y aprovechar sus productos, contribuyendo proporcionalmente a los gastos del Gobierno Nacional.

5.— Yucatán concurriría con sus diputados al Congreso Constituyente Nacional, restableciéndose la unión y las relaciones fraternales con la República.

Dicho convenio, aunque ratificado por el Congreso del Estado, fue en cambio, rechazado en una junta de ministros convocada por Santa Anna. Mientras tanto, el gobernador de Yucatán designó a los señores Manuel Crescencio Rejón y

José Dolores Castro Fernández para representar al Estado ante la junta gubernativa provisional de México y convocó a elección de los ocho diputados al Congreso Nacional.

Posteriormente llegó a Mérida otro comisionado de Santa Anna, el comandante Miguel Arechavaleta, quien después de informar los motivos que aquel había tenido para rechazar el convenio firmado por Quintana Roo, señaló que estaba autorizado para firmar otro, con la condición del reconocimiento de las llamadas "Bases Orgánicas de Tacubaya", que Yucatán se comprometiera a cumplir con lo que el Congreso Nacional decidiera sobre la organización gubernamental que se le daría al país, y a romper toda clase de relaciones con Texas, punto éste que, por cierto, señaló con energía Quintana Roo en sus tratos con los representantes del gobierno yucateco.

El gobernador Méndez envió las proposiciones de Arechavaleta al Congreso, para que las estudiara cuidadosamente, pero Santa Anna, olvidándose de su emisario, decretó: 1) la no aceptación de los diputados de Yucatán al Congreso constituyente; 2) la declaración de ser "enemigo de la nación" al ya denominado "Departamento de Yucatán", si no rompía inmediatamente relaciones con Texas, y 3) prohibiendo a los yucatecos reconocer como legales a las autoridades existentes en la península.

3) INVASION ARMADA DE LA PENINSULA

Decidido finalmente a someter por la fuerza a Yucatán, Santa Anna organizó una expedición armada, cuya primera acción lo constituyó el sorpresivo apresamiento del bergantín de guerra "Yucateco", que pertenecía a la escuadra local, en aguas de Campeche, la madrugada del 5 de julio de 1842.

El inesperado suceso puso en aviso al gobernador Méndez de los propósitos bélicos de Santa Anna, por lo cual dejó su cargo para organizar la defensa de Campeche. En su lugar quedó al frente del gobierno don Miguel Barbachano, señalado por la ley para esos casos, y como general en jefe de las fuerzas yucatecas se hizo cargo el general de brigada

Pedro Lemus, que desempeñaba la secretaría de la Comandancia Militar en la península.

Ya en funciones, y consciente de los peligros que amenazaban al Estado, Miguel Barbachano expidió varios decretos en uso de las facultades extraordinarias de que estaba investido, llamando a las armas a todos los ciudadanos y estableciendo premios y recompensas a los que se distinguiesen en la campaña que se avecinaba. Entre esos decretos, tiene un especial interés el de fecha 28 de agosto de 1842, por ofrecer "un cuarto de legua" de terrenos baldíos, a más del "prest" y de los premios ordinarios, y en los casos de "servicios o acciones eminentes" otra porción de los mismos terrenos, a todos los que participaran en la defensa del Estado.

Un mes después se presentó en aguas de Ciudad del Carmen una escuadra al mando del capitán de navío Tomás Marín, llevando a bordo a dos mil quinientos hombres de infantería a las órdenes del Gral. Juan Morales, con lo que se confirmó la gravedad de la situación. Y aunque se trató al principio de buscar la anuencia del comandante militar de dicha isla, don Clemente Trujillo, la enérgica negativa de éste a tratar con los invasores, determinó el desembarco de las tropas mexicanas el 30 de agosto de 1842, con la consiguiente rendición del mismo Trujillo y del jefe de la escuadra yucateca, Juan Pablo Celarain, quien se entregó juntamente con las embarcaciones que la formaban.

La caída de Ciudad del Carmen conmovió hondamente a toda la península, despertando un hondo sentimiento patriótico entre sus habitantes, al cual se refiere don Serapio Baqueiro en su "Ensayo Histórico sobre las Revoluciones de Yucatán", en el siguiente párrafo: "Eran entonces los yucatecos como un solo hombre en la defensa de su suelo y de sus derechos naturales, y calificaban de traidores no sólo a los que se oponían abiertamente, sino también a los neutrales. Era su levantamiento contra las fuerzas invasoras como una de aquellas cruzadas de la edad media contra los infieles. El entusiasmo rebosaba en todas partes. Los periódicos estaban llenos de proclamas de los jefes que se preparaban a marchar a la campaña; de generosas representaciones por parte de los pueblos ofreciendo sus servicios; de elogios que se prodigaban con motivo de las cuantiosas donaciones que se hacían para los gastos de la guerra; de himnos patrióticos excitando al entusiasmo y, por último, mientras más agravantes eran las noticias, mientras más se aproximaba el enemigo, más el espíritu público se exaltaba".

Tanto Méndez como Barbachano dirigieron sendas proclamas ante la amenaza de la invasión. Se organizaron guardias nacionales en todos los pueblos lográndose reunir cerca de seis mil hombres. Las tropas mandadas por los tenientes coroneles Vito Pacheco, Pastor Gamboa y Vicente Revilla, fueron distribuidas en Hunucmá, Sisal y otros lugares para hacer frente a la invasión. Por cierto que esos contingentes estaban formados en su mayoría por elementos indígenas, entre los cuales se encontraban Cecilio Chí y Jacinto Pat, quienes como se verá en el capítulo siguiente, jefaturaron la insurrección de 1847. La caballería quedó al cuidado del teniente coronel Claudio Venegas.

A mediados de octubre, las tropas mexicanas se trasladaron de Ciudad del Carmen a Champotón y Seybaplaya, donde se les unieron tres mil hombres y otros refuerzos llevados de Veracruz por los generales Vicente Mignón, comandante en jefe de la expedición, Francisco Andrade y Matías de la Peña y Barragán. Morales quedó sometido a la autoridad del primero.

La columna yucateca siguió después rumbo a Lerma y Campeche, pero en la defensa de este puerto, se sospechó que el general Lemus estaba de acuerdo con los invasores. Advertido de lo anterior, el gobernador en funciones Miguel Barbachano se trasladó urgentemente a Campeche, destituyó a Lemus y al coronel Felipe de Jesús Montero, quienes fueron trasladados a Mérida para ser juzgados, y nombró al coronel Sebastián López de Llergo comandante en jefe con amplias facultades para dirigir las operaciones militares. Como colaboradores cercanos de López de Llergo fueron asignados al teniente coronel Eulogio Rosado, el coronel Alonso Aznar Peón, el coronel Pedro Cámara el capitán Santiago

Nigro y el coronel de artillería José Cadenas, este último como comandante militar de Campeche.

Pasaron dos meses sin que ninguno de los dos bandos obtuviera alguna ventaja militar, pues si los atacantes eran superiores en número y experiencia, los defensores contaban a su favor con una fuerte corriente de solidaridad popular que les daba firmeza en sus posiciones. Casi a diario se presentaban en Campeche nuevos elementos armados, al mismo tiempo que llegaban donativos en metálico y en especie, y pequeñas embarcaciones, cuyos tripulantes estaban familiarizados con la costa, burlaban el asedio de la escuadra enemiga e introducían toda clase de víveres. Por otra parte, los soldados invasores veían diezmar sus filas por las deserciones y las enfermedades que se presentaron por razones del clima.

En tales circunstancias, el Gral. Miñón ordenó la ocupación de Chiná, un punto cercano a Campeche que estaba rodeado de haciendas ganaderas, para conseguir abastecimiento de carne para sus tropas. Pero habiéndose presentado a dicho lugar elementos peninsulares jefaturados por el coronel Manuel Oliver, se registraron dos sangrientos combates, con saldo de numerosas víctimas. Entre los muertos, quedó el general mexicano Andrade.

4) FIN DE LA EXPEDICION

El prolongado estancamiento de las fuerzas mexicanas ante Campeche no podía ser del agrado de Santa Anna, quien ante los magros frutos de la expedición, destituyó al Gral. Miñón como jefe de la misma, nombrando en su lugar al Gral. Matías de la Peña y Barragán. Este, posiblemente influenciado por el traidor Lemus, quien se había incorporado a las tropas invasoras, decidió cambiar el escenario de las operaciones con vista a internarse por el norte de la península para llegar a Mérida, que como residencia de los poderes, tenía un significado especial. Pero tal cambio no produjo los resultados que de él se esperaban, pues a pesar de que la batalla de Tixkokob resultó favorable a los expedicionarios, la campaña terminó con una inesperada y espectacular capitulación.

El 15 de marzo de 1843 Peña y Barragán puso en movimiento una fuerza de mil quinientos hombres a bordo de tres transportes y el bergantín de guerra "Yucateco", los que después de arribar a Celestún siguieron a Telchac, cuyos habitantes incendiaron sus casas y abandonaron el poblado.

Informado oportunamente de lo anterior, el coronel López de Llergo dejó el mando militar en Campeche en manos del coronel Cadenas y al frente de mil quinientos hombres tomó el camino de Mérida, donde privaba un justificado estado de ansiedad en la población, que lo hizo objeto de calurosas demostraciones de confianza.

El hecho de armas más importante de esa etapa de la campaña se registró en Tixkokob, que encontrándose en poder del coronel Francisco Pérez, fue atacado por tropas yucatecas en un encuentro que duró de las diez de la mañana a las cinco de la tarde, y en la que resultó victorioso Peña y Barragán. Este continuó a Tixpéual hasta acampar en Pacabtún, desde donde podía observar las torres de la Catedral y de otras iglesias de Mérida.

López de Llergo se entregó febrilmente a preparar la defensa de la capital yucateca, poniendo al coronel Nigro, llamado a ese fin de Campeche, al frente de las obras de fortificación, que comenzando en el barrio de San Cristóbal, cruzaban el barrio de Mejorada y terminaban en el norte, en la plaza de Santa Ana. Dicha línea fue cubierta por elementos del cuerpo de seguridad pública, parte del cual fue destinado a custodiar la ciudadela de San Benito, mientras los soldados regulares quedaron en disponibilidad para batirse en la primera oportunidad, estando apercibidos de que la señal de entrar en combate sería un toque de rebato con la campana mayor de la Catedral.

Pero cuando todo anunciaba la inminencia del ataque, la mañana del 16 de abril de 1843 se presentó en uno de los puestos avanzados de la capital, con bandera parlamentaria, el comandante de zapadores Mariano Reyes. Llevado ante López de Llergo, a quien dio a conocer el mensaje de que era portador, el emisario fue informado de que el Gobierno de Yucatán no entraría en tratos con los invasores hasta que éstos se retiraran de Pacabtún para instalarse en Baca, aunque luego se cambió este último sitio por Telchac.

Después de intercambiar notas con el cuartel general de Mérida, el general Peña y Barragán aceptó finalmente rendirse el 24 de abril de 1843, al mismo tiempo que arribó a Campeche el general Pedro Ampudia, nombrado extemporáneamente por Santa Anna para hacerse cargo de la jefatura de la expedición.

En el documento que firmó al respecto, Peña y Barragán se comprometió a evacuar inmediatamente sus tropas para dirigirse a Tampico y hacerlo en un término no mayor de diez días, enviando una copia de la capitulación al Gral. Ampudia, para que éste proporcionara los transportes necesarios para la citada operación. López de Llergo, a su vez, se obligó a proporcionar toda clase de ayuda a los rendidos aunque señalando que si en el término fijado no se embarcaban las tropas expedicionarias, éstas serían hostilizadas.

Resueltas todas las dificultades que se presentaron, los hombres de Peña y Barragán zarparon de Chicxulub el 26 de mayo de 1943 utilizando los barcos enviados para el caso por Ampudia, mientras las tropas yucatecas volvieron a Mérida en medio de salvas de artillería, repique de campanas, música, cohetes e impresionante reacción de sus habitantes, los que recorrieron las calles en señal de júbilo.

Por decreto del Congreso, López de Llergo fue ascendido a general y con ese nuevo grado retornó a Campeche, donde la presencia del general Ampudia había creado un clima conflictivo. Pero este general ya estaba en negociaciones con Santiago Méndez y el coronel Cadenas en busca de una solución honrosa a su estancia en la península, por lo que aceptó finalmente retirarse de ella, mientras el gobierno local nombró a una comisión para definir los términos de la reincorporación de Yucatán. Se calcula que la multimencionada campaña le costó al gobierno mexicano más de diez mil bajas en el ejército, el deterioro y pérdidas de importantes unidades de la armada, y una erogación de no pocos millones de pesos.

De acuerdo con el compromiso contraído con Ampudia, se trasladaron a México los señores José Crescencio Pinelo, Joaquín García Rejón y Gerónimo del Castillo, enviados por el Gobierno del Estado para el citado fin, y quienes, después de paciente espera, firmaron el 14 de diciembre de 1843 con el secretario de Guerra y Marina, señor José María Tornel y Mendivil, autorizado exprofesamente por el presidente provisional de la República, un tratado en el que fue aceptado en lo esencial lo convenido con Quintana Roo en 1841, aunque con la condición de que Yucatán reconociera al gobierno establecido de acuerdo con las Bases Orgánicas de Tacubaya.

Santiago Méndez tomó posesión de nuevo del Gobierno del Estado, asumiendo al mismo tiempo la comandancia militar con el grado de coronel de caballería, y fue instalada la Asamblea Departamental, compuesta por Miguel Barbachano, Crescencio José Pinelo, José Encarnación Cámara, Justo Sierra, José Eulogio Rosado y Francisco Martínez de Arredondo.

CAPITULO

XIII

CAPITULO XIII

1) LA INSURRECCION INDIGENA DE 1847

La insurrección indígena iniciada en 1847 sembró la ruina, la desolación y la muerte en la península a través de un largo período, causando muy graves daños a la vida económica, cultural y política del Estado, como veremos en el curso del presente capítulo.

Esa conflagración, que en sus momentos más críticos llegó a cubrir casi las tres cuartas partes del territorio de Yucatán, con las consecuencias mencionadas, fue el resultado de una serie de situaciones y conflictos de la más diversa índole, que se fueron acumulando a través de los años, hasta generar una de la etapas más dolorosas y controvertidas de la historia regional.

De acuerdo con el punto de vista de quienes la estudiaron, analizaron y expusieron en las diversas obras que acerca de ellas se han escrito, la citada rebelión ha recibido diversas denominaciones: la de "Guerra de Castas", terminó éste el más divulgado; "Guerra Social", concepto que a nuestro juicio es el más cercano a la realidad; "Guerra Maya" y "Guerra Campesina", las dos últimas aplicadas por autores contemporáneos. En verdad, en el mencionado conflicto intervinieron básicamente elementos económicos, políticos y sociales, aunque no puede negarse la presencia en forma determinante, de factores de índole racial.

Resumiendo los elementos que intervinieron en dicha conflagración, los enumeramos a continuación:

1.— El prolongado sojuzgamiento a que fueron sometidos los naturales durante la dominación española, con el consiguiente deterioro de su personalidad étnica y cultural.

2.— El aislamiento en que permanecieron a partir de la independencia, a pesar de las preocupaciones humanitarias del filósofo Pablo Moreno y del presbítero Vicente María Velázquez, y las expresiones de solidaridad de los "sanjuanistas" hacia los nativos.

3.— La creciente participación que se les dio a los indígenas en los frecuentes conflictos políticos internos del Estado a partir de la revolución federalista encabezada por Santiago Imán en 1840, y de la campaña que se organizó en 1842 para oponerse a la expedición armada que por órdenes de Santa Anna invadió la península, lo que permitió a los nativos familiarizarse con las tácticas de guerra y el uso de las armas de fuego, y los llevó, lógicamente, a meditar sobre la posibilidad y conveniencia de aprovechar esas experiencias en favor de los mismos. Como ya vimos en el capítulo anterior, los contingentes reunidos en el oriente de Yucatán al llamado de Santiago Imán, estuvieron compuestos en su casi totalidad por indios, y entre éstos figuraron nada menos que Cecilio Chi y Jacinto Pat, los principales cabecillas de la insurrección de 1847.

4.— El incumplimiento de las promesas que repetidamente se les hizo para asegurar sus servicios o atraerlos a determinados bandos partidaristas, en el sentido de que serían aliviadas las cargas económicas que pesaban sobre ellos y se les daría oportunidad de cambiar de condiciones de vida.

A lo anterior deben agregarse otros factores que contribuyeron a la prolongación y agravamiento de dicha guerra, con las lógicas consecuencias que son de imaginarse:

1.— La inestabilidad política y gubernativa en que vivía la península, que parecía más una guerra civil crónica, y que impidió formular, con la atención y profundidad que el problema requería, los planes, tanto militares como administrativos, que pudieran conducir a una solución pacífica y definitiva, tomando en cuenta todos los intereses comprometidos en la pugna.

2.— El haber sido utilizados los naturales como soldados al servicio del gobierno para enfrentarse a los rebeldes de su misma raza, lo cual dio lugar a repetidas confusiones en los hechos de armas y a no pocas deserciones en las filas oficiales.

3.— El comercio que estableció Belice (entonces en poder de los ingleses bajo el nombre de "Honduras Británica") para abastecer de armas y pertrechos a los rebeldes. Esa intervención fue interpretada como parte de un plan para crear un nuevo país, exclusivamente indígena, que sería incorporado a corto plazo al imperio colonial británico.

4.— La expatriación de los indios prisioneros a Cuba, a donde fueron llevados por traficantes esclavistas, en las condiciones que son expuestas más adelante.

2) MANUEL ANTONIO AY, CECILIO CHI Y JACINTO PAT

Los primeros rumores sobre un posible levantamiento de los indios llegaron al coronel Eulogio Rosado, comandante militar de Valladolid, por noticias que obtuvo de Miguel Gerónimo Rivero, propietario de la hacienda "Acambalam", quien le contó que en los últimos días había visto pasar por su heredad a numerosos vecinos de Chichimilá, con rumbo a "Culumpich", donde vivía Jacinto Pat, cacique de Tihosuco, y que con ese motivo envió a un sirviente suyo para averiguar lo que estaba sucediendo en la región. Fue así como supo que se preparaba una rebelión contra los "blancos" en las que estaban comprometidos Cecilio Chi, cacique de Tepich, el ya citado Jacinto Pat, Manuel Antonio Ay, Bonifacio Novelo, y otros; que se contaba con un gran número de escopetas adquiridas en Belice, y que de acuerdo con los planes elaborados, Tihosuco sería el primer lugar donde actuarían los rebeldes.

Poco después se presentó ante el mismo coronel Rosado el juez de Chichimilá, revelando que había descubierto en poder de Manuel Antonio Ay, cacique de ese lugar, una carta de Cecilio Chi, en la que le daba pormenores de la conspiración. Aprehendido en su casa, le encontraron al mencionado cacique otras pruebas de su complicidad, por lo que, después de ser sentenciado, se le ejecutó en Valladolid el 26 de julio de 1847, siendo trasladado su cadáver a Chichimilá, para exponerlo a la expectación pública.

En vista de lo anterior, y burlando la orden de captura dictada en su contra, Pat y Chi resolvieron iniciar la insurrección en Tepich algunos días después del sacrificio de su compañero, el 30 de julio de 1847, poniendo la muestra de cómo se desarrollaría la guerra entre indígenas y "blancos", pues lo que allí sucedió en esa fecha, se repitió después en mayores dimensiones en toda la península. Cuando Cecilio Chi atacó ese poblado, dio muerte a todos los habitantes del lugar que no eran de su raza, sin encontrar resistencia alguna, siendo el único sobreviviente Alejandro Arana, quien logró escapar a Tihosuco para dar cuenta de lo sucedido. Y cuando, posteriormente, el capitán Diego Ongay, al mando de 600 hombres del gobierno, se posesionó del mismo poblado después de derrocar a los insurrectos, ordenó incendiar todas las chozas, cegar los pozos y fusilar a los nativos que cayeron prisioneros.

Alarmado ante la revolución, el gobierno dictó de inmediato varias medidas tendientes a combatirla. Por una parte, estableció el servicio militar oblitatorio desde los dieciséis años cumplidos y creó las comandancias militares de Mérida, Valladolid y Campeche, y por la otra, puso los medios para propiciar la reconciliación de los dos bandos políticos en que estaba dividido el Estado, y que eran representados por Santiago Méndez y Miguel Barbachano, quienes serán mencionados repetidamente en el presente capítulo.

Yucatán vivió un clima de explicable excitación. En agosto del mismo año de 1847, la cárcel de Mérida quedó repleta de indios acusados de conspiración, pues por el solo hecho de encontrarlos caminando por la noche en algún barrio de Mérida, eran considerados sospechosos. Ante los rumores de que el 15 del mismo mes estallaría una matanza colectiva de "blancos", fueron sentenciados más de cien indígenas, entre los que figuraron los caciques de Motul, Nolo, Euán, Yaxcucul, Chicxulub y Acanceh; el cacique del barrio meridano de Santiago, Francisco Uc, que por sus relaciones y negocios era muy estimado, por lo que su muerte causó sensación, y Gregorio May, cacique de Umán y amigo del anterior.

A la situación descrita siguió la expedición de un decreto

cuyo contenido fue calificado de verdadero retroceso al sistema colonial, pues por mandato del mismo los indios quedaron reducidos al "pupilaje" y fueron sometidos al régimen de las "repúblicas de indígenas" que habían funcionado antes de la independencia; por medio de dicho régimen, el gobierno nombraba a los caciques, los cuales, juntamente con los alcaldes y jueces, eran supervisados por los jefes políticos. Pero quizá los puntos más importantes del suceso que comentamos, fueron la prohibición de que los indios usaran armas de fuego, recibieran instrucción militar y fuesen aislados en las milicias.

El levantamiento del coronel José D. Rosado, por razones personales y partidaristas, distrajo la atención del gobierno del curso de la insurrección indígena, la cual se fue extendiendo en el sur y en el oriente del Estado. Al finalizar 1847, Jacinto Pat tomó Tihosuco e Ichmul, obligando a las tropas enemigas a retirarse rumbo a Peto, donde el coronel Eulogio Rosado, rodeado por los rebeldes, que aunque eran menos mostraron en esa ocasión una gran agresividad, sufrió una tremenda derrota. El partido de Sotuta cayó fácilmente en manos de los sublevados, los cuales ocuparon sucesivamente la cabecera del mismo partido y las poblaciones de Yaxcabá, Tabi, Tahdzibichén y Tixcacaltuyú.

La desocupación de Valladolid, que había sido tomada por los rebeldes, se convirtió en una horrible tragedia al ser sorprendida una larga columna de fugitivos, que huían hacia Espita y de los cuales solamente se salvaron unos cuantos. Tekax fue ocupada y en el mes siguiente Izamal quedó en manos de los indígenas, lo que causó consternación en Mérida. Acerca de este último suceso, don Serapio Baqueiro señala que desde el inicio de la guerra habían sido incendiados más de doscientos cincuenta pueblos y que las tropas del gobierno habían retrocedido hasta las mismas puertas de la ciudad, para concluir que con la pérdida de Izamal, no quedaban en manos de los "blancos" más que la capital, unos pueblos de la costa y los del camino real de Campeche.

Impresionante dibujo de la ocupación de Tekax por los Indios Rebeldes.

De todas partes salían interminables columnas de familias que buscaban desesperadamente refugio en Mérida, donde fueron instaladas en los atrios de los templos, plazas públicas, el convento de Mejorada, el colegio de San Pedro, el templo de San Cristóbal, numerosos edificios públicos, y no pocas residencias privadas abandonadas por sus dueños. Se calcula aproximadamente en cuarenta mil las personas que encontraron asilo y protección en Mérida y Campeche, en tanto no pocas familias acomodadas emigraron a Ciudad del Carmen, Belice, la isla de Cuba y algunos lugares de la República.

INDIOS REBELDES

BLANCOS E INDIOS HIDALGOS

Gráfica que muestra la situación demográfica de la península al principio de la Guerra de Castas. (Reproducción tomada del libro "Diario de Viaje a los Estados Unidos", por el Dr. Justo Sierra.)

177

3) DESARROLLO DE LA GUERRA

Ante el avance de la insurrección, el gobernador Santiago Méndez pensó pedir auxilio al extranjero, fijándose en España, por la proximidad de Cuba, que era colonia suya; en Inglaterra, por la cercanía de Belice y Jamaica, y en los Estados Unidos, con los que se tenían relaciones. La primera respuesta que se recibió la enviaron las autoridades españolas de Cuba y consistió en fusiles, sables, obuses, pólvora y dinero en efectivo, que llegaron a bordo de una corbeta que atracó en el puerto de Sisal en momentos difíciles de la campaña.

En marzo de 1848, hizo viaje a Estados Unidos el Dr. Justo Sierra O'Reilly, yerno de Santiago Méndez, para exponer al gobierno de la vecina nación el conflicto en que se hallaba Yucatán y ofrecer, a cambio de la ayuda que pudieran otorgar, la soberanía del Estado. Informado de la misión del Dr. Sierra, el presidente Polk, después de exponer el delicado asunto a los miembros de su gabinete, lo puso a consideración del Congreso norteamericano, el cual, de acuerdo con el dictamen de su comisión de asuntos extranjeros, manifestó su anuencia a la anexión militar de Yucatán.

El citado dictamen provocó las más contradictorias opiniones no solamente en los círculos oficiales de Washington, donde el conocimiento de la guerra indígena despertó interés, sino en importantes órganos de la prensa estadounidense. Quienes simpatizaban con la intervención en la península, invocaron razones humanitarias y hasta políticas como la doctrina Monroe; pero a su vez se manifestaron opiniones opuestas a tal medida, tanto por las especiales condiciones en que entonces se encontraban las negociaciones de paz entre México y Estados Unidos a consecuencia de la invasión de nuestro país, como por el temor de provocar un conflicto con Inglaterra por la proximidad de Belice con el territorio yucateco.

Más tarde Méndez renunció al gobierno en favor de Miguel Barbachano por considerar que éste gozaba de prestigio entre algunos de los jefes de la rebelión, y que por eso su designación facilitaría la pacificación del Estado. Era cosa aceptada que Jacinto Pat simpatizaba con Barbachano, lo que había confirmado su participación juntamente con el cura José Canuto Vela, en los tratados que se firmaron en Tzucacab y que por no haber sido bien recibidos entre los bandos contendientes, fueron olvidados.

Barbachano confirmó como jefe de las fuerzas del gobierno al general Sebastián López de Llergo e iniciando sus gestiones en busca de la terminación de la guerra, comisionó a los señores Joaquín García Rejón y Pedro de Regil Estrada para el desempeño de importante misión. Los citados salieron a Cuba para explorar el sentimiento del gobierno de dicha isla, pero ante la negativa del mismo por carecer de facultades para adquirir compromisos de esa naturaleza, se embarcaron para Veracruz, de donde continuaron a la ciudad de México.

Contando con la valiosa ayuda de Manuel Crescencio Rejón, Fernando del Valle, Sebastián Peón y otros distinguidos yucatecos que pusieron sus relaciones y su personalidad al servicio de la tierra natal, García Rejón y Regil Estrada establecieron contacto con el presidente José Joaquín Herrera, quien impresionado por la exposición que le fue hecha de la angustiosa situación en que se hallaba Yucatán, puso a disposición de su gobierno cien mil pesos y dos mil fusiles como primera aportación para la campaña, y cuya remesa inicial fue despachada en el mes de julio de 1848.

Tal decisión, tomada a pesar de los momentos difíciles por los que pasaba México, fue bien recibida y en correspondencia, Yucatán resolvió espontáneamente su reincorporación. Con fecha 17 de agosto del año mencionado, se expidió un decreto en ese sentido, en el que fueron reconocidos los supremos poderes de la nación, sujetándose el Estado al Gobierno Federal y a la Constitución general del país.

Barbachano continuó al frente del gobierno, con facultades extraordinarias para conducir la campaña y en 1849 fue reelecto para un nuevo mandato. En los primeros meses de ese año hizo un llamamiento general de amnistía a los sublevados, comisionando a los sacerdotes José Canuto

Vela, José García y Manuel Antonio Sierra, para acercarse a las regiones ocupadas por los sublevados y ofrecerles el indulto. Pero ante el fracaso de dicha gestión, fue lanzada una ofensiva general en todos los frentes de la guerra que cambió, desde luego, el panorama en favor de las tropas de López de Llergo y provocó la dispersión de los principales caudillos indígenas como Jacinto Pat, Cecilio Chi, Florentino Chan, Venancio Pec, y otros más.

Peto, Tihosuco, Calotmul y Valladolid fueron recuperados por el gobierno, lo que fue anunciado jubilosamente por los cañones de la ciudadela de San Benito. A lo anterior se agregaron dos sucesos que causaron profunda desorientación en las filas insurrectas, marcando el inicio del debilitamiento de la rebelión, que se fue acentuando hasta llegar a los últimos años del pasado siglo. Nos referimos a la muerte de Cecilio Chi, por cuestiones amorosas, por su secretario Atanasio Flores, quien lo sorprendió en el rancho "Chancheen". El cadáver de Chi fue llevado a Tepich, donde lo sepultaron en el atrio de la iglesia, en medio del dolor de los suyos. Por otra parte, Jacinto Pat, al que se le habían insubordinado los capitanes Florentino Chan y Venancio Pec por viejas rivalidades en la lucha, se vio obligado a salir de su rancho "Tabi" con dirección de Bacalar, siendo alcanzado por sus perseguidores, quienes lo sacrificaron en el camino.

La llegada en febrero de 1850 del general Miguel Micheltorena, nombrado por el gobierno nacional comandante militar de la península para encargarse de la dirección de la campaña contra los sublevados, empujó a éstos a buscar refugio en los bosques orientales del Estado, donde fue fundada Chan Santa Cruz. Al finalizar la pasada centuria, la guerra entró a una nueva fase bajo la dirección del Gral. Ignacio A. Bravo y que culminó con la creación del territorio federal de Quintana Roo, en las circunstancias que serán expuestas posteriormente.

El general Bravo pasando revista a sus tropas en Chan Santa Cruz, 1901.

4) LA VENTA DE LOS MAYAS PRISIONEROS

Con fecha 8 de noviembre de 1848 se publicó un decreto que autorizaba al gobierno del Estado a "alejar de sus respectivos domicilios y aún a expulsar de la península por diez años cuando menos, a todos los indígenas que fuesen tomados prisioneros con las armas en la mano". Ese decreto mereció la aprobación de los sectores que combatían a los sublevados, porque lo consideraron un recurso necesario dentro de las exigencias de la guerra, pero cuando se divulgaron algunas noticias acerca del embarque de indios a La Habana, llevados por traficantes esclavistas de la isla antillana, se puso en claro el verdadero propósito de dicha medida, que dio lugar a lo que el historiador Carlos R. Menéndez calificó acertadamente de "infame y vergonzoso comercio".

Así se supo del ofrecimiento que había hecho al Gobierno del Estado un agente de los traficantes cubanos, de pagar la cantidad de veinticinco pesos "por cabeza", de la llegada a Campeche de un comisionado de Veracruz interesado en adquirir brazos indígenas para llevarlos al interior del país, y del texto del "contrato" elaborado para dar aspecto legal a esas operaciones, en el que los mayas aparentaban ir por su propia voluntad a la vieja colonia española, contratados libremente para que ellos y sus familiares realizaran los duros trabajos entonces encargados a los negros.

Las salidas de los prisioneros a La Habana fueron haciéndose más frecuentes y lo que al comienzo se hizo discretamente, llegó a realizarse a la luz del día, como si se tratara de un negocio lícito, supuestamente con fines humanitarios, pero que en la realidad sólo sirvió para aliviar al gobierno yucateco de las molestias y gastos que ocasionaban la vigilancia y el mantenimiento de aquéllos y llegó a convertirse en una codiciada fuente de ingresos para el gobierno, a través de las "cuotas" —que con el tiempo se hicieron más elevadas— fijadas a los traficantes.

Después de cuatro años de interrupción, gracias a la enérgica oposición del Gobierno Nacional, el sucio comercio se reanudó en 1854, al volver a la Presidencia de la República el Gral. Santa Anna, quien otorgó una concesión a su ayudante de campo, coronel Manuel María Jiménez, para dedicarse a la exportación de los naturales, y posteriormente permitió al Gral. Ampudia, cuando éste ocupó el gobierno del Estado, continuar el mismo negocio.

Cuando en 1855 se hizo cargo otra vez del gobierno local Santiago Méndez, prohibió la venta de niños indígenas huérfanos que entonces se efectuaba, con el propósito de obstaculizar el citado comercio, pero éste continuó en forma de contrabando, mismo que alcanzó un auge extraordinario al grado de provocar una crítica escasez de obra de mano en el campo yucateco.

En 1861, por encargo especial del presidente Juárez, el Gral. Juan Suárez Navarro hizo un estudio de la situación que reinaba en el Estado, tanto en lo político como en lo referente al tráfico de esclavos. El informe que rindió Suárez Navarro causó sensación, tanto por las valiosas pruebas que acumuló en sus investigaciones, como por los graves cargos que hizo en ese documento contra Pantaleón Barrera, Francisco Martín Peraza, Liborio Irigoyen, Pablo Castellanos y Agustín

Acereto, por haber permitido y en casos fomentado durante su paso por el Gobierno del Estado, el tráfico de que estamos hablando. Entre los citados, se hizo especial mención de Liborio Irigoyen, por haber incluido en la venta de esclavos a individuos pertenecientes a otras razas, y de Agustín Acereto, quien al proyectar la expedición al refugio indígena de Chan Santa Cruz, se comprometió de antemano con los contratistas José María Madrazo y Miguel Pous, a venderles todos los prisioneros que hiciera en esa ocasión.

El 6 de mayo de 1861 el presidente Juárez firmó un decreto prohibiendo "la extracción para el extranjero de los indígenas de Yucatán, bajo cualquier título y denominación que sea", y fijando detalladamente las sanciones que se aplicarían a todos los que infringiesen la histórica disposición. Días después, en la apertura del Congreso, el patricio oaxaqueño mencionó el tema, al expresar que al tener la información completa sobre el mismo, el gobierno a su cargo "había dictado cuantas medidas cabían en sus facultades para lavar esa mancha".

CAPITULO

XIV

GRAL. MANUEL CEPEDA PERAZA.

CAPITULO XIV

1) EL CINCO DE MAYO DE 1862

1861 marca el inicio de una etapa decisiva en la prolongada guerra civil que sufrió el país por la contienda ideológica entre liberales y conservadores, pues el once de enero de ese año, por el triunfo del Gral. Jesús González Ortega sobre las fuerzas del Gral. Miguel Miramón en Calculalpan, Juárez pudo restablecer el gobierno que encabezaba en la ciudad de México

Resuelta la cuestión legal de su personalidad, al resultar electo en los comicios presidenciales a que convocó para el cuatrienio 1861-1865, don Benito fortaleció su título constitucional, dedicándose a atender no solamente los problemas estrechamente ligados con la guerra intestina que ha sido mencionada, sino a la difícil situación económica, política y diplomática provocada por la aplicación de las Leyes de Reforma y la consiguiente defensa de las mismas.

La penuria del erario, que impedía cubrir los más elementales gastos del gobierno, llevó a Juárez a tomar una medida que tendría graves consecuencias para el país. Nos referimos al decreto de 17 de julio de 1861, que ordenó la suspensión de pagos de la deuda pública, y que afectó, sustancialmente, los préstamos contraídos con varios países extranjeros. Como reacción a dicho decreto, España, Francia e Inglaterra celebraron una conferencia de Londres, firmando el 11 de octubre del mismo año, una "convención" en la que acordaron unir sus esfuerzos para reclamar al gobierno mexicano el pago de los créditos pendientes, y en caso necesario, invadir el territorio nacional.

El acuerdo tripartita a que nos hemos referido tuvo una acogida favorable entre los conservadores de nuestro país, que con anterioridad habían realizado gestiones ante potencias europeas, buscando su protección. Cabe recordar los servicios que prestaron en ese sentido Juan N. Almonte, José María Hidalgo, José María Gutiérrez de Estrada y Javier

Miranda, atendiendo las indicaciones de Paredes Arrillaga, Zuloaga y Miramón.

El siguiente paso de las potencias aliadas fue la movilización de sus escuadras hacia las costas mexicanas, siendo la primera que arribó a Veracruz la de España, bajo el mando del Gral. Juan Prim, conde de Reus. Cuando las naves de Francia e Inglaterra llegaron al mismo puerto poco tiempo después, los comisarios dirigieron a Juárez un ultimátum reclamando los agravïos que decían haber recibido de México y el pago de las deudas invocadas por las naciones invasoras.

Desde que se supo la llegada de Prim a Veracruz, el presidente Juárez envió una proclama a todos los mexicanos, cuyo primer párrafo reveló la dignidad del mandatario ante el grave peligro que se avecinaba: "El anuncio de la próxima guerra que se preparaba en Europa contra nosotros, ha comenzado por desgracia a realizarse. Fuerzas españolas han invadido nuestro territorio, nuestra dignidad nacional se ha ofendido, y en peligro tal vez, nuestra independencia". Y cuando recibió el ultimátum referido, respondió manifestando su deseo de buscar un acuerdo con las naciones reclamantes, para reconocer las deudas en su justo valor, e invitando a los representantes autorizados de las mismas, a reunirse con un funcionario especialmente nombrado para el caso en pos de un acuerdo honorable.

Con la representación de las tres potencias, el Gral. Prim asistió a una junta preliminar en Orizaba, dando su aprobación al proyecto de convenio presentado por el Lic. Manuel Doblado, ministro de Relaciones Exteriores de México. Dicho proyecto fue sometido a la consideración de la conferencia formal que tuvo lugar en Soledad, donde fueron firmados los tratados que llevan ese nombre.

España e Inglaterra quedaron conformes con los argumentos de Doblado y las garantías que el ministro mexicano, por instrucciones de Juárez, dio a sus representantes de que México cumpliría con los compromisos pendientes, por lo que decidieron el reembarco de sus tropas hacia el viejo continente. Francia, por el contrario, no solamente dejó a sus fuerzas en el país, sino que protegiendo a Juan N. Almonte y otros políticos conservadores, ordenó que las mismas penetraran al interior del territorio nacional, teniendo como meta la ocupación de la capital.

Descubiertas las verdaderas intenciones de Francia y rotas las negociaciones, el ejército invasor avanzó hacia Puebla juntamente con las tropas conservadoras del Gral. Márquez que se le habían incorporado, reuniendo así seis mil hombres. A su vez, el Gral. Ignacio Zaragoza, designado por el presidente Juárez para dirigir la defensa, presentó combate en las cumbres de Acultzingo, en Veracruz, pero ante la superioridad del enemigo, se retiró a Puebla, donde hizo los preparativos necesarios para continuar la lucha.

Los soldados mexicanos, a pesar de un inferioridad en número y recursos bélicos, derrotaron a los franceses en la llamada "Ciudad de los Angeles", destruyendo el mito de su invencibilidad. Después de lanzar sus hombres contra los fuertes de Loreto y Guadalupe en dos ocasiones seguidas, el Gral. Charles Lorencez se vio obligado a abandonar el campo ante el persistente rechazo del Gral. Zaragoza, quien debido a un inesperado chubasco, que interfirió sus planes, no pudo consolidar su victoria.

El 5 de mayo de 1862 se convirtió, por lo expuesto, en una fecha memorable para las armas nacionales y la causa republicana, y tuvo una justificada resonancia dentro y fuera de nuestras fronteras. El Congreso declaró beneméritos de la Patria a todos los generales, oficiales y soldados que intervinieron en las acciones de Acultzingo y Puebla y abrió una suscripción nacional para regalar a Zaragoza una espada de honor.

2) LA INVASION DE LA PENINSULA

El primer punto de la península que fue ocupado por los invasores fue Ciudad del Carmen, donde a mediados de 1862 el buque "La Granade" desembarcó cincuenta hombres en apoyo del general conservador Tomás Marín, quien se había pronunciado en favor de Juan N. Almonte, protegido de los franceses, y desde donde se inició la hostilidad a Campeche, que más tarde se vio formalmente sitiado al instalarse frente a las murallas*los barcos "Magallón", "Brandon", "Fleche" y "L'Eclaire".

El comandante de la cañonera "L'Eclaire" se dirigió al Lic. Pablo García, gobernador juarista de Campeche, advirtiéndole que si no reconocía la autoridad de Almonte, sería cerrada toda comunicación marítima con el exterior Pero como el Lic. García se mantuvo firme en sus convicciones, los franceses se dedicaron a perseguir a las canoas que intentaban salir o entrar al puerto citado, acercándose a veces a tierra para disparar sobre las fortificaciones o arrojar bombas a la ciudad, sin preocuparse por los daños que podían causar a sus habitantes.

En Yucatán se sublevó el guerrillero Manuel Rodríguez Solís, el 28 de marzo de 1863, declarando jefe del movimiento al coronel Felipe Navarrete. El gobernador Irigoyen nombró al coronel Manuel Cepeda Peraza para combatir dicha sublevación y solicitó ayuda de Campeche, que en esos días sufría el amago de los barcos extranjeros. Pero ante la capitulación de Irigoyen, el coronel Navarrete asumió los poderes político y militar de Yucatán, con el auxilio de un Concejo de Gobierno integrado por Rafael Villamil, Francisco Zavala, Andrés Maldonado, Roberto Rivas, José Rendón Peniche y Pedro I. Pérez, los tres últimos como suplentes.

Mientras tanto, el panorama nacional se fue haciendo más difícil, ya que el presidente Juárez, ante el avance de los invasores, se vio obligado a abandonar la capital de la República el 31 de mayo de 1863, la que fue ocupada en los primeros días de junio por el general Elías Forey, nombrado sustituto de Lorencez para dirigir la expedición francesa. Forey desautorizó a Almonte a ostentarse cabeza de un supuesto gobierno conservador, y constituyó una "junta de notables", misma que nombró al ya mencionado Almonte, al general Mariano Salas y al arzobispo Pelagio Antonio de Labastida y Dávalos, para hacerse cargo interinamente de la administración.

Dicha junta recomendó la adopción de un gobierno

monárquico para México, cuya corona sería ofrecida al príncipe austriaco Fernando Maximiliano de Hapsburgo, y el triunvirato a que hicimos mención se transformó en "regencia". Tiempo después saldría para Europa a hacer el ofrecimiento formal del título de emperador a Maximiliano, una comisión compuesta por José María Gutiérrez de Estrada, el presbítero Francisco Miranda, Joaquín Velázquez de León, Ignacio Aguilar y Marocho, Adrián Woll, José Hidalgo, Antonio Escandón, José Ma. de Landa y Angel Iglesias.

Más adelante, en octubre del mismo año de 1863, al hacerse cargo de las fuerzas franco-mexicanas el mariscal Francisco Bazaine, la invasión se fue extendiendo al interior de la República, cayendo en su poder las ciudades de Querétaro, Morelia, Guanajuato, y hasta San Luis Potosí, donde se había establecido el gobierno de Juárez. Como se sabe, el prócer liberal que vio la luz primera en Guelatao, tuvo que trasladarse a Saltillo, de donde salió a Monterrey, para establecerse después en Paso del Norte, población que cambió su nombre posteriormente, como un homenaje a su memoria, por el de "Ciudad Juárez";

Volviendo a Yucatán, donde como ya vimos, se había adueñado de la situación el coronel Felipe Navarrete, apuntaremos que si el citado personaje se mostró indiferente al desarrollo de la invasión de nuestra Patria, importantes sectores del pueblo, por el contrario, dieron reiteradas muestras de indignación por lo que calificaron acertadamente de una ofensa a la soberanía y una amenaza a la independencia nacional. Al cumplirse el primer aniversario de la batalla del 5 de mayo, no fueron pocos los vecinos de Mérida que recordaron jubilosamente la victoria de Zaragoza en Puebla, y cuando fue conmemorado el "Grito" de Dolores, algunos fogosos oradores aprovecharon la ocasión para hacer el más encendido elogio de los que combatían a los invasores y condenar a los mexicanos que se habían aliado a los franceses. En esa ocasión, un joven exaltado tuvo el gesto de reprochar al coronel Navarrete su criticada neutralidad en momentos tan sombríos para el país, y nació el proyecto de publicar un periódico con el título de "El Grito de la Patria", aunque no pudo realizarse por la imposibilidad de encontrar en Mérida una imprenta dispuesta a hacerse cargo de dicha edición.

Las diferencias políticas e ideológicas entre Pablo García y el coronel Navarrete se agravaron cuando este último se negó a autorizar el uso del puerto de Sisal para el tráfico de mercancías destinadas a Campeche, que como se sabe, estaba bloqueado por naves extranjeras. Entonces, el primero, invocando la necesidad de extender la bandera juarista a toda la península, organizó una expedición armada sobre Mérida, la que puso bajo las órdenes del coronel yucateco Manuel Cepeda Peraza, quien venciendo la resistencia de las tropas enemigas, logró llegar hasta Cholá, aunque por circunstancias no muy claras, entre las que se habló de la traición de uno de sus oficiales, fue derrotado finalmente, por lo que decidió, como útimo recurso, abandonar la campaña y retornar a Campeche.

Estimulado por ese triunfo, el coronel Navarrete movilizó sus hombres con rumbo a dicho puerto para sitiarlo, donde el gobernador García y el mismo Cepeda Peraza se enfrentaban al bloqueo francés. Ante la difícil situación, don Pablo pensó en la capitulación como el único camino, pero no quiso hacerlo ante Navarrete, por lo que al recibir el 18 de enero de 1864 una nota del comandante Cloué, jefe de las fuerzas navales surtas en Campeche, amenazándolo de que de no rendirse estrecharía el sitio y bombardearía la ciudad, pidió un término de tres días, para sacar de ella a las mujeres y a los niños, y ponerlos fuera de peligro.

Continuando sus negociaciones, el gobernador campechano nombró como sus representantes autorizados a Joaquín Gutiérrez de Estrada y Enrique Frimont, los que firmaron la rendición el 22 de enero de 1864 a bordo del buque francés "Brandon", ante la presencia de Navarrete, quien en esa forma reconoció públicamente a la "regencia" y demás autoridades impuestas por los invasores.

En Mérida no fue bien aceptado el compromiso adquirido por Navarrete, pues el Dr. Villamil, que estaba encargado temporalmente del Gobierno de Yucatán, se negó a continuar en él y lo traspasó a Roberto Rivas, en tanto otros funcionarios y empleados públicos renunciaron, secundando ese ejemplo de dignidad. Navarrete recibió de la "regencia" el título de "prefecto político", en tanto Pablo García, Cepeda Peraza, Irigoyen y otros luchadores contra la invasión, fueron expulsados con destino a La Habana.

Cuando Maximiliano asumió sus funciones, la península se convirtió en una sola entidad política y administrativa, dividida en tres departamentos: el de Mérida, el de Campeche y el del Carmen, bajo la autoridad de un comisario imperial, siendo el primero que desempeñó tal cargo, el Ing. José Salazar Ilarregui, quien tomó posesión el tres de septiembre de 1864.

3) YUCATAN CONTRA EL IMPERIO

En enero de 1867, el 9o. batallón de línea de Hunucmá y el destacamento de la guardia nacional en Baca, se pronunciaron el favor de la República, proclamando en Halachó jefe de dicho movimiento al coronel Manuel Cepeda Peraza, el cual habiendo retornado a Mérida en 1866, tenía la ciudad como cárcel. Informado de ello dicho militar, y fiel a sus principios, salió sigilosamente de la capital el 17 de dicho mes, reuniéndose con los rebeldes en Calkiní y siguiendo a Campeche, donde Pablo García se encontraba de nuevo combatiendo a los invasores, y con quien se puso de acuerdo para organizar las operaciones.

Con los contingentes que logró reunir, Cepeda Peraza culminó la campaña de liberación de Yucatán con el sitio de Mérida, a la que rodeó con una división de dos mil quinientos hombres ocupando los barrios de San Cristóbal y Mejorada. El combate más nutrido se registró en la plaza de Santa Ana, al que siguió la ocupación de la plaza de Santa Lucía, después del asalto a la iglesia de Jesús María.

Desesperado por la prolongación del sitio, que había provocado una creciente carencia de alimentos y las consiguientes privaciones entre sus soldados, el comisario imperial Salazar Ilarregui dio instrucciones a Navarrete para proponer la capitulación a los jefes republicanos. El coronel sitiador exigió que la propuesta fuese hecha directamente por Salazar Ilarregui, y satisfecha dicha condición, fue firmada el acta correspondiente el 15 de junio de 1867, después de fijar los términos de rendición, por los señores Donaciano García Rejón y coronel Daniel Traconis por el comisario imperial, y el coronel Miguel Castellanos y el Lic. Yanuario Manzanilla, por Cepeda Peraza.

Por haberse acordado respetar la vida y dejar en libertad a Salazar Ilarregui, le fue expedido un pasaporte para dirigirse a Nueva York, y a Navarrete, que ya ostentaba el grado de general en premio a sus servicios a Maximiliano, al coronel Francisco Cantón, y a otros jefes imperialistas, se les permitió salir para La Habana.

El 16 de junio, al día siguiente de la capitulación, Cepeda Peraza hizo su entrada triunfal a Mérida, en medio de repiques de campanas y de demostraciones de júbilo popular, y asumió los cargos de gobernador interino y comandante militar. Pocos días después, la ciudad de Querétaro cayó en poder de las fuerzas del presidente Juárez, marcando así la derrota completa y absoluta del imperio de Maximiliano, y la victoria definitiva de la República sobre los invasores franceses y sus aliados.

4) LA RESTAURACION DE LA REPUBLICA

Lo primero que hizo Cepeda Peraza fue formar un Concejo de Gobierno, integrado por el Dr. Agustín O'Horán, Antonio Cisneros, Herculano Meneses, Manuel Dondé Cámara y Manuel J. Peniche y nombrar secretario general de gobierno al Lic. Eligio Ancona, todos ellos de firmes antecedentes liberales, dedicándose a la reorganización administrativa y social del Estado, de acuerdo con los principios por los que había luchado el Lic. Benito Juárez.

Con fecha 18 de julio de 1867, decretó la formación del Instituto Literario del Estado, consciente de que era necesario orientar a la juventud sobre los nuevos derroteros

El viejo edificio del Instituto Literario tal como se conservó hasta su remozamiento efectuado de 1939 a 1941. Fue construido en 1711 para albergar el Colegio de San Pedro de la Real y Pontificia Universidad de San Javier. Posteriormente fue sede del Seminario Conciliar de San Ildefonso, de la Real Contaduría del Colegio de Indios, de la Universidad Literaria, de la Academia de Ciencias y Literatura, del Colegio Civil Universitario y del Comisariato Imperial.

señalados con el triunfo de la República. Dicho instituto abarcó la Enseñanza Preparatoria, la Escuela Especial de Medicina, Cirugía y Farmacia, la Escuela Especial de Jurisprudencia y Notariado, y la Escuela Normal de Profesores, incluyendo también una escuela de enseñanza primaria. Su primer director fue el Lic. Olegario Molina Solís quien formuló el reglamento y organizó el funcionamiento de dicho centro educativo.

Cepeda Peraza aplicó las Leyes de Reforma, decretando el 12 de octubre el exclaustramiento de las monjas "concepcionistas" y el cierre de dicho convento, y creando en el local que ocupaban, una casa de corrección para la niñez extraviada y el colegio civil para señoritas.

Al finalizar ese año, un plan rebelde organizado por los militares imperialistas que se hallaban exiliados en Cuba, los coroneles Francisco Cantón y Marcelino Villafaña, puso temporalmente a Yucatán en poder de los conservadores, pero gracias a la oportuna ayuda del presidente Juárez, fue recuperado para la causa republicana. El Gral. Ignacio L. Alatorre, al mando de mil quinientos hombres, desembarcó en Campeche el 21 de enero de 1868 y unido a las fuerzas de que disponía Cepeda Peraza, ocupó la ciudad de Mérida el 2 de febrero de 1868. El coronel Cantón, derrotado en Izamal, huyó a Valladolid, donde disolvió sus tropas y se refugió en los bosques orientales para evitar contacto con sus persegui- dores.

El 19 de junio de 1868 Cepeda Peraza fue declarado Gobernador Constitucional del Estado, pero por razones de salud tuvo que solicitar permiso al Congreso para separarse de dicho cargo, en el que lo sustituyó interinamente el Lic. Eligio Ancona. El 31 de enero de 1869 se registró un pronunciamiento en la ciudadela de San Benito, encabezado por el teniente-coronel José A. Muñoz, por el cual el Congreso declaró el estado de sitio. El Lic. Olegario Molina, que como consejero estaba encargado del Gobierno, hizo entrega del mismo al coronel José Ceballos, jefe de las fuerzas federales, quien creyéndolos complicados en el cuartelazo de la ciudadela, mandó fusilar a Joaquín González Gutiérrez, José Ma. Roca Cícero, Gustavo Cantón, Miguel Pablo Sastré, Ignacio Zagaceta, Darío Mazuela y dos sargentos del batallón federal de zapadores. Los pronuncia- dos de la ciudadela huyeron rumbo a Peto, donde fueron batidos y dispersados.

Por haberse prolongado su dolencia, que le impidió dedicarle la atención debida a su deberes militares y a sus obligaciones como restaurador de la República, el general Manuel Cepeda Peraza falleció el 3 de marzo de 1869, lo que causó hondo pesar en Yucatán y conmovió a los altos círculos del gobierno nacional, donde contaba con la esti- mación del presidente Juárez y de otras figuras importantes del partido liberal, por sus relevantes cualidades personales y políticas.

Al restablecerse el orden constitucional, el coronel Ceballos devolvió el poder civil, quedándose únicamente como jefe de las fuerzas federales. Pero habiendo renunciado el vice-gobernador Vargas, que por ley debería asumir el Gobierno del Estado, se hizo cargo del mismo el coronel José Apolinar Cepeda Peraza.

CAPITULO

XV

EL GRAL. PORFIRIO DIAZ

En las postrimerías de la dictadura, en un acto oficial. Lo acompaña, a su derecha, el Lic. Olegario Molina Solís, Ministro de Fomento y ex-gobernador de Yucatán.

CAPITULO XV

1) EL PLAN DE TUXTEPEC Y EL PORFIRISMO

El porfirismo, como corriente política, apareció en la historia nacional a la muerte de Benito Juárez y cuando ocupaba la Presidencia de la República el Lic. Sebastián Lerdo de Tejada, quien había sido electo para el período 1872-1876.

Contando con la ayuda de sus compañeros de armas, el Gral. Porfirio Díaz, quien anteriormente se había sublevado sin tener éxito, organizó un nuevo movimiento que iniciado en Tuxtepec, se extendió hasta adquirir importancia nacional, al ser secundado sucesivamente por las guarniciones de Puebla, Jalisco, Nuevo León y otros importantes Estados de la República.

Al ponerse en marcha el Plan de Tuxtepec, así llamado porque fue elaborado y firmado en dicha población, y en el que fue designado jefe de la sublevación el militar oaxaqueño, éste, que se encontraba entonces en Brownsville, Texas, EE.UU., se trasladó a Paso Alto, en Tamaulipas y se puso desde luego al frente de las tropas que lo apoyaban.

Después de que Lerdo de Tejada se vio obligado a huir del país, el caudillo triunfante entró a la ciudad de México el 28 de noviembre de 1876, asumiendo con carácter provisional la Presidencia de la República.

A partir de entonces, el caudillo tuxtepecano centralizó el poder y puso los medios para dominar el país durante un largo período de la historia patria —de 1876 a 1911— que por haber estado estrechamente ligado a su persona, a su voluntad y a sus procedimientos, recibió los nombres de *porfirismo, dictadura porfiriana* (o simplemente *dictadura*) y *porfiriato*.

Si es cierto que en los primeros años, al triunfo del movimiento de Tuxtepec, durante el período 1876-1880, y aún en el período presidencial del Gral. Manuel González, (1880-1884), el porfirismo respondió a una ansia nacional de reconstrucción, lógicamente deseada después de la heroíca lucha de don Benito Juárez en contra de la invasión francesa, hasta lograr la victoria de la República, a partir de la primera reelección del Gral. Díaz comenzó a crearse un hondo malestar popular, al cual contribuyeron, entre otros, las siguientes causas:

1.— La concentración de las tierras en muy pocas manos, dando lugar a extensos latifundios.

2.— La entrega de las principales riquezas nacionales del país a empresas extranjeras.

3.— Las desfavorables condiciones del trabajo en las minas y en la naciente industria.

4.— La esclavitud y la miseria en el campo.

5.— El creciente poderío del caciquismo en toda la República.

6.— El aplastamiento brutal de todas las tendencias políticas opuestas al caudillo en lo personal y al porfirismo como sistema de opresión.

7.— El enriquecimiento de la oligarquía que actuaba a la sombra y en nombre del dictador.

8.— La negación absoluta del derecho a la libertad de pensamiento y de expresión hablada o escrita.

2) EL PORFIRISMO EN YUCATAN

Ocupaba el Gobierno del Estado en 1876 el Lic. Eligio Ancona, cuando se levantaron en armas, secundando el Plan de Tuxtepec, los coroneles Teodosio Canto y Francisco Cantón, el primero en Temax e Izamal y el segundo en Valladolid. Dichos jefes insurrectos avanzaron sobre la ciudad de Mérida y habiéndose atrincherado en la plaza de Santa Ana, derrotaron a las fuerzas gobiernistas, que comandaba el coronel Felipe Reguera, y se hicieron de hecho dueños de la situación, por lo cual iniciaron así la era porfiriana en Yucatán.

Ante tales acontecimientos, el Lic. Ancona abandonó el Estado, dejando encargado de los poderes civil y militar al Gral. Guillermo Palomino, quien a su vez hizo entrega de los mismos al coronel Protasio Guerra, enviado a Mérida con el carácter de comisionado especial del caudillo triunfante.

Días después, el coronel Guerra fue ascendido a general y nombrado gobernador y comandante militar del Estado. Los coroneles Canto y Cantón fueron también ascendidos a generales, quedando incorporados con sus fuerzas al nuevo régimen.

Al igual que en el resto del país, el porfirismo tuvo una influencia dominante en la vida política, económica y social de Yucatán, pues a partir del triunfo de la insurrección tuxtepecana, las tradicionales corrientes políticas del Estado se fueron sometiendo a la dictadura y por consiguiente a sus procedimientos y sistemas. En consecuencia, los mandatarios que tuvo el Estado durante ese prolongado período de la historia, contribuyeron desde luego, dentro de las circunstancias particulares de la región, al creciente fortalecimiento del poder dictatorial.

A continuación expondremos las características locales del porfirismo:

1.— El afianzamiento de la paz interna, aplicando los métodos políticos y gubernamentales establecidos por la dictadura.

2.— La aparición de signos de prosperidad derivados del auge del henequén, y que contribuyeron a la creación del sistema ferrocarrilero local y a la realización de importantes obras materiales en la ciudad de Mérida y en otras poblaciones.

3.— El nacimiento de una clase económica reducida, que no solamente controló la riqueza (agricultura, finanzas, comunicaciones, etc.), sino también el poder político.

4.— La profundización de las desigualdades sociales y económicas entre las diversas capas de la población yucateca. Como ejemplo principal de lo anterior, pueden citarse las condiciones de los peones de las fincas henequeneras y de los trabajadores urbanos.

5.— El clima de asfixiante opresión popular creado por los jefes políticos en sus respectivas jurisdicciones, y que acabó con las prácticas democráticas y los más elementales derechos individuales.

Entre las figuras representativas del porfirismo en Yucatán, destacan el Gral. Francisco Cantón, quien —después de haber luchado en las filas imperialistas como ya vimos en el capítulo correspondiente— alcanzó relevancia política por haber secundado militarmente el plan tuxtepecano, y el Lic. Olegario Molina Solís, quien había servido a la causa republicana durante la gestión del Gral. Manuel Cepeda Peraza, ocupando la dirección del Instituto Literario del Estado establecido por dicho prócer liberal al ser liquidado el imperio en la península.

El Gral. Francisco Cantón ocupó el Gobierno del Estado durante el período 1898-1902, depués de ser varias veces diputado al Congreso de la Unión, y haberse revelado como promotor de las obras del ferrocarril de Mérida a Valladolid con ramal a Progreso, aunque por diversos motivos se vio obligado a vender la empresa que para ese efecto había formado, al grupo financiero que constituyó los Ferrocarriles Unidos de Yucatán, S.A. para unificar en un solo sistema las diversas líneas férreas que operaban independientemente en el Estado.

Durante el mandato del Gral. Cantón se registraron los siguientes hechos: 1) El alto nivel de prosperidad económica alcanzado durante ese cuatrienio, a consecuencia del desarrollo de la industria henequenera. 2) El haber puesto fin a la sublevación indígena, después de la campaña pacificadora encabezada por el Gral. Ignacio A. Bravo, que terminó con la ocupación del último baluarte de los insurrectos mayas en Santa Cruz, el 4 de mayo de 1901. Después de prender fuego a dicha población, los jefes nativos se dispersaron en diversos grupos, internándose en los bosques orientales de la península. 3) La desmembración del Estado, al crearse un territorio federal en la mencionada zona pacificada, que como se sabe, pertenecía a Yucatán. Aprovechando los estrechos vínculos políticos y personales que mantenía con el dictador, el Gral. Cantón expuso oportunamente su opinión adversa a dicho proyecto, pero no fue atendido, pues con fecha 16 de enero de 1902 fue decretada la formación del nuevo territorio, el cual recibió el nombre del patricio yucateco Andrés Quintana Roo.

El Lic. Olegario Molina Solís, que sucedió al Gral. Cantón en el Gobierno del Estado en el período 1902-1906, destacó en las finanzas y en la economía de Yucatán por su carácter de representante de poderosas compañías norteamericanas compradoras de la fibra, y que lo llevó a controlar en gran escala la industria henequenera.

Como ya se dijo, Molina Solís colaboró de cerca con el Gral. Cepeda Peraza al restaurarse la República; fue diputado federal durante los períodos 1869-1871 y 1873-1875, y en su gestión gubernativa llevó a cabo importantes obras públicas que transformaron completamente la ciudad de Mérida. Habiendo sido llamado por el Gral. Porfirio Díaz para ocupar el ministerio de Fomento en el que sería el último gabinete del caudillo tuxtepecano, tuvo que separarse del Gobierno del Estado durante su segundo mandato, en el que lo substituyó interinamente el señor Enrique Muñoz Arístegui, quien hasta entonces desempeñaba la jefatura política de Mérida.

3) EL TERRITORIO DE QUINTANA ROO

Desde que se anunció el proyecto de crear el territorio, que segregó de Yucatán una extensión de más de cincuenta mil kilómetros cuadrados, se produjo en el Estado una explicable resistencia. Ya apuntamos la opinión del Gral. Cantón, contraria a dicho propósito. Pero quien lo sucedió en el Gobierno, el Lic. Molina Solís, lo aprobó, reconociendo que sería de utilidad porque, según manifestó en esa ocasión, no solamente descargaría a la administración local de las obligaciones que implicaban el control y la vigilancia de la extensa zona recuperada por las tropas federales, sino que ayudaría al resurgimiento económico de la misma.

En sus primeros tiempos, Quintana Roo fue utilizado como presidio político y teniendo ese carácter, fueron llevados al territorio en calidad de relegados, para hacer trabajos forzados, numerosos adversarios de la dictadura que en la primera década del siglo se lanzaron a combatir al régimen porfiriano. Por otra parte, sus tierras fueron repartidas, dando nacimiento a numerosos y extensos latifundios. Entre éstos cabe citar las concesiones otorgadas a favor de Faustino Martínez, en la zona norte del Territorio; de Angel Rivas, R. Barrios, Olegario Molina Solís y del citado Faustino Martínez, en el centro; de Rafael León, L. Reyes, H. Plumber, la compañía Stanford, y también del mencionado Martínez, en el sur; y de Manuel Sierra Méndez y José Dolores Cetina, en la isla de Cozumel. Muchas de esas concesiones fueron traspasadas a empresas extranjeras, que se dedicaron a la explotación del chicle.

Aunque primeramente la capital del territorio se estableció en Santa Cruz, a cuyo nombre se agregó. el del Gral. Bravo, posteriormente fue trasladado a Payo Obispo, rebautizado después con su actual nombre de ciudad Chetumal.

En 1931 el presidente Ing. Pascual Ortiz Rubio decretó su desaparición, quedando la parte norte de su extensión dentro de la jurisdicción de Yucatán, la parte sur dentro de la de Campeche, y las islas de Holbox, Cozumel e Isla Mujeres, bajo la dependencia directa del Gobierno Federal. Pero en enero de 1936, ocupando la Presidencia de la República el Gral. Lázaro Cárdenas, se acordó la reconstitución del Territorio con la misma extensión y límites con que fue creado en 1902.

4) POSTRIMERIAS DE LA DICTADURA

Al aproximarse el término de su gestión como gobernador interino, Muñoz Aristegui fue postulado para el siguiente cuatrienio, aunque enfrentándose a una fuerte oposición, en la que participaron dos importantes corrientes políticas:

1.— La que agrupó a los elementos porfiristas descontentos de la administración local, postulando como candidato independiente al Lic. Delio Moreno Cantón, sobrino del Gral. Cantón y, por consiguiente, heredero de las influencias del mismo.

2.— La constituida por los núcleos populares que se habían adherido al movimiento antirreeleccionista iniciado por Madero, y que se agruparon alrededor de la candidatura del Lic. José María Pino Suárez.

La campaña electoral en esa ocasión se desarrolló en un clima de agitación y violencia, siendo perseguidos y encarcelados los principales partidarios de Moreno Cantón y Pino Suárez, hasta conseguirse la suspensión de las actividades oposicionistas y obligar a los citados candidatos a abandonar el Estado y salir al extranjero.

Muñoz Arístegui inició su nuevo período en febrero de 1910, con la presencia personal del Lic. Olegario Molina para mostrar el apoyo que tenía del mismo, pero el malestar fue creciendo, alimentado, como se ha visto, por factores locales y nacionales que anunciaban el cercano derrumbe del porfirismo en el país. Como la más importante muestra de dicho malestar, se produjo en junio de 1910 la sublevación popular de Valladolid, suceso al que nos referiremos más adelante.

Después de rechazar una petición de indulto que le fue hecha en favor de los prisioneros políticos que se hallaban en las cárceles del Estado, sirviendo obligadamente en las filas del ejército federal o en calidad de deportados en el territorio de Quintana Roo, Muñoz Arístegui se vio, finalmente, obligado a renunciar, siendo sustituido por el Gral. Luis C. Curiel, declarado gobernador interino por el Congreso del Estado el 13 de marzo de 1911.

El Gral. Curiel fue el último gobernante porfirista del Estado y como tal se enfrentó a la difícil situación que había dejado su antecesor. Durante su brevísima gestión se produjo la huelga ferrocarrilera, que causó natural consternación, dadas las circunstancias políticas que privaban en el Estado y la naturaleza de los servicios que prestaban los Ferrocarriles Unidos de Yucatán, tan íntimamente ligados a la industria henequenera y, por consiguiente, a quienes dominaban la economía local.

La citada huelga fue organizada por la "Unión Obrera de Ferrocarrileros", una de las primeras organizaciones que se formaron al iniciarse el movimiento sindicalista en el Estado, y de la que era distinguido dirigente el señor Héctor Victoria

Aguilar, quien fue diputado constituyente por Yucatán en el Congreso convocado por Venustiano Carranza y que se reunió en Querétaro en 1916.

No obstante la justicia de las demandas planteadas por los trabajadores ferrocarrileros, la huelga no obtuvo los resultados que de ella se esperaban. La intervención de las tropas federales y del Gral. Curiel puso fin a la misma el 9 de mayo de 1911, quedando cesantes no pocos de los huelguistas, como castigo a su rebeldía.

Tratando de neutralizar el descontento y buscando conciliar los intereses encontrados en el ámbito local, el Gral. Curiel decretó, aunque tardíamente, la amnistía de los presos políticos que antes se había negado a conceder Muñoz Arístegui, y nombró como colaboradores suyos a quienes, como el Lic. Alfonso Cámara y Cámara, habían permanecido en la penitenciaría "Juárez", acusados de supuestos delitos de rebelión, por haber dirigido la campaña oposicionista de Moreno Cantón.

5) PREOCUPACIONES CULTURALES

La independencia de España y su incorporación a México para formar parte de la nueva nación, planteó a Yucatán la necesidad de extender la enseñanza primaria a todas las capas de la población, rompiendo las limitaciones impuestas durante la etapa colonial. Pero lamentablemente, los repetidos cuartelazos que se registraron en las primeras décadas de la pasada centuria, la guerra indígena iniciada en 1847, y la carencia de estabilidad política que caracterizó a la vida regional en la mayor parte de dicha centuria, obstaculizaron desde luego todos los esfuerzos iniciados en ese sentido.

La educación superior, entregada a las órdenes religiosas de acuerdo con la filosofía del virreinato, fue abandonando el campo estrictamente teológico y en 1824, por decreto especial, fue fundada la Universidad Literaria, en la que se incluyó el aprendizaje de gramática, latín, lógica, y otras materias. En 1833 se estableció la primera cátedra de

Medicina, que estuvo al cuidado del doctor Ignacio Vado, y en ese mismo año se creó en Campeche una escuela náutica.

En 1867, triunfantes las armas republicanas y aplastado totalmente el imperio de Maximiliano, el general Manuel Cepeda Peraza fundó el Instituto Literario del Estado, en el cual quedaron agrupadas diferentes escuelas profesionales, abriendo nuevos rumbos a la cultura popular.

En 1873 se fundó el primer conservatorio de Música y Declamación, y la educación de la mujer mereció alguna atención. En las postrimerías del siglo XIX, dominado el país por la dictadura porfiriana, las letras, las ciencias y las artes tuvieron un gran florecimiento, en tanto la instrucción primaria caminó a pasos muy lentos. En 1878 ya existían en el Estado 262 escuelas primarias, de las cuales 64 eran particulares y 198 sostenidas por el Gobierno.

El primer periódico que apareció en Yucatán fue el "Misceláneo", que comenzó a publicarse en marzo de 1813. Le sucedió "El Aristarco Universal", publicado por Lorenzo de Zavala, y que sirvió de instrumento de divulgación de las ideas de los "sanjuanistas". Al formarse los primeros partidos políticos y quedar claramente determinados los campos ideológicos, hicieron su aparición nuevas publicaciones, las más de carácter doctrinario, que contribuyeron a formar el espíritu popular ante las pugnas partidaristas que agitaron el Estado.

En 1841 se publicó el primer periódico literario de la península, siendo editado en Campeche bajo la dirección de don Justo Sierra O'Reilly, quien le puso el título de "El Museo Yucateco". De corta vida, aunque con un contenido muy valioso, dicha revista se suspendió poco tiempo después, para ser reemplazada en 1845 por el "Registro Yucateco", que con el mismo carácter que la anterior se imprimió en Mérida.

Entre los periódicos del siglo XIX ocupa un lugar de bastante significación "Don Bulle-Bulle", escrito y editado por un grupo selecto de escritores de la época, en el cual figuraron José García Morales, José Antonio Cisneros, Fabián Carrillo y Pedro I. Pérez, y en cuyas páginas se dieron a conocer los grabados de un artista yucateco de gran renombre, Gabriel Vicente Gahona, conocido con el pseudónimo de "Picheta" y quien a través de sus dibujos dotados de hondo humorismo, trazó hábilmente las costumbres y las gentes de su tiempo.

Título de abogado por la Universidad de Yucatán, a favor de Justo Sierra O'Reilly. 1836.

En el mismo período floreció un brillante grupo de escritores que dieron lustre a la cultura en Yucatán, en la poesía, en la novela, en la historia, y en el costumbrismo y en la investigación, apareciendo figuras de gran valor que alcanzaron renombre nacional. Vamos a pasar una revista rápida de los que más se distinguieron en la etapa a que nos referimos:

1.— A más de sus conocidas actividades periodísticas y políticas, don Justo Sierra O'Reilly produjo muy valiosos estudios históricos, biográficos y novelísticos, que lo convirtieron en uno de los más brillantes exponentes de la literatura yucateca.

Es el autor de dos novelas muy conocidas: "La hija del judío" y "Un año en el hospital de San Lázaro", y tradujo al inglés el "Viaje a Yucatán" de Stephens.

2.— Otra figura célebre en las letras yucatecas es la de don Eligio Ancona, novelista e historiador notable, a más de político liberal con una gran influencia. Su "Historia de Yucatán" es una de las más consultadas entre las obras de esa especialidad.

LIC. ELIGIO ANCONA
Quien, ante el triunfo de la sublevación en favor del Plan de Tuxtepec de los Generales Cantón y Canto, abandonó el Gobierno del Estado. El Lic. Ancona fue así el último Gobernador juarista de Yucatán.

3.— Lorenzo de Zavala, al margen de su tempestuosa trayectoria política en el escenario nacional, escribió dos importantes estudios: "Ensayo histórico de las revoluciones de México" y "Viaje a los Estados Unidos de Norteamérica".

4.— Crescencio Carrillo y Ancona fue obispo de Yucatán y se hizo notable como profundo conocedor de la historia vernácula, a la que dedicó no pocos esfuerzos. Escribió valiosos trabajos sobre la raza indígena y de carácter lingüístico.

5.— Sobresalen tambián Serapio Baqueiro Preve, estudioso de la historia y de los problemas regionales, y Juan Francisco Molina Solís, que comparte con el anterior y con Eligio Ancona, un lugar destacado en la investigación histórica regional.

6.— Entre los yucatecos que adquirieron renombre nacional, se encuentra el Dr. José Peón Contreras, poeta y dramaturgo que obtuvo sonados éxitos y contribuyó al resurgimiento del teatro en México con obras que merecieron el aplauso en importantes ciudades de la República y del extranjero.

7.— En la prensa se publicaron importantes colaboraciones de Wenceslao Alpuche, Ramón Aldana, Bernardo Ponce y Font, Fernando Juanes G. Gutiérrez, Eulogio Palma, Fabián Carrillo, Antonio Cisneros Cámara, Roberto Casellas Rivas y otros, que mostraron su talento en temas políticos, económicos, folklóricos, etc.

CAPITULO

XVI

1) En los comienzos del siglo XX

2) Francisco I. Madero y el antirreeleccionismo

3) La sublevación de Valladolid

4) El Lic. José María Pino Suárez

5) El gobierno Maderista y el cuartelazo

CAPITULO XVI

1) EN LOS COMIENZOS DEL SIGLO XX

En los primeros años del siglo XX, el pueblo mexicano, cansado de las repetidas reelecciones del dictador y de la prolongación de las condiciones políticas en que el país se encontraba, comenzó a manifestar su inconformidad y su inquietud, en un clima que conduciría al despertar democrático nacional y el movimiento maderista que, finalmente provocó el derrumbe del porfirismo.

Contribuyeron a tal situación los siguientes factores:

1.— Tomando en cuenta la edad avanzada del Gral. Díaz, y queriendo alejar todo motivo de agitación ante la posibilidad de su muerte, el período presidencial, que hasta entonces había sido de cuatro años, fue ampliado a seis años, y se creó la Vicepresidencia de la República. Así, en 1904, el dictador fue electo una vez más, llevando como vicepresidente a don Ramón Corral, quien había sido Gobernador del Estado de Sonora.

2.— En los centros fabriles se produjeron los primeros brotes de rebeldía con choques sangrientos entre los trabajadores y las fuerzas federales. Adquirieron resonancia nacional la huelga de los mineros de Cananea, en 1906, y la de los obreros textiles de Río Blanco en 1907.

3.— La agitación cada vez más grave en el agro, por los atropellos de que eran víctimas los campesinos, tanto de parte de los hacendados como de los jefes políticos.

4.— La combativa actividad oposicionista de los hermanos Flores Magón, dentro del marco doctrinario en que actuaban.

5.— El anuncio que en 1908 hizo el dictador a través del periodista norteamericano James Creelman, de que se retiraría del poder y que no aceptaría una nueva reelección en 1910.

6.— La aparición de diversas obras en las que fue planteada categóricamente la necesidad de restablecer la libertad política en el país y de organizar a los ciudadanos para tomar parte en las elecciones que se avecinaban. Entre esas obras llamó la atención por la valentía de su contenido y la claridad de su exposición, la titulada "La sucesión presidencial en 1910", escrita por don Francisco I. Madero, un inquieto ciudadano de Coahuila, que, por ese solo hecho, se convirtió en una figura de interés nacional.

2) FRANCISCO I. MADERO Y EL ANTIRREELECCIONISMO

Interpretando la situación creada por la dictadura y oponiéndose a su propia familia, ligada a la misma por intereses económicos y posición social, Madero inició su histórica lucha en favor de la democracia, no dudando en oponerse a una nueva reelección del caudillo tuxtepecano.

Después de la publicación de su ya citado libro —que despertó extraordinario interés en todo el país— se dedicó a recorrer el territorio nacional, invitando a sus cada vez más numerosos oyentes, a formar un partido independiente, cuya bandera fue sintetizada en el lema *"Sufragio Efectivo. No Reelección"*, y al que se fueron incorporando todos los que anhelaban una renovación total del panorama político de la República.

Precisamente en su primera gira de orientación cívica, Madero visitó Yucatán, teniendo oportunidad de conocer personalmente al Lic. José María Pino Suárez, quien después de ser uno de sus más fieles partidarios en el Estado, ocupó la vicepresidencia de la República al triunfo de la causa revolucionaria y lo acompañó en el martirio de "La decena trágica".

Madero llegó a tierras yucatecas en el mes de junio de 1909 acompañado de su esposa, doña Sara Pérez de Madero, y el Ing. Félix F. Palavicini, y tanto en el puerto de Progreso, donde atracó el barco que lo trajo de Veracruz, como en Mérida, que eran los focos urbanos más activos de la inconformidad local contra la dictadura, fue objeto de espontáneas demostraciones de simpatía y solidaridad, dejando establecidos los importantes centros que tuvieron a su cargo la divulgación y la defensa de los ideales democráticos en la campaña electoral que se llevó a cabo en el Estado ese año, enfrentándose a la candidatura oficial del gobernador Muñoz Arístegui.

El partido antirreeleccionista adquirió insospechada pujanza popular, que se acrecentó cuando el dictador aceptó un nuevo mandato, que debía iniciarse en 1910. En Yucatán, dicho partido, dadas las circunstancias políticas domésticas, postuló candidato al Gobierno del Estado, al Lic. Pino Suárez, participando en consecuencia en la agitada campaña electoral de la que hablamos en el capítulo anterior.

En la magna convención reunida en la ciudad de México el 5 de abril de 1910, y a la que concurrieron delegados de toda la República, don Francisco I. Madero fue postulado candidato a la presidencia del país, acompañado en la fórmula como candidato a la vicepresidencia, por el Dr. Francisco Vázquez Gómez, prestigiado luchador antiporfirista.

La campaña electoral se desarrolló en todo el territorio nacional, en un clima de agresiones y persecuciones, que fue fortaleciendo el sentimiento popular en favor del antirreeleccionismo. Pero aun cuando la voluntad ciudadana se manifestó arrolladoramente, resultó burlada en forma trágica. Madero fue aprehendido en Monterrey, en compañía del Lic. Roque Estrada, siendo conducido a San Luis Potosí, donde se le internó en la penitenciaría de dicha ciudad para ser sojuzgado por ultrajes a las autoridades.

Pasadas las elecciones, en las que oficialmente fue adjudicado el triunfo al Gral. Porfirio Díaz y a Ramón Corral, Madero llegó a la conclusión de que el único camino que le quedaba para combatir a la dictadura era el de las armas, con la confianza de que a la larga lograría derrocarla.

Encontrándose en San Luis Potosí y gracias a la ayuda del Dr. Rafael Cepeda, pudo huir a los Estados Unidos para preparar la revolución. Con Juan Sánchez Ancona, Roque Estrada, Federico González Garza y Ernesto Fernández, Madero redactó el histórico "Plan de San Luis", un franco llamado a la insurrección que lo convirtió en el iniciador de la Revolución Mexicana, que a través de sus diversas etapas, ha transformado el panorama político, económico, social y cultural de nuestra patria.

3) LA SUBLEVACION DE VALLADOLID

El 4 de junio de 1910 estalló en Valladolid, en el oriente del Estado, una sublevación que, aunque provocada por razones políticas locales en contra del gobernador y del jefe político de la región, constituyó una de las manifestaciones más sonadas del descontento popular que fermentaba en todo el país, siendo calificada como la primera chispa de la Revolución Mexicana en Yucatán.

Pero antes de referirnos en detalle a tan importante suceso en la historia regional, haremos las siguientes consideraciones sobre el mismo:

1.— La imposición de Muñoz Arístegui para un nuevo mandato había dejado en la opinión pública hondos resentimientos no solamente en contra del gobernante en funciones, sino también en contra del Lic. Molina Solís, considerado aún, a pesar de su separación oficial de la política local, como el que conservaba en sus manos la facultad de decidir tanto en los asuntos públicos como en la economía y en las finanzas del Estado.

2.— La escisión que con el motivo anterior se produjo en el porfirismo yucateco, no obstante el común sometimiento a la autoridad del dictador. Así se formaron dos bandos claramente deslindados: a) el que reconocía como cabeza visible a Muñoz Arístegui, representante del Lic. Molina Solís, y del que formaban parte todos los elementos beneficiados por ambos personajes; y b) el que reunió a gran parte de los descontentos de la política henequenera señalada por la casa Molina, a los herederos del viejo partido conservador que tenía como símbolo al Gral. Cantón, a núcleos representativos de la clase media, y a los sectores populares que habían sentido en carne propia los abusos e injusticias de los jefes políticos y de las autoridades menores y que, por tanto, se mostraban dispuestos a participar en toda acción oposicionista.

3.— La presencia del partido antirreeleccionista en el escenario político de Yucatán, cuyas prédicas libertarias y democráticas trataron de ser aprovechadas en la pugna inter-porfirista, para sembrar la confusión ideológica en la opinión pública.

4.— El haberse frustrado un movimiento supuestamente rebelde, atribuido a dirigentes oposicionistas del "Centro Electoral Independiente" que había sostenido la candidatura del Lic. Moreno Cantón en los pasados comicios. En dicho complot, del que se acusó como responsable al Lic. Alfonso Cámara y Cámara, figuró como uno de los elementos más comprometidos Maximiliano Ramírez Bonilla, quien apareció participando en la sublevación vallisoletana. Por cierto que entre los fines de la frustrada rebelión estaba expulsar del Estado al gobernador Muñoz Arístegui, al jefe político de Mérida, Luis Demetrio Molina y a los señores Avelino Montes y Rogelio V. Suárez, yernos del Lic. Molina Solís.

La rebelión de Valladolid tuvo como jefes a Miguel Ruz Ponce, a Atilano Albertos y a Maximiliano Ramírez Bonilla, de quien ya hicimos mención en el párrafo anterior. Al frente de cerca de mil quinientos hombres, en su mayor parte campesinos de la región, los citados lograron apoderarse de la ciudad oriental, provocando la natural consternación en todo el Estado y una extraordinaria resonancia en todo el país, por la importancia de dicha población y el número de los insurrectos.

Enterado de ese acontecimiento, Muñoz Arístegui dispuso el nombramiento del coronel Ignacio A. Lara como jefe político y militar de Valladolid, con órdenes de trasladarse de inmediato a dicha ciudad para rescatarla del dominio rebelde. Con los que tenía bajo su mando y los que se incorporaron a su paso, el coronel Lara logró reunir setecientos hombres, a los que se sumaron los integrantes del Décimo Batallón de Infantería, que bajo el mando del coronel Gonzalo Luque desembarcó en esos días en Progreso. Las tropas que, por otra parte, habían sido movilizadas de Santa Cruz por el Gral.

Ignacio A. Bravo, comandante militar de la región, llegaron cuando de hecho la rebelión había terminado.

Después de varios combates, Valladolid fue ocupada por las tropas gobiernistas y en el consejo de guerra que se instaló días después para juzgar a los rebeldes, fueron condenados a muerte Ramírez Bonilla, Albertos y José E. Kantún. Los otros implicados Miguel Ruz Ponce, Claudio Alcocer, Donato Bates, y algunos más, lograron escapar a los bosques del Territorio de Quintana Roo, donde encontraron refugio en los poblados mayas de la región.

El Lic. Jiménez Borreguí fue enviado a San Juan de Ulúa. Parte de los prisioneros ingresaron a la penitenciaría de Mérida, unos 130 quedaron filiados en el ejército y llevados a Veracruz a bordo de un transporte de guerra, y los que resultaron incapacitados para el servicio militar, fueron deportados a Quintana Roo, a ejecutar trabajos forzados en las obras que se realizaban de Santa Cruz a Vigía Chico.

Pero aun cuando la rebelión de Valladolid fue aplastada, la inquietud se fue extendiendo en el Estado, registrándose sangrientos sucesos que proyectaron su influencia en el campo. Entre tales sucesos, citaremos los siguientes:

1.— En Peto se produjo un motín en contra de las autoridades del lugar. Encabezados por Elías Rivero y Antonio Reyes, los descontentos se apoderaron posteriormente del ingenio "Catmís", importante factoría azucarera, donde tuvo lugar un encuentro con los soldados federales con varias víctimas.

2.— En Temax, Pedro Crespo y Eduardo Lizarraga, al frente de los vecinos, se rebelaron contra el coronel Antonio Herrera, a quien asesinaron juntamente con otros funcionarios locales.

3.— Semejantes hechos de violencia se produjeron en Motul, Dzidzantún, Baca y otras poblaciones de la zona henequenera, con la natural zozobra entre los hacendados y autoridades de la misma.

4) EL LIC. JOSE M. PINO SUAREZ

Entre quienes recibieron con entusiasmo las prédicas

cívicas de Madero, destacó en Yucatán el Lic. José Ma. Pino Suárez, prestigiado intelectual que dirigía el diario "El Peninsular" de la ciudad de Mérida, y en cuyas columnas había expuesto las condiciones en que se hallaban los peones de las haciendas henequeneras, tratando de despertar una corriente de opinión favorable a los mismos.

Aunque tabasqueño de origen, pues había nacido en Tenosique, se estableció en Yucatán desde muy joven, realizando sus estudios profesionales y formando su hogar en Mérida, donde gozaba del respeto de la sociedad por sus cualidades morales e intelectuales y sus nobles preocupaciones por las clases desheredadas. Como ya señalamos, en la visita que don Francisco I. Madero hizo al Estado en 1909, Pino Suárez intervino en los actos que se organizaron en su honor, revelándose como un fogoso orador y convirtiéndose en uno de sus más convencidos y leales partidarios.

Fue candidato independiente al Gobierno del Estado y como tal se enfrentó a Muñoz Arístegui en condiciones muy difíciles, sufriendo por ello persecuciones que lo hicieron huir a Estados Unidos, donde se reunió con Madero, entregado entonces a preparar la revolución anunciada en el Plan de San Luis.

Cuando Madero instaló su gobierno provisional en Ciudad Juárez, Pino Suárez ocupó el Ministerio de Justicia y al triunfar la revolución por los tratados firmados en dicha ciudad norteña entre los representantes del Gral. Díaz y del jefe antirreeleccionista, fue enviado a Yucatán con el carácter de comisionado especial para encargarse del Gobierno del Estado, lo que hizo el 6 de junio de 1911, después de haber sido nombrado por la legislatura local.

A pesar de la brevedad de su gestión, dictó importantes leyes de acuerdo con sus convicciones políticas y sociales y el conocimiento que tenía de la realidad yucateca. Entre dichas imposiciones mencionaremos la que se ocupó del salario de los trabajadores del campo, la relativa al fraccionamiento de los ejidos, la referente a la educación rural, y otras de semejante interés popular.

Al convocarse a elecciones constitucionales, el Lic. Pino

Suárez Participó en ellas tras una apasionada campaña, en las que fue su contrincante el Lic. Delio Moreno Cantón, quien recibió un fuerte apoyo de los sectores representativos del porfirismo local que trataban de defender sus intereses ante las nuevas perspectivas políticas que ofrecía la revolución maderista.

Triunfante en los comicios y de acuerdo con la declaratoria que en su favor hizo el Congreso del Estado, Pino Suárez reasumió el poder por un período que debería concluir el 31 de enero de 1914, pero que interrumpió por haber sido postulado candidato a la Vicepresidencia de la República, juntamente con la candidatura presidencial de Madero.

Habiendo pedido licencia por el motivo apuntado, fue sustituido en el gobierno local por el Dr. Nicolás Cámara Vales, quien promulgó la ley que creó la Comisión Reguladora del Mercado del Henequén, que constituyó el primer esfuerzo por neutralizar el predominio de la casa de Avelino Montes en el mercado de la fibra.

5) EL GOBIERNO MADERISTA Y EL CUARTELAZO

Contando con un amplio respaldo popular, don Francisco I. Madero y el Lic. Pino Suárez tomaron posesión de la Presidencia y de la Vicepresidencia de la Repúblca, respectivamente, el 6 de noviembre de 1911.

Pero los porfiristas, inconformes con su derrota, se dedicaron a combatir al nuevo régimen, aprovechando las libertades que él mismo había establecido de acuerdo con sus ideales democráticos, fomentando la división entre los mismos jefes revolucionarios, desorientando a la opinión pública desde la prensa y la tribuna de la Cámara de Diputados y estimulando a altos jefes del viejo ejército federal a rebelarse contra el gobierno maderista.

Durante este último, se registraron los siguientes pronunciamientos:

1.— La sublevación en el norte, del Gral. Pascual Orozco, quien había acompañado a Madero en Ciudad Juárez en los días iniciales de la revolucion.

2.— El pronunciamiento del caudillo agrarista Emiliano Zapata en Morelos, enarbolando el "Plan de Ayala" y desconociendo la autoridad del presidente Madero.

3.— Los intentos de rebelión, pues no tuvieron éxito, de los generales porfiristas Bernardo Reyes y Félix Díaz, que habían figurado prominentemente en el régimen de la dictadura, en la capital de la República.

4.— La sublevación de importantes fuerzas federales en febrero de 1913, iniciando así lo que la historia ha llamado con razón "La decena trágica" y que culminó con la traición del Gral. Victoriano Huerta, a quien Madero había nombrado para combatir a los insurrectos. En ella intervinieron los generales Bernardo Reyes y Félix Díaz, quienes no obstante encontrarse encarcelados por el motivo apuntado, no dejaron de conspirar, y Manuel Mondragón. La muerte del primero a las puertas del Palacio Nacional, hizo que la jefatura de la sublevación que instaló su cuartel general en "La Ciudadela", quedara en manos de Félix Díaz, sobrino del Gral. Porfirio Díaz que se consideraba como legítimo heredero político suyo.

El Gral. Huerta logró hacerse dueño de la situación y después de usurpar las funciones presidenciales, ordenó el asesinato de Madero y Pino Suárez, en circunstancias dramáticas el 22 de febrero de 1913.

CAPITULO

XVII

1) La Usurpación Huertista

2) El Plan de Guadalupe y el Constitucionalismo

3) La liberación de los campesinos yucatecos

4) El "Argumedismo"

CAPITULO XVII

1) LA USURPACION HUERTISTA

Ni la usurpación huertista fue la tumba de la revolución, ni el asesinato de Madero y Pino Suárez significó el olvido de los ideales de justicia y democracia por los que los mandatarios fueron sacrificados. Por el contrario, la traición del Gral. Victoriano Huerta, al provocar justificada indignación en todo el país, hizo que muchos de los que habían combatido a la dictadura volvieran a la lucha armada; que ciudadanos que hasta entonces habían permanecido ajenos a los acontecimientos políticos y militares que habían sacudido a la República y aun quienes habían combatido al régimen maderista, manifestaran su decisión de enfrentarse al gobierno espurio, secundando el movimiento constitucionalista iniciado en Coahuila.

Entre las reacciones que provocó la usurpación huertista, las más importantes fueron las siguientes:

1.— La actitud asumida por las autoridades del Estado de Coahuila, desconociendo la autoridad que Huerta se atribuía y organizando un movimiento nacional para derrocarlo.

2.— El franco repudio del caudillo agrarista Emiliano Zapata al régimen huertista, al cual se opuso desde su cuartel general en el sur.

3.— La resolución de los revolucionarios maderistas del Estado de Sonora, de secundar el Plan de Guadalupe proclamado por don Venustiano Carranza.

Al tenerse noticias en Yucatán de los sangrientos sucesos que habían enlutado el país, el Dr. Cámara Vales, quien tenía cercanos vínculos políticos y familiares con el Lic. Pino Suárez, solicitó licencia para separase del cargo de gobernador y salió al extranjero para ponerse a las órdenes del Sr. Carranza. En su lugar fue designado el Sr. Arcadio Escobedo, ligado a los hombres del cuartelazo.

Poco después llegaría a Mérida como representante

personal de Victoriano Huerta, el Gral. Eugenio Rascón, quien asumió el cargo de gobernador y comandante militar del Estado el 8 de julio de 1913. Pero llamado por el usurpador para desempeñar otra comisión, fue reemplazado por el Gral. Prisciliano Cortés, durante el mandato de este último, se registraron los siguientes hechos:

1.— Aprovechando los recursos económicos de la Comisión Reguladora del Mercado de Henequén, cuya presidencia asumió el propio Gral. Cortés, se dispuso de dos millones de pesos de las cajas de dicha institución, para ayudar a los gastos del gobierno del Gral. Huerta.

2.— El levantamiento que se produjo en el puerto de Progreso en el mes de agosto de 1914 bajo la jefatura del maderista Lino Muñoz, con quien colaboraron otros elementos de la misma filiación que, como Feliciano Canul Reyes, habían sido perseguidos en Hunucmá por sus inquietudes sociales.

Reuniendo a los descontentos de Progreso y Hunucmá, Muñoz se apoderó del Palacio Municipal del puerto, haciéndose dueño de la situación, después de un encuentro con los soldados federales en el que hubo víctimas de ambas partes. El coronel José María Ceballos, jefe político del lugar, por cuyas arbitrariedades era odiado por el pueblo, fue tomado prisionero por los rebeldes, los cuales lo fusilaron.

Al frente de numeroso contingente, al que se habían sumado no pocos de quienes componían el batallón que guarnecía Progreso, Lino Muñoz se trasladó a la hacienda "Tacubaya", donde instaló su cuartel general, desde el cual solicitó la rendición y evacuación de Hunucmá. Hasta allí irían a entrevistarse con el jefe insurgente varios comisionados de don Venustiano Carranza para pedirle el cese de las hostilidades.

En el acta que para el caso fue firmada, Lino Muñoz aceptó la proposición de los comisionados carrancistas, entre los que se hallaban los obreros ferrocarrileros Carlos Castro Morales, Héctor Victoria, Anatolio Buenfil, Manuel Romero y Abelardo Sacramento; y en ese sentido se dirigió a Carranza, quien despachaba en el Palacio Nacional como presidente provicional de la República.

Los sublevados retornaron a sus hogares y Lino Muñoz se instaló de nuevo en Progreso, para dedicarse al trabajo y en algunas ocasiones, desempeñar puestos de elección municipal, al servicio de los suyos.

3.— El triunfo militar de las fuerzas constitucionalistas sobre los soldados federales del Gral. Huerta, y que trajo consigo el abandono de este último del país y el derrocamiento del régimen espurio que había establecido, con las consecuencias de las que informaremos al lector más adelante.

2) EL PLAN DE GUADALUPE Y EL CONSTITUCIONALISMO

El movimiento iniciado por Venustiano Carranza en Coahuila, fue llamado "constitucionalista", porque además de proponerse de inmediato combatir a Huerta, estableció como meta el retorno a la legalidad.

Dicho movimiento se extendió a todo el país, adoptando como bandera el Plan de Guadalupe, dado a conocer en la hacienda del mismo nombre el 26 de marzo de 1913, y en el cual fue trazado el camino a seguir en la lucha contra la usurpación. En esa forma Carranza comenzó la segunda etapa de la Revolución Mexicana, que adquiriría un sentido más acentuado en materia social y una proyección más clara en sus fines de reivindicación popular.

El ejército constitucionalista, bajo la suprema jefatura de Carranza, alcanzó una fuerza extraordinaria en la campaña en contra del Gral. Huerta y los soldados federales que lo secundaron en su traición. En sus filas, formadas en mayor parte por campesinos, se forjaron figuras de gran prestigio como los generales Alvaro Obregón y Francisco Villa, quienes en las batallas en que participaron, demostraron un gran valor e indiscutibles dotes militares.

Después de sucesivas derrotas sufridas a manos de los jefes carrancistas en Torreón, Orendáin y Zacatecas, Victoriano Huerta huyó del país el 15 de junio de 1914. El ejército federal se rindió en el poblado de Teoloyucan, acordándose su disolución y la entrega de la capital de la República a las tropas constitucionalistas.

Acompañado de sus colaboradores civiles y militares más cercanos, Carranza ocupó la ciudad de México el 20 de agosto de 1914 (en los días de la sublevación de Lino Muñoz en Progreso), pero ante la insurrección del Gral. Francisco Villa, que sembró la división entre las filas revolucionarias, se trasladó al puerto de Veracruz, donde estableció su cuartel para continuar la lucha iniciada en Coahuila.

Deseoso de dominar las regiones del país que aún permanecían en manos de autoridades huertistas, Carranza designó gobernador provisional y comandante militar en Yucatán al mayor e ingeniero Eleuterio Avila, quien cumpliendo las instrucciones que recibió del mismo, hizo viaje de Puerto México a Progreso, a bordo del vapor "Tehuantepec" con tropas del Gral. Alberto Carrera Torres, acompañado, además de dicho jefe militar, de los señores Lic. Albino Acereto, Lic. Alonso Aznar Mendoza e Ignacio Magaloni Ibarra, designados para que colaborasen con él como secretario general de gobierno, oficial mayor del mismo y tesorero del Estado, respectivamente.

El mayor Avila, quien aunque nativo de Yucatán había estado ausente por muchos años del terruño, desembarcó en Progreso el 9 de septiembre de 1914, recibiendo espontáneas demostraciones de adhesión a la causa constitucionalista de parte de los trabajadores portuarios, quienes tenían reconocidos antecedentes en la lucha revolucionaria, primero como antirreeleccionistas, después como maderistas y finalmente, combatiendo a la usurpación de Huerta.

El mismo día, Avila siguió a Mérida, donde fue objeto, igualmente, de semejantes pruebas de solidaridad de los obreros ferrocarrileros, precursores a su vez, de las luchas sindicalistas en el Estado y con una importante militancia revolucionaria a su favor.

Al paso del tren donde viajaban el ingeniero Avila y sus acompañantes, por los talleres de "La Plancha", los trabajadores del riel detuvieron el convoy para saludar al representante constitucionalista, haciendo uso de la palabra en esa ocasión el señor Héctor Victoria, quien se incorporó a la comitiva hasta llegar a la estación central de los ferrocarriles. Allí pronunciaron emocionados discursos de bienvenida los señores César A. González y Carlos Loveira, este último exiliado cubano que se había identificado con las inquietudes sociales y políticas de los trabajadores yucatecos.

3) LA LIBERACION DE LOS CAMPESINOS YUCATECOS

Después de declarar nulos todos los actos oficiales realizados en Yucatán durante la usurpación huertista, y de reorganizar la administración pública, el mayor e ingeniero Avila dio un paso trascendental en la historia regional: la liberación de los jornaleros de las haciendas henequeneras.

El histórico decreto, que fue publicado el 11 de noviembre de 1914 nulificaba todas las deudas contraídas por los peones de las fincas henequeneras, como el primer paso para acabar con la esclavitud en que aún permanecían, no obstante los brotes de rebeldía que se habían registrado en las postrimerías de la dictadura, y las medidas tomadas en favor de los campesinos por los gobernadores maderistas Pino Suárez y Dr. Cámara Vales. Por otra parte, la conducta de las autoridades de la usurpación en el Estado, se había caracterizado por una estrecha alianza con los sectores representativos del porfirismo local, que provocó consiguientemente, la deformación de las funciones asignadas a la Comisión Reguladora del Mercado de Henequén y el resurgimiento de la casa de Avelino Montes como factor determinante en el comercio exterior de la fibra yucateca.

Por los textos detrás de los considerandos que se reproducen a continuación, se dará cuenta el lector de la especial importancia del decreto que nos ocupa, por la época en que fue promulgado, y por constituir un caso extraordinario en la legislación del período pre-constitucional de Carranza.

He aquí el contenido de los considerandos segundo,

cuarto y quinto:

(SEGUNDO)

"Que las deudas de los jornaleros de campo en el Estado, tal como se acostumbra, sujetan al ciudadano de la raza indígena hasta impedirle el uso de los sagrados e inalienables derechos que nacen y crecen con el hombre en las democracias bien construidas, y los que se hallan claramente garantizados en la Constitución General de la República, en los artículos relativos a los derechos del hombre".

(CUARTO)

"Que los sirvientes o jornaleros de campo avecindados en las haciendas del Estado, encuentran a menudo obstáculos de parte de los propietarios o encargados de ellas, para cambiar de domicilio y que aún para los actos más solemnes de la vida del hombre como es el matrimonio, suelen encontrar los obstáculos mencionados, cortándoles indebidamente la más sagrada de las libertades humanas".

(QUINTO)

"Que esta deforme organización social es consecuencia del sistema de cuentas corrientes que existe entre los jornaleros de campo y los propietarios y hacendados, y que como tributo a la Constitución y a la justicia, debe desaparecer".

En el cuerpo del mismo decreto se fijaron sanciones para las autoridades y castigos para los propietarios, administradores, encargados o empleados de las fincas que actuasen en contra de las disposiciones y del espíritu del mismo.

Pero como era de esperarse, una medida de esa naturaleza, que cambió radicalmente el sistema de trabajo en las haciendas henequeneras, tuvo graves repercusiones económicas en el Estado.

Por esa y otras razones, el citado decreto no pudo convertirse en realidad, sino hasta tiempo después, cuando se hizo cargo del gobierno y de la comandancia militar el Gral. Salvador Alvarado.

Entre las otras razones a que hemos hecho referencia, deben citarse las siguientes:

1.— El empréstito cubierto por los hacendados henequeneros de Yucatán, para ayudar al sostenimiento del gobierno provisional de Carranza en Veracruz, y que fue fijado en la cantidad de ocho millones de pesos.

2.— El impuesto establecido por el mismo gobierno carrancista, gravando el henequén con un centavo oro nacional el kilogramo de la fibra.

El Ing. Avila fue substituido el 28 de enero de 1915 por el Gral. Toribio V. de los Santos.

4) EL "ARGUMEDISMO"

El movimiento contrarrevolucionario y separatista que encabezó en Yucatán en febrero de 1915 el coronel Abel Ortiz Argumedo, se produjo con motivo de la rebelión del batallón "Cepeda Peraza", cuyo jefe, el coronel Patricio Mendoza, se había negado a cumplir instrucciones de don Venustiano Carranza, de entregar el mando de ese cuerpo militar.

Nombrado por el gobernador De los Santos para combatir dicha insurrección, Ortiz Argumedo instaló su cuartel en Temax. Pero en lugar de cumplir con la misión que se le había conferido, se pronunció a su vez en contra de las autoridades que lo designaron, y volvió a Mérida, donde después de ocupar el Palacio del Ejecutivo, se hizo dueño de la situación política y militar del Estado, de cuya soberanía, además, se declaró defensor.

Para lograr sus propósitos, Ortiz Argumedo, contando con los comandantes militares de Izamal, Valladolid, Espita, Tizimín y otras poblaciones, se aprovechó del malestar creado en el Estado por algunos de los colaboradores más cercanos del Gral. de los Santos y trató de halagar a quienes se mostraban inconformes con las leyes revolucionarias expedidas por el régimen carrancista, y de los cuales recibió apoyo.

Cuando el Gral. de los Santos y sus colaboradores más cercanos abandonaron Mérida y huyeron a Campeche, fue instalada una "Junta de Gobierno" que formaron el propio Ortiz Argumedo, con el carácter de gobernador y comandante militar provisional del Estado, el Ing. Leandro Meléndez y don Ignacio Magaloni Ibarra, y de la que fue designado secretario general el Lic. Liborio Irigoyen Lara.

En esas condiciones, el siguiente paso que dio Ortiz Argumedo, fue dirigirse a don Venustiano Carranza, tratando de explicarle las razones que había tenido para levantarse en armas y exponiéndole la situación por la que pasaba Yucatán.

Como no obtuvo respuesta de Carranza, quien al parecer se negó a entrar en tratos con quien consideraba insubordinado a su autoridad, Ortiz Argumedo resolvió que una comisión se trasladara a la ciudad de La Habana, Cuba, para tratar de establecer contacto con el citado personaje. Dicha comisión estuvo formada por los señores Nicanor Ancona Cámara, Domingo Evia, Rafael de Regil, Manuel J. Sánchez y el Ing. Leandro Meléndez.

Pero al no conseguir tal comunicación y llegar a la conclusión de que el reconocimiento carrancista no sería otorgado, los citados comisionados resolvieron adquirir un barco, armas y pertrechos de guerra, para apoyar la lucha separatista, que pensaban se prolongaría.

Mientras tanto, se sucedieron los siguientes acontecimientos:

1.— El 18 del mismo mes de febrero, se recibió un telegrama del Gral. Salvador Alvarado, quien después de informar que había sido nombrado por Carranza, gobernador y comandante militar de Yucatán, pedía la rendición incondicional de las autoridades que encabezaba Ortiz Argumedo, a las cuales calificaba de rebeldes.

2.— El 24 del mismo mes, Ortiz Argumedo recibió otra petición semejante de parte del Gral. Arturo Garcilazo, jefe de las fuerzas constitucionalistas en Quintana Roo. Pero aceptando una invitación para trasladarse a Mérida, donde fue objeto de singulares atenciones, Garcilazo pronunció un discurso desde el Palacio de Gobierno que por su contenido se pensó no merecería la aprobación de don Venustiano, y retornó a Payo Obispo. Al ser aplastado el movimiento de que hablamos, el Gral. Garcilazo fue llevado prisionero a Mérida siendo finalmente fusilado en la penitenciaría "Juárez", por considerarlo traidor.

3.— El 28 del mismo mes, el cañonero constitucionalista "Progreso" que había fondeado en el puerto de Progreso, fue hundido por una explosión producida por elementos argumedistas, y que provocó la muerte de veinte tripulantes. Dicho cañonero, al abrírsele la popa, se hundió rápidamente, habiéndose logrado salvar ocho de sus tripulantes, gracias a la ayuda del barco norteamericano "Morro Castle".

4.— Desde Campeche, donde había instalado su cuartel general de operaciones, el Gral. Salvador Alvarado movilizó sus fuerzas, que llegaban a siete mil hombres, hacia Mérida, produciéndose el primer encuentro con las tropas argumedistas, que comandaba el coronel Jacinto Brito, en Blanca Flor, y que apenas llegaban a setecientos hombres, mal armados y escasamente pertrechados.

Brito se vio obligado a replegarse a Pochoc y a Halachó, donde se encontraban contingentes que se habían formado con jóvenes inexpertos de Mérida, y después de vanos intentos de defensa, ante la superioridad en número y experiencia de las fuerzas de Alvarado, la insurrección fue dominada totalmente.

Ortiz Argumedo, viéndose perdido, huyó al extranjero, llevándose fuertes cantidades de dinero, tomadas del Banco Peninsular y de la Comisión Reguladora del Mercado de Henequén, y dejando abandonados a quienes había comprometido en su aventura.

El Gral. Alvarado entró triunfante en la ciudad de Mérida el 19 de marzo de 1915, al frente de sus tropas, iniciando un nuevo período de la revolución "constitucionalista" que encabezaba don Venustiano Carranza.

CAPITULO

XVIII

El Gral. Alvarado, acompañado por los miembros del Consejo de Administración de la Comisión Reguladora del Mercado de Henequén. De izquierda a derecha sentados, Faustino Escalante, Lic. Manuel Zapata Casares, gerente general de la institución; el Gral. Alvarado, presidente del Consejo, Alonzo Aznar G. y Miguel Cámara Chan. De pie, Luis de la Peña, José A. Bolio, Manuel Ríos, Rudesindo Peniche, Ing. Manuel G. Cantón, Dr. Alvaro Medina Ayora y Fernando Paullada, secretario del Consejo. Arriba, los señores Juan Martínez, Lic. Gustavo Arce y Pedro Solís Cámara.

236

CAPITULO XVIII

1) OBRA REVOLUCIONARIA DE ALVARADO

Dominada la insurrección argumedista y restablecida la tranquilidad pública en el Estado, el Gral. Salvador Alvarado inició la intensa labor revolucionaria que contribuyó a la transformación social y política de Yucatán, anticipándose en no pocos aspectos a la Constitución de Querétaro.

Por haber sido la más prolongada en la era pre-constitucional, y la que abordó con mayor hondura y firmeza los problemas sociales y económicos de Yucatán, la actuación del Gral. Alvarado ha sido muy discutida, según la perspectiva desde la cual se pretenda enjuiciar uno de los más controvertidos períodos de la historia local.

Refiriéndonos a la etapa carrancista de la Revolución Social, cabe apuntar que en tanto el Ing. Eleuterio Avila ocupó el cargo de gobernador y comandante militar del Estado durante cuatro meses, el Gral. Toribio V. de los Santos estuvo en él durante dos meses, debido a la infidencia de Ortiz Argumedo, el Gral. Alvarado lo desempeñó durante un poco más de dos años.

Según el informe que rindió a don Venustiano Carranza, días después de la promulgación de la Constitución de 1917, la gestión alvaradista se dividió en tres períodos:

1.— El período militar iniciado el 19 de marzo de 1915, y que concluyó en noviembre del mismo año.

2.— El período legislativo, en el que el divisionario sinaloense dejó la huella de sus preocupaciones revolucionarias, y que terminó en agosto de 1916.

3.— El período de reconstrucción, que siguió al anterior, y que se detuvo, por razones obvias, al restablecerse el orden constitucional.

La obra, pues, del Gral. Alvarado en Yucatán, puede sintetizarse en los siguientes puntos:

1.— Hizo efectivo el decreto liberador del campesino

yucateco promulgado por el Ing. Eleuterio Avila, y que, por los motivos señalados en el capítulo anterior, no había podido implantarse con todo el rigor.

2.— Promulgó la ley en favor de los servidores domésticos, que constituían una de las formas de esclavitud implantada durante el porfirismo en las haciendas henequeneras.

3.— Como complemento de la ley anterior, expidió un decreto desconociendo las tutelas y curatelas con que muchos amparaban y justificaban la tenencia de numerosa servidumbre doméstica, y fueron dictadas medidas administrativas en favor de los trabajadores manumitidos para que recibieran una indemnización justa y equitativa de sus antiguos patronos.

4.— Persiguió el alcoholismo en forma enérgica.

5.— Combatió el fanatismo religioso.

6.— Combatió la prostitución y a sus tradicionales explotadores.

7.— Protegió a la clase trabajadora, apoyó su organización sindical y expidió un Código de Trabajo, cuyos principios influyeron en la redacción del artículo 123 de la Constitución de Querétaro, a través de la intervención de los representantes de Yucatán, los diputados Héctor Victoria y Enrique Recio.

Al respecto, Alvarado estimuló la creación de uniones gremiales y sindicales de los trabajadores urbanos, y la fundación del Partido Socialista Obrero, que constituyó la primera organización política de tipo local. En 1915 se formaron sindicatos y uniones que abarcaron las más variadas ramas de trabajadores, como meseros, panaderos, alarifes, herreros, mecánicos, tranviarios, aurigas, sastres, etc. Dicho movimiento se extendió al puerto de Progreso, donde se formaron las uniones de plataformeros, de alijadores, de lecheros y trabajadores terrestres. En el mismo año, se fundó en Mérida la sucursal de la Casa del Obrero Mundial, que se había constituido poco antes en la capital de la República, y cuyas actividades se extendieron después a Progreso, Motul y Valladolid.

El 2 de junio de 1916 se fundó el Partido Socialista Obrero,

siendo su primer presidente el Sr. Rafael Gamboa. El segundo presidente de dicho partido lo fue Carlos Castro Morales, y posteriormente, cuando este último renunció por haber sido postulado para Gobernador del Estado, asumió la presidencia del mismo Felipe Carrillo Puerto, quien, como se sabe, le hizo adquirir una enorme fuerza política doméstica, y un insospechado prestigio nacional.

8.— Impulsó en forma vigorosa la educación y la cultura populares, poniendo especial atención en la apertura de escuelas rurales. Para el caso, contrató los servicios del ameritado pedagogo veracruzano Gregorio Torres Quintero, dictó diversas medidas tendientes a ese fin y organizó el Primer Congreso Pedagógico de Yucatán, que se efectuó en Mérida del 12 al 15 de septiembre de 1915, y cuya comisión organizadora la formaron don Rodolfo Menéndez de la Peña, como presidente; el Lic. Oscar Ayuso y O'Horibe, como vicepresidente; los profesores Juan José Domínguez y Javier Freyre, como secretarios; y las maestras Consuelo Andrade y Adolfina Valencia de Avila, como pro-secretarias.

9.— Dio amplio apoyo al feminismo, como movimiento reivindicador de la mujer yucateca, y con el afán de ayudarla a capacitarse en las luchas políticas y sociales. El primer paso formal en ese sentido lo constituyó el Congreso a que convocó, y en él fueron planteadas nuevas perspectivas sociales, culturales, económicas y políticas para nuestras mujeres.

10.— Transformó la legislación civil y penal del Estado hasta entonces vigente en la entidad.

11.— A través de la Comisión Reguladora del Mercado de Henequén, la cual fue transformada para mejor rendimiento de sus funciones, defendió la industria henequenera durante la Primera Guerra Mundial, haciéndola alcanzar un auge extraordinario. Como dato ilustrativo de lo anterior, diremos que en 1916 la explotación del agave yucateco ascendió a un millón ciento noventa mil pacas, cifra no igualada ni antes ni después de ese año.

12.— Apoyó la industrialización de la fibra, rehabilitando y mejorando las instalaciones de la cabullería "La Industrial", que entonces se hallaba inactiva por motivos administrativos y financieros.

13.— Con los recursos obtenidos de la exportación del henequén, fue adquirida una importante flota de barcos, con un costo aproximado de ocho millones de pesos, para atender las urgentes necesidades del mercado exterior de la fibra y mejorar las comunicaciones y el comercio de Yucatán.

Igualmente se obtuvo el control financiero y administrativo de los Ferrocarriles Unidos de Yucatán, que estaban en peligro de ser embargados por no haber podido cubrir unas deudas pendientes, y fue fundada la Compañía de Fomento del Sureste, con el fin de crear nuevas fuentes de riqueza en el Estado, y entre cuyas más comentadas tareas estuvo la perforación de nuestro suelo en busca de yacimientos petroleros.

14.— Fue decretado el reglamento de la Ley Agraria expedida por don Venustiano Carranza el 6 de enero de 1915, para su debida aplicación en el Estado.

15.— Fue elaborado el proyecto de construcción del Ferrocarril del Sureste, como un medio eficaz para acabar con el aislamiento de la península con el resto del país.

2) EL CONGRESO CONSTITUYENTE DE QUERETARO

Buscando la sanción de la voluntad nacional a las reformas implantadas hasta entonces por el movimiento revolucionario iniciado de acuerdo con el Plan de Guadalupe, y con el fin de crear el armazón jurídico y político necesario para continuar la obra de transformación social puesto en marcha , don Venustiano Carranza, como primer jefe del Ejército Constitucionalista y encargado provisional de la Presidencia de la República, convocó con fecha 19 de septiembre de 1916 al Congreso Constituyente que se reuniría en la ciudad de Querétaro a partir del 1o. de diciembre de ese mismo año.

En esa convocatoria fue fijado el 22 de octubre inmediato para las elecciones de diputados constituyentes, tomando como base el censo de 1910 y la división territorial utilizada en las elecciones de diputados al Congreso de la Unión en 1912, durante el gobierno presidido por Madero.

El anuncio del Congreso Constituyente provocó la organización de grupos políticos que iniciaron desde luego sus actividades para participar en la lucha electoral correspondiente. Con excepción de las regiones donde operaban núcleos zapatistas y villistas, la zona dominada por Félix Díaz, y la región petrolera, que controlaba el Gral. Manuel Peláez, en el resto del territorio nacional se advirtió un creciente interés por la asamblea de Querétaro, pues aunque al darse a conocer la convocatoria no faltaron algunos sectores políticos que expresaron su escepticismo, en la medida en que se fue acercando la fecha de su instalación, cobró los perfiles de un acontecimiento histórico.

No podía esperarse la presencia de partidos orgánicos en tal ocasión, porque la lucha armada había apagado el espíritu partidarista y las manifestaciones ideológicas reflejaban casi siempre el pensamiento personal de las figuras revolucionarias que dominaban las diferentes regiones del país. Además las viejas corrientes conservadoras y porfirianas no se atrevieron, como durante el gobierno maderista, a hacer acto de presencia, porque se consideraban derrotadas de antemano, con mayor razón cuando al triunfo total del carrancismo, se había exigido acertadamente, la disolución del antiguo Ejército Federal, por haber apoyado la infidencia del Gral. Huerta.

La representación de Yucatán en la memorable reunión, tuvo un papel destacado, porque sus componentes eran portadores de las experiencias revolucionarias implantadas en el Estado por el régimen constitucionalista y en particular por el Gral. Alvarado, de cuya labor hemos hablado en párrafos anteriores, y estuvo formada de la siguiente manera:

Diputados por el Primer Distrito, con cabecera en Mérida: Antonio Ancona Albertos, propietario, y Ramón Espadas y Aguilar, suplente.

Diputados por el Segundo Distrito, con cabecera en Progreso: Enrique Recio, propietario, y Rafael Gamboa, suplente.

Diputados por el Tercer Distrito, con cabecera en Izamal: Héctor Victoria Aguilar, propietario, y Felipe Valencia López, suplente.

Diputados por el Cuarto Distrito, con cabecera en Espita: Manuel González, propietario, y Felipe Carrillo Puerto, suplente.

Diputados por el Quinto Distrito, con cabecera en Tekax: Miguel Alonzo Romero, propietario, y Juan N. Ortiz, suplente.

Por razones que se ignoran, el diputado propietario por el Cuarto Distrito, no obstante que su credencial fue aprobada, no llegó a presentarse al Congreso, y el suplente del anterior, Felipe Carrillo Puerto, tampoco fue llamado a ocupar la curul vacante.

Ancona Albertos, batallador periodista, había sido diputado "renovador" de la legislatura maderista y por ello sufrió larga prisión por órdenes del Gral. Huerta; Héctor Victoria, prestigiado dirigente ferrocarrilero, tuvo un sitio relevante en las discusiones que contribuyeron a la redacción del artículo 123; Enrique Recio, con conocimientos en leyes, formó parte de la primera comisión de Constitución, y Alonzo Romero intervino en el planteamiento y estudio de importantes temas sociales y políticos de la Carta Magna.

Todos ellos formaron parte de la corriente radical o "jacobina", como también fue llamada, que se formó en el seno del constituyente, para enfrentarse a los "moderados", que apoyaron las tibias reformas presentadas por Carranza, logrando los primeros trascendentales cambios en la forma y en el fondo del texto constitucional aprobado finalmente, no sin grandes esfuerzos.

Destacaron en la corriente "radical" viejos luchadores antiporfiristas como el Gral. Esteban Baca Calderón, apasionados jóvenes oficiales constitucionalistas como Francisco J. Mújica y Heriberto Jara, intelectuales como Froylán C. Manjarrez, y otros elementos igualmente valiosos.

3) CASTRO MORALES, PRIMER GOBERNADOR OBRERO

Clausurado el Congreso Constituyente de Querétaro y

promulgada la Carta Magna de 1917, Carranza convocó a elecciones de diputados y senadores al XXVII Congreso de la Unión y de Presidente de la República, mismas que se efectuaron el 11 de marzo inmediato.

Don Venustiano Carranza, que hasta entonces había actuado como encargado provisional del Poder Ejecutivo de la Nación, participó en los comicios como candidato único a la Presidencia de la República y se convirtió así en mandatario constitucional, dando fin a un tormentoso período de 4 años de lucha intestina, que había dejado como lamentable herencia la muerte de cerca de un millón de mexicanos.

Instalados los poderes nacionales del país, el siguiente paso fue renovar a los gobernadores de los Estados de acuerdo con las normas establecidas en la nueva Carta Constitucional. Así fueron electos el Gral. Manuel M. Diéguez, de Jalisco; Gral. Cándido Aguilar, de Veracruz; Gral. Plutarco Elías Calles, de Sonora; Ing. Pascual Ortiz Rubio, de Michoacán; Gral. Domingo Arrieta, de Durango; Gral. Ramón F. Iturbe, de Sinaloa; Gral. Enrique Estrada, de Zacatecas, etc.

En Yucatán se presentó una situación especial, por cuanto el Gral. Alvarado aspiraba a continuar en el cargo de gobernador y comandante militar que había desempeñado durante el período pre-constitucional del carrancismo y con ese fin hizo algunos preparativos para su postulación en el primer mandato constitucional. Pero habiéndose encontrado con serios impedimentos en la Carta Magna, renunció a esa idea.

Es cuando aparece por primera vez como fuerza popular y política el Partido Socialista de Yucatán, apoyando la candidatura de Carlos Castro Morales. Previamente reestructurado, su junta directiva quedó formada por Felipe Carrillo Puerto, como presidente; Felipe Valencia López, como vocal-secretario; Ceferino Gamboa, como vocal-tesorero; y el Profr. José J. Peniche, Alvaro Rivera, José E. Ancona y Carlos Pacheco Avila, como vocales.

Ignoramos cuáles fueron las condiciones que acompañaron los cambios gubernamentales en otras entidades de la

República en la época a que nos estamos refiriendo, pero desde luego es indiscutible que la campaña electoral del Estado tuvo perfiles particulares, señalando el inicio, al amparo de la Constitución, de una prolongada lucha entre quienes apoyaban la transformación social y política estimulada por la Revolución, y los que inconformes con aquélla, buscaban las oportunidades que ofrecía el sistema creado por la Carta Magna de 1917, para asumir una postura contraria.

Carlos Castro Morales, de cuya militancia en el gremio ferrocarrilero ya hemos hablado, contó con los contingentes del Partido Socialista. Y oponiéndose al anterior, participó en la campaña mencionada, como candidato del Partido Liberal Yucateco el coronel Bernardino Mena Brito.

El Partido Liberal Yucateco se había constituido en la ciudad de México, para enfrentarse a la posible candidatura de Alvarado, y contaba con la adhesión de algunos profesionistas anti-alvaradistas y otros elementos de la clase media que no se habían identificado con las leyes revolucionarias.

La campaña se realizó en un clima de intolerancia partidarista y violencia física, que ahondó las diferencias derivadas de la legislación carrancista, y creó un estado de agitación y de inquietud que en no pocos casos propició sangrientos sucesos en diversos puntos del Estado.

Castro Morales obtuvo la victoria en las elecciones, tomando posesión del Gobierno del Estado el 1o. de mayo de 1918, e iniciando una nueva era en la historia política de Yucatán. Era el primer mandatario que provenía de la clase obrera.

En julio del mismo año se efectuaron las elecciones para diputados y senador por Yucatán, en las que resultaron ganadores los candidatos socialistas siguientes: para senador, Antonio Ancona Albertos y para diputados federales, Profr. Agustín Franco Villanueva, Manuel Romero Cepeda, Lic. José Castillo Torre, Alvaro Rivera, José María Iturralde Traconis, y Profr. Edmundo Bolio Ontiveros.

Natural del puerto de Sisal, Castro Morales había ingresado a los ferrocarriles como mecánico, cuando se fundó la "Unión Obrera de Ferrocarrileros" que organizó un movimiento huelguístico en las postrimerías de la dictadura, fue uno de los más entusiastas seguidores. Durante el gobierno del Gral. huertista Prisciliano Cortés, Castro Morales fue expulsado del Estado por su adhesión a la causa revolucionaria, por lo que después de residir un tiempo como exiliado en La Habana, Cuba, se incorporó al cuartel general de Carranza en Veracruz, quien lo recomendó al Gral. de los Santos para ocupar la dirección de los Ferrocarriles Unidos de Yucatán, cargo del que tuvo que separarse cuando se produjo la rebelión argumedista.

Al crearse el Partido Socialista Obrero, se afilió al mismo como miembro distinguido que era de la unión antes citada. Y cuando, posteriormente, dicho partido ensanchó sus filas y tomó el nombre de Partido Socialista de Yucatán, convirtiéndose en el instrumento político de los obreros y campesinos identificados con los principios de la Revolución, Castro Morales ocupó la presidencia del mismo.

Terminaremos señalando la circunstancia de que al mismo tiempo de que Castro Morales asumía las funciones de gobernador, inició sus labores la Legislatura del Estado presidida por Felipe Carrillo Puerto e integrada por los diputados siguientes: Felipe Valencia López, Lic. Manuel Berzunza, Ceferino Gamboa, Arturo Moguel, Dr. Diego Hernández Fajardo, Manuel Romero Cepeda, Dr. José D. Conde Perera, Lic. Arturo Salas Díaz, Profr. Bartolomé García Correa, Manuel González, Héctor Victoria Aguilar, José E. Ancona, Lic. Pedro Solís Cámara y Dr. Alvaro Torre Díaz.

4) OCASO Y MUERTE DE ALVARADO

Concluida su gestión en Yucatán, el Gral. Alvarado, por instrucciones del presidente Carranza, se trasladó a Puerto México, donde instaló su cuartel para hacerse cargo de la campaña en contra de los infidentes que operaban en Chiapas, Tabasco y el Istmo de Tehuantepec.

GRAL. DE DIVISION SALVADOR ALVARADO
Gobernador y Comandante Militar de Yucatán durante el período pre-constitucional de la
Revolución Carrancista (1915-1917).

Cuando triunfó el Plan de Agua Prieta y fue nombrado presidente interino del país Adolfo de la Huerta, Alvarado fue llamado para ocupar la Secretaría de Hacienda, donde realizó una importante tarea, dadas las circunstancias en que había quedado la administración nacional al producirse el derrumbe político de Carranza. Ello puso de manifiesto los esfuerzos que tuvo que realizar el flamante secretario para reconstruir las finanzas públicas y poner en marcha a un gobierno que se hallaba depauperizado y con reducidas posibilidades de obtener recursos para atender a sus más inmediatas necesidades.

Al producirse el rompimiento entre De la Huerta y el Gral. Obregón, a causa del futurismo presidencial, las simpatías de Alvarado se inclinaron desde luego por el primero. Y cuando esa crisis política llevó a la rebelión que reconoció como jefe al mismo De la Huerta, el divisionario sinaloense interrumpió su transitorio alejamiento y volvió al país para incorporarse a aquella aventura militar como jefe interino, con cuartel en el sureste.

En tal misión se hallaba cuando cayó víctima de una emboscada en un punto llamado "El Hormiguero", en plena selva chiapaneca, siendo fusilado el 10 de junio de 1924, cuando apenas contaba con 44 años de edad.

Aunque nacido en Sinaloa, en Culiacán, el 16 de septiembre de 1880, Alvarado inició en Sonora su carrera revolucionaria, formando parte del grupo de jóvenes decididos que dando muestras de lealtad a Madero, se opusieron a la actitud conformista del gobernador Maytorena, exigiendo el desconocimiento público del cuartelazo de Victoriano Huerta y la participación activa en la lucha contra el régimen usurpador y el ejército federal.

Cuando el general Jesús Carranza, que era jefe de operaciones en el Istmo de Tehuantepec, fue asesinado, don Venustiano designó al Gral. Alvarado para ocupar el cargo que había quedado vacante por la muerte de su hermano. Y desempeñando esa comisión fue nombrado por el primer jefe del Ejército Constitucionalista para avanzar sobre Yucatán y enfrentarse a la sublevación de Ortiz Argumedo.

CAPITULO

XIX

Felipe Carrillo Puerto.
Foto proporcionada por la Fototeca Pedro Guerra de la E.C.A.U.A.D.Y.

CAPITULO XIX

1) CARRILLO PUERTO, REFORMADOR SOCIAL

Si la gestión del general Alvarado sembró la natural inconformidad entre los hacendados henequeneros y los sectores afines a ellos por razones sociales y económicas, la aparición de Felipe Carrillo Puerto en el panorama político de Yucatán agregó nuevos ingredientes conflictivos a la situación, tanto por el tono radical que le dio al Partido Socialista, como a la circunstancia de que el retorno a la vida constitucional permitió la formación de una oposición franca y la intervención de la misma en la confrontación ideológica y en las luchas partidarias.

Ya vimos en el capítulo anterior cuál fue la reacción de los elementos desafectos a la obra alvaradista ante la posibilidad de que el divisionario fuese candidato a la gubernatura. Fundaron el Partido Liberal Yucateco con definidos propósitos de oposición en el ámbito local, aunque buscando contactos y apoyos en el gobierno de la República. Tal actitud coincidía con la posición moderada del presidente Carranza, y por consiguiente, discrepante de la política adoptada por Carrillo Puerto al hacerse cargo de la presidencia del Partido Socialista.

Al retirarse el general Alvarado de la lucha política, los liberales decidieron permanecer en la liza electoral y enfrentarse a la candidatura de Carlos Castro Morales, de extracción obrera y reconocida militancia revolucionaria y apoyado, como ya vimos, por el Partido Socialista. En esa forma, los liberales iniciaron su penetración partidari en el interior del Estado.

A propósito, algunos oposicionistas creían equivocadamente que la legislación promulgada en el período preconstitucional sería transitoria, y que al entrar en vigencia la Constitución de 1917, aquélla sería derogada o hecha a un lado, en un deseado proceso de reacción política y gubernamental que propiciara el retorno del país todo, y por tanto de Yucatán, al pasado. Y en tal supuesto, pensaron haber encontrado el camino para reincorporarse a la vida política, aprovechando los cauces democráticos establecidos por la Carta Magna.

Pero llevados por esos pensamientos, no previeron que Carrillo Puerto, con la poderosa influencia que llegó a ejercer a través del Partido Socialista —que, aparte de los poderes ejecutivo y legislativo, controló a todos los ayuntamientos de la entidad— se convertiría en un firme y batallador líder popular, dispuesto a llevar la lucha revolucionaria a niveles más avanzados, particularmente en el campo.

La tarea que Carrillo Puerto puso en marcha respondía a un impulso renovador que rebasaba el marco de la estructura federal del país. Procediendo como si Yucatán fuera una entidad autónoma, era natural que provocara disgusto en el gobierno carrancista, que no podía ver con buenos ojos el creciente poderío del Partido Socialista y la adopción de la lucha de clases como estrategia del mismo. Por las mismas razones se vio combatido por una oposición alimentada por los que consideraban amenazados sus intereses económicos; por quienes, por razones de educación y formación social, no podían aprobar la forma en que actuaba y, finalmente, por los intereses futuristas en la renovación presidencial, que comenzaba a moverse en la Capital de la República.

Carrillo Puerto fue acusado de haber recibido influencias externas en la reorganización y fortalecimiento del Partido Socialista, e igualmente se le señaló como uno de los primeros revolucionarios mexicanos que establecieron nexos con el naciente régimen soviético. Por lo anterior, y tomando en cuenta la deficiente información que entonces se tenía de la revolución rusa, fue acusado de tratar de implantar el "bolchevismo" en Yucatán.

Su actuación política y social puede dividirse cronológicamente en dos etapas: la del líder popular, iniciada el 19 de mayo de 1917, cuando asumió la presidencia del Partido Socialista, y la de gobernante, que comenzó el 1o. de febrero de 1922 y concluyó en diciembre de 1923, cuando las tropas federales que guarnecían el Estado secundaron el movimiento "delahuertista" iniciado en Veracruz, creando las circunstancias que condujeron a los trágicos acontecimientos del 3 de enero de 1924, y a los que nos referiremos en páginas posteriores.

A continuación señalaremos algunos de los sucesos que se produjeron en la primera de las etapas mencionadas:

1.— La celebración del primer Congreso Obrero en la ciudad de Motul, en los últimos días del mes de marzo de 1918, y cuya mesa directiva quedó formada por el mismo Carrillo Puerto, como presidente; el Profr. Bartolomé García Correa, como vice-presidente; Gonzalo Ruz, de la liga socialista de Motul, como secretario, y Paulino Villanueva, como pro-secretario. De acuerdo con el temario fijado, en dicho congreso se tomaron importantes resoluciones sobre el fortalecimiento de las "ligas de resistencia" que eran las células integrantes del Partido Socialista; la creación de cooperativas agrícolas en el seno de las mismas; el cultivo del henequén y de otras plantas propias de la región; la educación popular; la participación de la mujer en actividades sociales y políticas, etc., etc., con la participación del rumano nacionalizado norteamericano Robert Haberman. miembro del Partido Socialista de los Estados Unidos.

2.— Su interinato en el Gobierno del Estado, por licencia concedida al titular del mismo, don Carlos Castro Morales. Durante ese interinato, Carrillo Puerto acusó al general Luis N. Hernández, jefe de las operaciones militares, de invadir la soberanía de la entidad y de hacer intervenir a los soldados a su órdenes en asuntos ajenos a su incumbencia. También promulgó el Código del Trabajo, calificado de avanzado.

3.— El haberse declarado públicamente simpatizador de la candidatura del Gral. Alvaro Obregón a la Presidencia de la República, anunciando el apoyo a la misma del Partido Socialista. Tal decisión lo incorporó al panorama político nacional.

2) EL "ZAMARRIPAZO"

Al aproximarse el tiempo de elegir al sucesor del

presidente Carranza, éste mostró su inclinación personal por un candidato civil, haciendo a un lado las aspiraciones de quienes habían participado en forma prominente en la lucha militar contra la usurpación huertista, y creando, por lo anterior, las condiciones que derivaron más tarde al pronunciamiento del Plan de Agua Prieta y a la tragedia de Tlaxcalaltongo.

Pero en tanto el civil que recibió el apoyo de don Venustiano —el ingeniero Ignacio L. Bonillas, a la sazón embajador en Washington— carecía de antecedentes revolucionarios y era poco conocido en el país por una prolongada ausencia, los militares dispuestos a lanzarse como candidatos independientes, habían adquirido notoriedad por las batallas en que habían intervenido y gozaban, en consecuencia, del prestigio nacional. En primer lugar citaremos al general Alvaro Obregón, llamado el "Héroe de Celaya" por haber derrotado en esa ciudad guanajuatense a las fuerzas villistas, y en segundo término, por ser menor su personalidad política y militar, al general Pablo González.

Obregón se vio obligado, finalmente, a separarse de la Secretaría de Guerra que ocupaba en el gabinete carrancista, presionado por sus cada vez más numerosos partidarios, y entre los que ocupaba un lugar especial, por su actuación como presidente del Partido Socialista, Felipe Carrillo Puerto.

Tal era la situación creada por el futurismo presidencial cuando se celebraron en Yucatán las elecciones de diputados locales y de ayuntamientos el 9 de noviembre de 1919, después de una campaña muy reñida entre el Partido Socialista y el Partido Liberal Yucateco. Pero como Carrillo Puerto se había declarado en favor de la candidatura del general Obregón, y los liberales apoyaban al Ing. Bonillas, las citadas elecciones adquirieron resonancia nacional, al convertirse, de hecho, en la primera confrontación de las corrientes partidarias que apoyaban a cada uno de dichos candidatos.

Con el apoyo de las fuerzas federales, fue adjudicado el triunfo a las planillas liberales, lo cual provocó un clima de inquietud e intranquilidad en todo el Estado. Lo anterior se agudizó al producirse algunos días después, el asalto y la clausura del local en Mérida de la Liga Central del Partido Socialista, por un pelotón de soldados al mando del jefe interino de operaciones militares en persona, coronel Isaías Zamarripa. Pocos días más tarde, el mismo local fue incendiado, destruyéndose todos los muebles y los archivos que en él se encontraban, con lo que se inició una ola de persecuciones a los socialistas, que se extendió a los más lejanos poblados.

La legislatura liberal declarada ganadora en las circunstancias apuntadas, asumió sus funciones el 1o. de enero de 1920, designando su mesa directiva en la siguiente forma: presidente, Lic. Víctor J. Manzanilla; vice-presidente, Felipe Ibarra y de Regil; secretarios, licenciado Enrique Aznar Mendoza y Manuel García Sabido. En la misma fecha quedó instalado el Ayuntamiento de Mérida —igualmente de filiación liberal— que presidió el Lic. Abelardo Prieto Tamayo.

El siguiente paso que dio la citada legislatura fue derogar el decreto No. 599, que había declarado gobernador interino del Estado a Enrique Recio, y nombrar en su lugar al Lic. Pedro Sánchez Cuevas, quien al tomar posesión cesó a los empleados que pertenecían al Partido Socialista, nombró a quienes deberían sustituirlos y exigió la renuncia a los miembros del Tribunal Superior de Justicia.

El Lic. Sánchez Cuevas solamente duró algunos días en el cargo, pues el 12 de enero hizo entrega del mismo al Gobernador Constitucional Castro Morales, lo cual creó una situación bastante crítica, pues en tanto este último estaba comprometido con los socialistas, el Congreso y los Ayuntamientos eran de filiación liberal. Castro Morales pidió una nueva licencia el 29 de enero, para trasladarse a la capital de la República, donde la efervescencia por la sucesión presidencial había invadido los más altos círculos oficiales, y ocupó su lugar, interinamente, el Ing. Francisco Vega y Loyo.

Tal fue el comentado episodio histórico conocido como el *"zamarripazo"*, llamado así por el apellido del mencionado coronel que propició la represión contra el Partido Socialista y su temporal retiro del escenario político de Yucatán, y el triunfo, también temporal, del Partido Liberal, el cual, como ya se dijo antes, se había declarado en favor de la candidatura presidencial del Ing. Bonillas.

3) EL OBREGONISMO EN YUCATAN

La agitación provocada por la sucesión presidencial se agravó por el conflicto surgido entre Carranza y el Gobierno del Estado de Sonora e hizo crisis con el Plan de Agua Prieta, dado a conocer el 23 de abril de 1920, y en el que fue desconocida la autoridad del primero.

Suscrito por destacados elementos militares y civiles comprometidos con la candidatura del Gral. Obregón, entre los que figuraron prominentemente el Gral. Plutarco Elías Calles, entonces jefe de las armas en Sonora, y Adolfo de la Huerta, gobernador del mismo Estado y quien fue designado jefe supremo del citado movimiento, el Plan de Agua Prieta fue secundado en diveras regiones del país, donde importantes figuras del ejército se adhirieron al mismo.

La situación del gobierno se hizo más difícil al sublevarse también el Gral. Pablo González, lo cual decidió a Carranza a trasladarse a Veracruz, en busca de la protección de las fuerzas al mando de su yerno, el Gral. Cándido Aguilar. Lamentablemente, ese intento tuvo un dramático epílogo en Tlaxcalaltongo, en la sierra de Puebla, donde don Venustiano halló la muerte la noche del 21 de mayo de 1920, al ser acribillado cobardemente por hombres del Gral. Rodolfo Herrero, mientras el presidente descansaba en una choza del humilde poblado.

Ante lo sucedido en Tlaxcalaltongo, el Congreso de la Unión entre cuyos componentes constituían abrumadora· mayoría los partidarios del Gral. Obregón, nombró presidente provisional de la República a don Adolfo de la Huerta. Por su parte, el mencionado divisionario sonorense continuó su campaña electoral en todo el territorio nacional.

En Yucatán, por haber sido el primer lugar donde fue

proclamada la candidatura del Gral. Obregón, el triunfo del Plan de Agua Prieta se tradujo en el resurgimiento como fuerza popular organizada, del Partido Socialista y, en consecuencia, de la figura política de Carrillo Puerto.

A continuación citaremos algunos de los hechos más significativos en esta etapa de la historia local:

1.— El haberse hecho cargo de la autoridad militar del Estado el general Antonio Medina, adicto al Gral. Obregón, mientras que el Lic. Tomás Garrido Canabal, enviado especial de Adolfo de la Huerta, se encargaba provisionalmente del Gobierno de Yucatán. Lo anterior provocó el abandono de sus cargos del gobernador Castro Morales y del Gral. Pablo A. de la Garza, jefe de operaciones militares, quienes, por estar vinculados a Carranza, huyeron a Cuba.

2.— El retorno al Estado, el 18 de junio de 1920, de Felipe Carrillo Puerto, quien fue objeto de una extraordinaria recepción en el puerto de Progreso, a donde fueron movilizados numerosos coches de ferrocarril para transportar a los representantes de las ligas socialistas de Tixkokob, Izamal, Tepakán, Hunucmá, Maxcanú, Umán, Halachó y otros puntos de la región, aparte de otras agrupaciones y comités electorales de tendencia obregonista.

3.— El desconocimiento de los poderes de Yucatán por el Senado de la República, por gestiones del propio Carrillo Puerto, y que motivó la designación como gobernador provisional del Estado del senador Antonio Ancona Albertos, quien fue diputado constituyente en el Congreso de Querétaro y participó en la legislatura maderista como miembro del bloque renovador y, con ese motivo, había sufrido prisión y persecuciones durante la usurpación huertista.

4.— La participación del Partido Socialista en las elecciones a diputados federales por el primero y segundo distritos del Estado, habiendo resultado triunfantes sus candidatos Carrillo Puerto y Edmundo G. Cantón, respectivamente. Los citados tuvieron como contrincantes a los licenciados Pedro Caballero Fuentes y José María Covián Zavala, postulados por el Partido Liberal Constitucionalista, que aunque nutrido en parte por militantes del Partido Liberal Yucateco, apoyaba también la candidatura presidencial del Gral. Obregón.

5.— La visita de propaganda electoral que hizo a Yucatán en los primeros días de septiembre de 1920, el Gral. Obregón, la cual le permitió al divisionario sonorense darse cuenta de la fuerza popular que tenía el Partido Socialista del Sureste y la personalidad que tenía entre los obreros y campesinos el presidente del citado partido, Carrillo Puerto.

4) EL CONGRESO OBRERO DE IZAMAL

Del 15 al 20 de agosto de 1921 se llevó a cabo el Congreso Obrero de Izamal, después de ser aplazado por varias causas, entre ellas las ya apuntadas del incendio de los archivos del Partido Socialista durante el "zamarripazo", y la persecución de que fueron objeto los miembros de esa organización, por su declarada simpatía hacia Obregón.

Tal congreso reveló el resurgimiento político y social del Partido Socialista y la ampliación de su estructura para convertirse en un verdadero organismo regional. Su mesa directiva la constituyeron Felipe Carrillo Puerto, como presidente; Juan Rico, representante de la Confederación Regional Obrera Mexicana, como vice-presidente; Miguel Cantón y Luis Torregrosa, como secretarios primero y segundo, y Agustín Franco Villanueva y Manuel Méndez Blengio, como pro-secretarios.

En dicho congreso se resolvió cambiar el nombre del partido por el de Partido Socialista del Sureste, creándose el Consejo Federal de Ligas de Resistencia. Se le dio participación en el mismo al Partido Socialista Agrario de Campeche, y se pusieron las bases para que tomaran asiento más adelante en dicho consejo, los partidos locales que se habían organizado en Tabasco, Veracruz y Tamaulipas, y que encabezaban el Lic. Tomás Garrido Canabal —conocido del lector, por haberse hecho cargo interinamente del Gobierno del Estado al triunfo del Plan de Agua Prieta—, el coronel Adalberto Tejeda, y el Lic. Emilio Portes Gil, respectivamente.

En Izamal se acordó, por otra parte, la expropiación de las tierras, sin indemnización de ninguna clase; la no adhesión a la Tercera Internacional con sede en Moscú, y el envío de sendos mensajes de salutación al Gral. Plutarco Elías Calles, entonces secretario de Gobernación en el gabinete del presidente Obregón, y con quien se había vinculado políticamente Carrillo Puerto; a J.W. Kelly, dirigente sindical de los Estados Unidos y otros personajes del socialismo internacional.

Dentro del marco ideológico creado por el Congreso de Izamal, cuyas resoluciones integraban, de hecho, un programa de gobierno, la postulación de Carrillo Puerto para desempeñarlo durante el cuatrienio 1922-1926, constituyó, desde luego, el paso a seguir del Partido Socialista del Sureste, en concordancia con la situación general del país y la particular de Yucatán.

5) LA CAMPAÑA ELECTORAL DE 1921

Uno de los factores que hicieron más difícil el panorama electoral de Yucatán en 1921, lo constituyó la presencia en el estado del Gral. Alvarado como candidato francamente oposicionista a Carrillo Puerto, y quien invocando su actuación en el período pre-constitucional carrancista y el haber contribuido a la fundación del Partido Socialista, pensó que le sería fácil sembrar la división en las filas de ese organismo y atraer a su favor a muchos de sus elementos.

Alvarado llegó a Mérida en septiembre de 1921 y contando con la ayuda de Enrique Recio, quien había sido gobernador y alcalde de Mérida, y otras personas que como él, habían roto sus vínculos con el Partido Socialista del Sureste y con Carrillo Puerto, creó, para el servicio de sus aspiraciones gubernamentales, el que llamó Partido Socialista Mexicano. Pero al mismo tiempo buscó una alianza con destacados elementos anti-revolucionarios que lo habían combatido durante su gestión preconstitucional 1915-1918, y que se habían enfrentado también a Carrillo Puerto.

Lo anterior determinó la expulsión del Partido Socialista

del Sureste del propio Gral. Alvarado, de Enrique Recio, que figuraba como presidente del mencionado Partido Socialista Mexicano; Felipe Rosas Garibaldi, que actuaba como secretario del mismo partido; Teodosio Erosa y Wenceslao Méndez.

Posteriormente, Alvarado resolvió no participar en las elecciones, retornando a la capital de la República, desde donde acentuó su postura anti-carrillista, continuando la campaña contra el Partido Socialista del Sureste.

Así las cosas, tomaron parte en las elecciones, que se llevaron a cabo el 6 de noviembre de 1921, en un ambiente de violencia y acerbamiento de las pasiones políticas, las siguientes candidaturas, apoyadas por los partidos que se mencionan:

1.— La de Felipe Carrillo Puerto, postulado por el Partido Socialista del Sureste, y que obtuvo 62,801 votos.

2.— La de Bernardino Mena Brito, postulado por el Partido Liberal Yucateco, y que obtuvo 2,888 votos.

3.— La del Lic. Ricardo Molina Hubbe, postulado por el Partido Democrático, formado por quienes se habían comprometido con el Gral. Alvarado, y que al retirarse éste de la lucha electoral, decidieron actuar por su cuenta. Molina Hubbe obtuvo solamente 431 votos, y

4.— La del Dr. Miguel Alonzo Romero, diputado constituyente en 1917, apoyado por el Partido Liberal Constitucionalista, que había tratado de provocar una escisión en el Partido Liberal Yucateco, y que obtuvo 12 votos únicamente.

Con Carrillo Puerto que, como ya hemos visto, recibió a su favor una votación arrolladora, resultaron también triunfantes las planillas sostenidas por el Partido Socialista del Sureste para renovar el Congreso y los Ayuntamientos del Estado, por lo cual pudo decirse que la oposición fue totalmente derrotada en esa ocasión.

El 31 de diciembre se instalaron las nuevas autoridades municipales y el primero de enero de 1922 inauguró su primer período de sesiones la XXVII Legislatura, bajo la presidencia del Profr. Agustín Franco Villanueva, y ante quien rindió el informe de sus labores el Lic. Manuel Berzunza, a la sazón gobernador interino del Estado.

A su vez, Felipe Carrillo Puerto tomó posesión del Gobierno de Yucatán el 1o. de febrero de 1922, rindiendo la protesta ante el Dr. Ariosto Castellanos, nombrado presidente del Congreso, en una ceremonia que por diversas circunstancias, señaló el inicio de una nueva etapa de la historia local, misma que se vería truncada trágicamente, por los sucesos del 3 de enero de 1924, como se relatará más adelante.

El mensaje que pronunció en esa ocasión desde los balcones del Palacio del Ejecutivo, ante una multitud que inundó la Plaza de la Independencia de la ciudad de Mérida, y en medio de un clima de inusitado júbilo popular, tuvo, además de su contenido la excepcional circunstancia de haber sido pronunciado en lengua maya.

FELIPE CARRILLO PUERTO
Foto proporcionada por la Fototeca Pedro Guerra de la E.C.A.U.A.D.Y.

CAPITULO

XX

1) El gobierno socialista de Yucatán

2) Política agraria y henequenera

3) Yucatán, precursor de la obra caminera

4) Educación y cultura popular

5) Otros sucesos de interés social y político

6) La insurrección Delahuertista

Carrillo Puerto con su familia. Lo acompañan su esposa, la señora Isabel Palma de Carrillo Puerto, y sus hijos Dora, Gelitzi, Alba y Felipe.

CAPITULO XX

1) EL GOBIERNO SOCIALISTA DE YUCATAN

Por su apasionada actuación en favor de los campesinos, por su labor de orientación y organización popular al frente del Partido Socialista del Sureste, por la estrecha vinculación ideológica que mantuvo entre ese organismo —del que siguió siendo presidente— y el gobierno local, y finalmente, por su inquebrantable decisión de llevar a la práctica los acuerdos tomados en el Congreso Obrero de Izamal, Carrillo Puerto despertó la atención nacional e internacional hacia lo que se consideró era una singular experiencia política dentro del México revolucionario de la década de los veintes.

Pero al mismo tiempo que personajes de renombre como los pensadores argentinos Alfredo L. Palacios —quien hizo una visita al Estado para conocer de cerca la obra del gobernante socialista— y José Ingenieros, quien no pudo realizar el viaje que había proyectado con semejante propósito, divulgaron en el extranjero una imagen merecedora de elogio, en Yucatán se desató una virulenta campaña en su contra, como una natural reacción a su labor, misma que en algunos aspectos, fue imitada en otros estados del país.

Consecuente con lo anterior, la administración local tomó el nombre de *Gobierno Socialista del Estado de Yucatán,* lo cual se hizo constar desde luego en la papelería y documentos oficiales, adoptándose un escudo especial en el que, rodeando al águila nacional, se mostraba un triángulo ornamentado con motivos mayas, todo ello impreso en color rojo. Como complemento, tanto en la correspondencia como en las firmas de los funcionarios, era obligatorio el uso de tinta del mismo color.

Carrillo Puerto despachaba preferentemente en las oficinas de la llamada "Liga Central" del Partido Socialista, donde atendía además de los asuntos propios del partido, que no eran pocos, los de índole gubernamental. En cierto modo, se anticipó a lo que actualmente es llamado en México *partido-gobierno*, en relación a la estrecha alianza que se atribuye al PRI en nuestros días con el Poder Público, aunque también con alguna similitud con la estructura característica de algunos países socialistas contemporáneos.

No obstante que estuvo al frente del Gobierno del Estado un poco menos de dos años del cuatrienio para el que había sido electo, y a pesar de las circunstancias que obstaculizaron su labor, ésta fue fecunda y trató de cubrir las facetas de mayor interés popular. Vamos a referirnos a ella en los renglones siguientes:

Felipe Carrillo Puerto con el Gral. Plutarco Elías Calles durante la visita del Gral. a Yucatán.
Foto proporcionada por la Fototeca Pedro Guerra de la E.C.A.U.A.D.Y.

2) POLITICA AGRARIA Y HENEQUENERA

Hay que destacar, en primer término, la política agraria seguida durante el término de gobierno 1922-1923, que por haber afectado los intereses de la industria henequenera, adquirió una especial resonancia política. Tomando en cuenta la particular preocupación de Carrillo Puerto por los campesinos, y su empeño en que se cumplieran las resoluciones tomadas en los Congresos Obreros de Motul e Izamal, es natural que el reparto de tierras fuese la base de su obra social. Por otra parte, recordemos que años antes, el que después sería el jefe del Partido Socialista, había estado en estrecho contacto con Emiliano Zapata, interviniendo en los repartos agrarios que el caudillo suriano llevó a cabo en el estado de Morelos.

1.— En los "jueves agrarios" establecidos durante el gobierno de Felipe Carrillo Puerto, éste realizaba visitas semanales a diferentes poblaciones, en las que hacía dotaciones provisionales y orientaba a los campesinos. Así fueron entregadas 664,835 hectáreas de tierras, con las que resultaron beneficiados 34,796 jefes de familia.

Por cierto que el ritmo impuesto en materia agraria por el gobierno yucateco, provocó el reconocimiento público del presidente de la Comisión Nacional Agraria, don Ramón P. de Negri, quien se quejó de la indiferencia y de la escasa actividad que en esa materia mostraban otros gobernadores estatales.

2.— La promulgación de la Ley de Incautación y Expropiación de las Haciendas Abandonadas, dada a conocer en el "Diario Oficial" el 11 de diciembre de 1923, que acrecentó la inconformidad y las protestas de los terratenientes, porque con ella se pasaba de la entrega de terrenos maiceros a la afectación de las plantaciones henequeneras, iniciándose así una nueva etapa de la Reforma Agraria en el Estado.

Aunque dicha ley no fue puesta en ejecución, por los sucesos que interrumpieron el orden constitucional en el mismo mes de diciembre de 1923, ha sido relacionada, no obstante, con el cuartelazo delahuertista en Mérida y la muerte de Carrillo Puerto.

3.— La reorganización de la Comisión Exportadora de Henequén, creada durante la gestión interina del Lic. Manuel Berzunza, para la defensa del precio de dicho agave en el mercado internacional, de cuyos resultados se dio cuenta en el informe rendido el primero de febrero de 1923.

En esa ocasión, por vez primera fue calificado el henequén de riqueza pública, y por lo tanto, como instrumento de bienestar general y para beneficio no solamente de los hacendados, sino también de los jornaleros del campo.

3) YUCATAN, PRECURSOR DE LA OBRA CAMINERA DE LA REVOLUCION

Yucatán se anticipó a la política caminera llevada a cabo por los gobiernos emanados de la revolución. Pero al construir los primeros caminos carreteros, contribuyó de paso al surgimiento de la actividad turística en torno a los atractivos arqueológicos que encierra el territorio local, despertando el interés popular hacia la prodigiosa cultura maya.

1.— La primera carretera que hizo Carrillo Puerto fue la de Mérida a Kanasín que, no obstante su corta extensión de seis y medio kilómetros, tuvo una especial importancia, porque facilitó el abastecimiento de alimentos a los habitantes de la capital del Estado, y mejoró el transporte de los productos de los pequeños agricultores de Kanasín. Esa obra provocó la felicitación del Gral. Alvaro Obregón, entonces presidente de la República, quien la hizo llegar por conducto del jefe de operaciones militares, Gral. Alejandro Mange, en la ceremonia inaugural de la misma.

2.— Otra carretera realizada en esa época, fue la que unió la población de Dzitás con el centro arqueológico de Chichán Itzá, que comenzaba a ser explorado y reconstruido por científicos de la Institución Carnegie de los Estados Unidos, gracias a un convenio celebrado con dicha fundación.

En la obra de Carrillo como gobernador de Yucatán (1922-1924) destacaron los caminos, mismos que además de promover el desarrollo del Estado, contribuyeron a despertar el interés popular por las riquezas arqueológicas mayas. En la presente fotografía, el líder socialista presidiendo la ceremonia inaugural de la carretera Dzitas-Chichén Itzá, en tanto el poeta Luis Rosado Vega pronunciaba el discurso relativo.

Ese camino tuvo un costo total de $116,000.00 a cargo exclusivo de los recursos del erario local. Comenzó a construirse el 4 de septiembre de 1922 y fue inaugurado el 24 de julio de 1923, en una ceremonia en la que se dio cita en la que fuera antigua capital de los itzaes, una multitud formada por habitantes de diversos poblados de la región.

3.— También se iniciaron los trabajos de la carretera Muna-Uxmal, que como la anterior, impulsó la atención de propios y extraños hacia la civilización maya; la que unió Motul con Telchac Pueblo, con una extensión de 12 kilómetros, y que cruzó una parte de la zona henequenera, y la de Loche a Río Lagartos.

Felipe Carrillo Puerto en unión de las autoridades educativas, visita la Dirección de Cultura Estética. Foto proporcionada por la Fototeca Pedro Guerra de la E.C.A.U.A.D.Y.

4) EDUCACION Y CULTURA POPULAR

La obra educativa y cultural de Carrillo Puerto, iniciada desde la presidencia del Partido Socialista del Sureste, se consolida y amplía con su toma de posesión como Gobernador del Estado, tratando de cubrir ambiciosamente todos los niveles educativos y extendiéndose a áreas hasta antes no tocadas. Haremos una síntesis de ella, para la debida valoración de su influencia en el proceso de transformación social de Yucatán:

1.— La campaña de alfabetización que puso en marcha a través de las ligas de resistencia.

2.— La traducción al maya de la Constitución Política de la República para su divulgación y conocimiento entre los campesinos.

3.— El establecimiento de los "lunes culturales" en el local de la Liga Central del Partido Socialista.

4.— La expedición de la Ley de Educación Racional.

5.— La creación de la Universidad Nacional del Sureste con lo cual se abrieron las puertas de la educación media y superior a los jóvenes, sin distinciones raciales, ideológicas económicas o religiosas, imprimiéndole a dicha institución el carácter democrático que hasta hoy conserva.

6.— La incorporación de la mujer a la vida activa social y política del Estado, y que permitió, como se verá más adelante, que por vez primera en la historia del país fueran electas distinguidas damas para ocupar cargos públicos en las esferas municipal y estatal.

7.— La planificación familiar, con la natural reacción de importantes sectores que invocaron razones morales y religiosas para combatirla.

8.— La creación del Museo Arqueológico e Histórico de Yucatán, que inició una interesante corriente educativa y cultural entre las nuevas generaciones.

9.— La instalación de la Escuela Vocacional de Artes y Oficios, en aras de la preparación de la juventud yucateca. y

10.— La transformación radical de la educación rural en el Estado, ampliando sus horizontes.

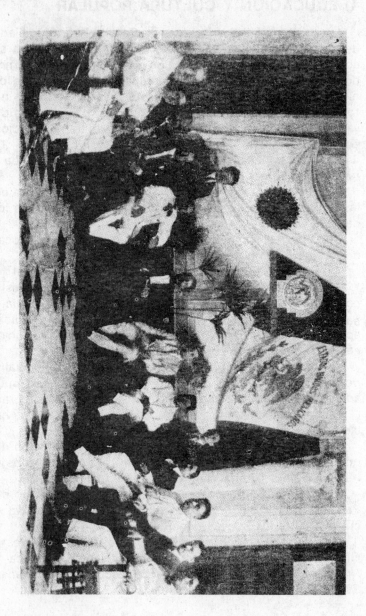

Primer Consejo Universitario de la Universidad Nacional del Sureste.

Como complemento del tema educativo, citaremos algunos datos relacionados con los gastos erogados por el Gobierno del Estado en el año de 1922 en ése renglón: $75,000.00 mensuales, o sea $900,000.00 al año. Y diremos también que en el mismo año, funcionaban en el Estado 417 escuelas primarias atendidas por 900 maestros, y con una población aproximada de 24,000 alumnos.

5) OTROS SUCESOS DE INTERES SOCIAL Y POLITICO

Finalmente, mencionaremos otros sucesos de interés general registrados durante el período gubernamental al que nos estamos refiriendo, y que nos ayudarán a tener una visión más completa del mismo:

1.— La promulgación de la Ley del Inquilinato, de reconocido sentido de justicia social.

2.— La Ley del Patrimonio Familiar, inspirada en los mismos principios que la anterior.

3.— La toma de posesión del Ayuntamiento de Mérida 1923-1924, que presidió el Lic. Manuel Berzunza, y del que formaron parte las profesoras Rosa Torres, como regidora propietaria, y Genoveva Pérez, como regidora suplente, y quienes fueron las primeras mujeres en la historia del país, que ocuparon cargos de elección popular.

4.— La elección de la XXVII Legislatura del Estado que no llegó a constituirse ante la sublevación delahuertista y a la que pertenecieron tres distinguidas mujeres: la poetisa Beatriz Peniche de Ponce, la dirigente feminista Elvia Carrillo Puerto, y la educadora Raquel Dzib.

6) LA INSURRECCION DELAHUERTISTA

Al plantearse el problema de la sucesión presidencial se produjo un hondo cisma en el poderoso "grupo sonorense", que desde el triunfo del Plan de Agua Prieta conservaba el dominio político del país, debido a que dos de sus mas relevantes miembros —el Gral. Plutarco Elías Calles y Dn. Adolfo de la Huerta— se presentaron como candidatos a substituir al presidente Obregón en el período 1924-1928.

Calles representaba una posición radical dentro de la estructura doctrinaria de la Revolución, y contaba con las simpatías de las organizaciones obreras y campesinas. De la Huerta, que había declarado su desacuerdo con la política agraria seguida por Obregón, estaba apoyado por destacados dirigentes de la Cámara de Diputados, algunos gobernadores e importantes jefes militares.

En tales circunstancias, a comienzos del mes de diciembre de 1923, el país se conmovió ante el anuncio de que el Gral. Guadalupe Sánchez, quien tenía bajo sus órdenes más de siete mil hombres, se había levantado en armas en el puerto de Veracruz, desconociendo al gobierno del Gral. Obregón y declarando a Adolfo de la Huerta como jefe supremo de ese movimiento subversivo. A los anteriores elementos se agregó la Marina de Guerra, con todas sus unidades, pues desde la más alta oficialidad hasta la marinería y tripulantes, se unieron a la rebelión.

A su vez, cumpliendo con los compromisos contraídos con los sublevados, De la Huerta abandonó la capital de la República y se estableció en Veracruz, donde formó una especie de gobierno provisional, en el que participaron con el carácter de "comisionados" los señores Lic. Rafael Zubarán Capmany, Lic. Manuel Alvarez del Castillo, Lic. Manuel Palacios Macedo, Antonio Manero y Jorge Prieto Laurens.

En los días inmediatos secundaron la insurrección los generales Manuel Chao, en Chihuahua; José Rentería Luviano, en Michoacán; Rafael Buelna, Salvador Alvarado y Juan José Domínguez, quienes se incorporaron al cuartel del Gral. Enrique Estrada, jefe de operaciones militares en Jalisco; Manuel García Vigil y Fortunato Maycotte, en Oaxaca; Cesáreo Castro, en Puebla; Carlos Green, en Tabasco, y Marcial Cavazos en Hidalgo. Para el desarrollo de las operaciones, se crearon dos frentes: el oriental, bajo la directa responsabilidad del propio Guadalupe Sánchez y con base en Veracruz, y el frente occidental, bajo la responsabilidad del Gral. Enrique Estrada, con base en Jalisco.

El gobernador de Yucatán se negó desde luego, a secundar el movimiento delahuertista, declarándose fiel al presidente Obregón y ratificando el apoyo del Partido Socialista del Sureste a la candidatura del Gral. Calles.

Consecuente con tal definición, Carrillo Puerto, de acuerdo con el coronel Carlos Robinson, jefe de la guarnición de Mérida, tuvo una conferencia telegráfica con el Lic. Tomás Garrido Canabal, gobernador de Tabasco, y estableció contacto con el coronel Rafael Durazo, jefe de las armas en Campeche, con el propósito de unificar esfuerzos para combatir la infidencia. Pero el 12 de diciembre de 1923 se tuvieron noticias de que la guarnición de Campeche, al mando del teniente coronel José María Vallejos, había desconocido la autoridad del coronel Durazo, uniéndose a los sublevados.

Carrillo Puerto y el coronel Robinson, creyendo que era urgente el envío de refuerzos a Durazo, resolvieron que un contingente militar saliera de Mérida con rumbo al vecino estado. En la estación central de los ferrocarriles, y en medio de un ambiente de ansiedad por el inesperado rumbo que estaban tomando los acontecimientos, Robinson fue despedido por el gobernador Carrillo Puerto y un numeroso grupo de colaboradores y partidarios, en la esperanza de que tal paso ayudaría al mantenimiento del orden constitucional en la península.

Lamentablemente, cuando el tren se encontraba todavía en Chocholá y Maxcanú, aún en suelo yucateco, algunos oficiales, proclamándose partidarios de Adolfo de la Huerta, se insubordinaron en contra de Robinson, lo hicieron prisionero y ordenaron el retorno inmediato del convoy a Mérida, en medio de "mueras" al gobierno y al general Calles.

Ante el inesperado suceso, Carrillo Puerto, después de tener un cambio de impresiones con las principales figuras del gobierno y del Partido Socialista del Sureste, resolvió, como primera providencia, salir rumbo a Motul, su tierra natal, donde se encontró con una multitud de campesinos dispuestos a seguirlo a donde dijese y reclamando armas para luchar contra los rebeldes. Pero como tuviese noticias de que se encontraba en camino un tren con tropas insurrectas con la misión de aprehenderlo, se decidió a seguir hacia el oriente de la península, con la intención de buscar los medios de abandonar el país y organizar desde el extranjero la lucha que permitiera el retorno a Yucatán.

Tras un dramático recorrido, que se caracterizó por el desconcierto y la confusión entre los fugitivos, éstos fueron detenidos en un lugar cercano a "El Cuyo", y llevados a Tizimín. De dicha villa se les trasladó a Mérida, para ingresar como prisioneros en la penitenciaría "Juárez", en la madrugada del 23 de diciembre de 1923.

Dominada la situación por los rebeldes, tomó posesión como gobernador "de facto" y comandante militar del Estado, el Gral. Juan Ricárdez Broca, y asumió la jefatura de la guarnición de Mérida el coronel Hermenegildo Rodríguez, quienes, al parecer, tenían prisa en realizar los sombríos propósitos que los había llevado a levantarse en armas.

A partir de entonces, se sucedieron los graves acontecimientos que serán mencionados en el capítulo siguiente, y en los cuales fueron factores determinantes, por una parte, la presión de algunos terratenientes descontentos que creyeron hallar en el cuartelazo la oportunidad para provocar el derrocamiento de Carrillo Puerto, y por otra, el temor de que el jefe supremo del movimiento interviniese para frenar los desmanes de los pronunciados, quienes actuando con extrema autonomía, no atendían las instrucciones del señor De la Huerta. Además debe mencionarse que el aislamiento y la incomunicación en que había quedado Yucatán en esos días, y la efervescencia social producida por la caída del gobierno local, ayudaron a Ricárdez Broca y a Rodríguez a hacer de las suyas, sin importarles las consecuencias de sus procedimientos.

Felipe Carrillo Puerto Gobernador Socialista de Yucatán. Foto proporcionada por la Fototeca Pedro Guerra de la E.C.A.U.A.D.Y.

CAPITULO

XXI

CAPITULO XXI

1) EL CRIMEN DEL 3 DE ENERO DE 1924

Mérida despertó el dos de enero de 1924 en medio de inquietantes rumores acerca de que Carrillo Puerto y demás prisioneros serían sometidos ese día a un consejo de guerra. En efecto, el juicio se llevó a cabo en la penitenciaría "Juárez" en medio de extraordinarias medidas de seguridad, acusándose a los reos de "violación de las garantías individuales otorgadas por la Constitución", y de graves delitos "contra la paz pública". Acompañado de los jefes y oficiales francos de la guarnición de la plaza, el Gral. Ricárdez Broca no abandonó ni un momento el local donde deliberó el consejo.

Sin respetar su condición de civil y el cargo de Gobernador Constitucional de Yucatán que desempeñaba legítimamente Carrillo Puerto, fue sentenciado, juntamente con sus hermanos Benjamín, Wilfrido y Edesio, el Lic. Manuel Berzunza, quien presidía el Ayuntamiento de Mérida al producirse el cuartelazo, y ocho personas más.

Al siguiente día, el 3 de enero de 1924, se efectuó la ejecución en el Cementerio General de Mérida, después de haber sido trasladados sigilosamente de la prisión. Distribuidos en grupos, Carrillo Puerto y sus compañeros de sacrificio se enfrentaron a las balas que segaron sus vidas cuando las sombras de la noche no se retiraban aún por completo de la capital yucateca y sus habitantes estaban entregados todavía al sueño.

Al irse extendiendo la noticia del trágico suceso, numerosas personas avecindadas en los diversos rumbos de la ciudad y en los poblados cercanos, visitaron el panteón, donde los cadáveres de los hermanos Carrillo Puerto y los demás fusilados fueron exhibidos sobre varias mesas y aún en el suelo. Sin embargo, horas después, atendiendo una petición de los familiares de los sacrificados, Ricárdez Broca dio su autorización para que fuesen amortajados e inhumados.

Lo sucedido provocó honda consternación dentro y fuera del país, pues el crimen despertó las más enérgicas protestas. Y a pesar de que, según se dijo en esos días, Adolfo de la Huerta trató de salvarle la vida, el asesinato de Felipe Carrillo Puerto constituyó un rudo golpe para la causa del movimiento insurrecto, pues nadie justificó, ni jurídica, ni política, ni moralmente, el brutal tratamiento que los militares sublevados le dieron al gobernante y líder socialista.

El Gral. Calles lamentó su muerte, como la del valioso y prestigiado partidario de su candidatura, sacrificado por su franca posición en su favor. La Cámara de Diputados, en reconocimiento a su vigorosa personalidad social y a su obra en defensa de los trabajadores, lo declaró "Benemérito del Proletariado Nacional" y lo honró poniendo su nombre en letras de oro en el recinto parlamentario.

La Legislatura local, por su parte, lo declaró "Benemérito del Estado", y en Mérida, Motul y otras poblaciones yucatecas, fueron levantados monumentos a su memoria. Sus restos mortales descansan en la rotonda que especialmente fue construida por sus compañeros de lucha, cerca del sitio donde fue victimado.

Nacional e internacionalmente se le recuerda como una recia figura revolucionaria mexicana y un firme luchador socialista, de cuya vida nos ocuparemos a continuación.

El mártir en unión de sus hermanos también sacrificados
Foto proporcionada por la Fototeca Pedro Guerra de la E.C.A.U.A.D.Y.

282

2) APUNTES BIOGRAFICOS DE CARRILLO PUERTO

Felipe Carrillo Puerto nació en la ciudad de Motul, uno de los centros henequeneros más importantes del Estado de Yucatán, el 8 de noviembre de 1874. Fue el segundo hijo del matrimonio formado por Dn. Justiniano Carrillo Pasos y Doña Adela Puerto Palma.

Natural de Sotuta, don Justiniano procedía de una de las familias que a mediados del siglo pasado, con motivo de la sangrienta "guerra de castas" emigraron al norte de la península. Después de servir militarmente a la causa de la República, se estableció en Baca, de donde se trasladó a Motul.

En esta última población, instaló un taller de carpintería y administró una tienda de abarrotes, de la cual, como fruto de sus esfuerzos, se hizo propietario tiempo después.

Los esposos Carrillo Puerto tuvieron catorce hijos, cuyos nombres citaremos en su orden de nacimiento: Enriqueta, Felipe, Hernilda, Josefa, Gualberto, Elvia, Eraclio, Eliodoro, Audomaro, Acrelio, Edesio, Benjamín, Angelina y Wilfrido.

Al concluir su enseñanza primaria y en su carácter de mayor de los hijos varones, Felipe trabajó en la tienda de su padre. Más tarde, fue repartidor de ganado vacuno y conductor de trenes en el Ferrocarril del Oriente, que entonces solamente llegaba a la hacienda "Caucá", lo cual lo obligaba a permanecer durante las noches en Mérida. Por tal circunstancia, conoció a la señorita Isabel Palma Puerto, quien como él era natural de Motul, pero que residía temporalmente en la capital del Estado para atender a sus estudios, y con quien contrajo matrimonio después de un breve noviazgo.

Felipe Carrillo estableció su hogar en Motul, habiendo tenido cuatro hijos: Dora, Gelitzli, Alba y Felipe. Al renunciar a su empleo en el ferrocarril, adquirió tres carros de mulas, para dedicarse al comercio y transporte de mercancías entre Motul y Valladolid, lo cual le permitió conocer la situación social del Estado. Sin embargo, un accidente sufrido en tal actividad, lo obligó a abandonarla, reduciendo sus labores al área estrictamente local.

Más adelante, se dedicó al periodismo, fundando un periódico bisemanal que llamó "El Heraldo de Motul" el cual despertó inusitado interés entre los habitantes de la región, por la crítica valiente que hizo en sus columnas de las autoridades locales y de algunos personajes del lugar. Lo anterior le permitió relacionarse con el Lic. Delio Moreno Cantón, director entonces de "La Revista de Mérida", y posteriormente candidato independiente al Gobierno del Estado, recibiendo el cargo de agente y corresponsal de dicho diario.

Para combatir al novel periodista, se fundó en Motul "La Gaceta de la Costa", cuyos editores propiciaron la consignación de Carrillo Puerto por "ultrajes a funcionarios públicos", y quien fue internado con ese motivo en la penitenciaría "Juárez", donde después de estar recluido cerca de dos meses, fue absuelto por el juez que conoció su causa.

Cuando Moreno Cantón fue postulado el 1907, enfrentándose a la candidatura oficial de Dn. Enrique Muñoz Arístegui al Gobierno del Estado, Carrillo Puerto participó por vez primera en la política. En medio de la efervescencia popular provocada por esa campaña electoral, que señaló la ruptura de la sólida estructura económica y política creada en torno del Lic. Molina Solís por los intereses por él representados, comenzó a destacarse la personalidad política y social del joven motuleño.

Derrocada la dictadura y triunfante la revolución encabezada por Madero y, por consiguiente, liquidado el "molinismo" como factor decisivo en el Estado, se registró el primer experimento democrático, en el que participaron, de una parte el Lic. José María Pino Suárez, relevante figura maderista en Yucatán, y de la otra, el Lic. Moreno Cantón, quien fue nuevamente candidato gubernamental, contando con el apoyo de los viejos sectores porfiristas. Como era de esperarse, Carrillo Puerto tomó el bando de Moreno Cantón.

En esa ocasión, el mismo Carrillo protagonizó un lamentable hecho de sangre, que lo llevó a sufrir una prolongada condena por haber dado muerte en defensa propia, a Nestor Arjonilla, quien según los insistentes rumores que entonces circularon en Motul, había sido contratado exprofeso para asesinarlo, por quienes mantenían en su contra un fuerte sentimiento de animosidad

Después de cumplir la sentencia que le fue fijada por el resultado de su encuentro con Arjonilla, abandonó el Estado, trasladándose a Morelos, atraído por la labor agraria que realizaba en esa entidad el Gral. Emiliano Zapata, prestigiada cabeza de una de las facciones en que se había dividido la Revolución.

Corría el mes de julio de 1914, cuando Carrillo Puerto se entrevistó personalmente con el caudillo suriano en Milpa Alta. Después recibiría el despacho de coronel de caballería, expedido por el propio Zapata, y posteriormente, ya en el año de 1915, pasó a formar parte de la Comisión Agraria de Cuautla, misma que presidía el Ing. Marte R. Gómez.

Al desintegrarse las comisiones agrarias que funcionaban en territorio zapatista, salió de Cuautla rumbo a Jonatepec, para terminar en Veracruz. Según el Ing. Gómez, en una plática que tuvo con quien llegaría a ser líder de los campesinos yucatecos, después de expresarle su satisfacción por haber colaborado con Zapata, le anunció su retorno al terruño, ante las noticias que tenía de la obra revolucionaria que estaba realizando el Gral. Alvarado en Yucatán.

Después de una breve estancia en Nueva Orleans, donde según algunos informes sobre el particular, trabajó en los muelles de dicho puerto para ganarse el sustento, volvió a Yucatán y se entrevistó con Alvarado, quien si de momento le rechazó por su filiación zapatista, finalmente aceptó de buen grado su ayuda por los antecedentes que de él tenía, comisionándolo en la Comisión Agraria del Estado.

Desde ese cargo realizaría una fecunda propaganda revolucionaria, iniciando así el camino que lo llevó a ser una de las figuras más destacadas en la historia contemporánea de la península.

3) LA CAMPAÑA CONTRA LA INFIDENCIA

Ante la infidencia "delahuertista", el presidente Obregón puso en juego sus reconocidas facultades militares, ordenando la movilización de las tropas que se mantuvieron leales a su gobierno, para combatir esa sublevación, que en su inicio, parecía amenazante para la seguridad del régimen. Los generales Joaquín Amaro, José Amarillas, Juan José Méndez y otros, salieron hacia Irapuato, y el general Lázaro Cárdenas se dirigió a Chapala, para evitar el avance de los rebeldes hacia Colima.

Los generales Eugenio Martínez y Juan Andrew Almazán, enviados al frente oriental, desempeñaron un papel importante en la campaña contra los rebeldes. El propio Gral. Obregón intervino personalmente en el ataque de la ciudad de Puebla, que al fin fue tomada, y en la batalla de Orendain, donde el Gral. Amaro infligió aplastante derrota a los infidentes. Esta última batalla, juntamente con la que tuvo como escenario Esperanza, definieron el triunfo militar del gobierno, obligando a Adolfo de la Huerta a abandonar Veracruz para trasladarse provisionalmente a Frontera, Tabasco, de donde salió después rumbo al extranjero, francamente derrotado.

Con ese triunfo, el Gral. Obregón se dedicó al restablecimiento del orden de todo el país, convirtiéndose así en el primer Presidente de la República que pudo concluir su mandato durante el periodo revolucionario. Por otra parte, la campaña electoral que se había interrumpido por la rebelión de Veracruz se reanudó en todo el territorio nacional, figurando como candidatos el Gral. Plutarco Elías Calles, a quien había combatido De la Huerta y los militares que le siguieron y el Gral. Angel Flores, ambos firmantes del Plan de Agua Prieta.

Como se recordará, Carrillo Puerto había declarado su simpatía y, por consiguiente, el apoyo del Partido Socialista en favor de la candidtura de Calles. De ahí la extraordinaria resonancia que el crimen del 3 de enero de 1924 tuvo en los círculos políticos nacionales.

Habiendo resultado vencedor en los comicios, el Gral. Calles salió rumbo a Europa en viaje de observación, para retornar al país y tomar posesión de la Presidencia de la República el 1o. de diciembre de 1924.

4) YUCATAN VUELVE A LA LEGALIDAD

Yucatan fue recuperado en abril de 1924 por contingentes gobiernistas al mando del Gral. Eugenio Martínez, ante cuya presencia huyeron los insurrectos en desbandada, sin oponer la menor resistencia.

Para cumplir con el período para el que había sido electo Carrillo Puerto, y que debió terminar en enero de 1926, fue designado el diputado José María Iturralde Traconis, después que se logró conjurar el conflicto surgido entre las dos legislaturas que se atribuían la representación popular, y en el cual participó también como aspirante a ocupar el Gobierno del Estado, el Lic. Miguel Cantón, viejo militante socialista, a cuya actuación nos hemos referido en capítulos anteriores. Iturralde Traconis trabajó por el restablecimiento de la tranquilidad en la entidad, y de la fuerza política y social del Partido Socialista, que había resultado gravemente lesionada por el asesinato de Carrillo Puerto y el cuartelazo delahuertista.

En las elecciones de gobernador para el cuatrienio 1926-1930, participaron como candidatos el Dr. Alvaro Torre Díaz, quien después de ser prominente colaborador del Gral. Alvarado durante la actuación de dicho divisionario, había permanecido en el extranjero desempeñando importantes misiones diplomáticas, y el ameritado periodista Antonio Ancona Albertos, constituyente de 1917 El resultado de los comicios fue favorable al primero de los citados.

El Dr. Torre Díaz se hizo notar por su carácter ponderado y una postura moderada en la política, en las difíciles circunstancias que se presentaron durante su mandato, y que se mencionan a continuación:

1.— La persecución religiosa desatada en todo el país durante el mandato del Gral. Calles, con motivo de la "guerra de los cristeros", que ensangrentó una vasta región central del territorio nacional.

2.— La crisis provocada por el asesinato del Gral. Alvaro Obregón por el fanático José de León Toral, y que motivó la designación del Lic. Emilio Portes Gil como mandatario interino del país, para hacerse cargo de la transmisión de poderes y convocar a elecciones extraordinarias de Presidente de la República.

3.— El nacimiento del "maximato" como fenómeno político favorable al robustecimiento de la autoridad del Gral. Calles, no obstante que este último había concluido su mandato presidencial.

4.— La agitación despertada en torno a las elecciones presidenciales, en las que intervino por primera vez el Partido Nacional Revolucionario (PNR) creado a iniciativa del Gral. Calles. Dicho partido postuló como candidato suyo al Ing. Pascual Ortiz Rubio, quien se enfrentó al Lic. José Vasconcelos, a cuyo alrededor se agrupó un fuerte movimiento oposicionista, en el que se destacaron fogosos líderes estudiantiles de la Universidad Nacional de México.

Durante la gestión del Dr. Torre Díaz como Gobernador de Yucatán fue fundada la Cooperativa de Henequeneros, con el fin de regularizar el mercado exterior del henequén, y en cuya dirección participó por vez primera un representante del gobierno federal.

Así también se realizaron importantes obras de interés público, entre las que ocupó un lugar preferente el mejoramiento de la carretera Mérida-Progreso, de reconocida utilidad para las comunicaciones comerciales con el resto del país y el extranjero, y con un papel determinante en la exportación del henequén.

5) LA CULTURA EN LA REVOLUCION

Al transformarse el panorama político y social del país, la Revolución Mexicana provocó un profundo cambio en el terreno cultural y educativo, que comenzó a manifestarse durante la lucha armada y que tomó impulso a partir del gobierno del Gral. Alvaro Obregón (1920-1924), en el cual fue creada la Secretaría de Educación Pública, con amplios programas que transformaron la cultura nacional. Entre los elementos característicos de esos programas, mencionaremos los siguientes:

1.— Un retorno al pasado prehispánico, en la búsqueda de nuevas esencias de la nacionalidad, lo cual influyó en el arte pictórico, la literatura, la música, la arquitectura, etc.

2.— La reafirmación del espíritu americanista, para balancear la influencia europea en lo cultural.

3.— La expansión de la cultura hacia el medio rural.

4.— Desarrollo de una política educativa de grandes proporciones y en campos múltiples, para hacer llegar iguales oportunidades de instrucción a todos los mexicanos por igual, desde los primeros grados de la enseñanza primaria hasta la educación superior en el más alto nivel.

5.— Aplicación de una política indigenista con la mira de incorporar las masas campesinas al ritmo de desarrollo social, cultural, económico y político del país.

6.— Fortalecimiento de la conciencia nacional por medio de la expansión de las comunicaciones, para acelerar el intercambio cultural entre las diversas regiones de la República y las distintas comunidades etnológicas del país.

7.— Impulso a la enseñanza tecnológica en todo el territorio nacional, convirtiendo a miles de jóvenes de extracción humilde, que hasta entonces se veían obligados a truncar sus estudios, en profesionistas capaces que son utilizados en las corporaciones paraestatales dedicados al desarrollo económico y al fomento de la industrialización.

Ahora bien, en lo que corresponde a Yucatán, la influencia cultural de la revolución comenzó en la gestión del Gral. Salvador Alvarado (1915-1917) que dio un gran impulso a la educación rural, poniendo los medios para combatir el analfabetismo entre los campesinos y hacer llegar los beneficios de la escuela hasta los rincones más alejados del territorio yucateco. Puede decirse que Alvarado fue el precursor de lo que hoy se llama educación tecnológica, al crear posibilidades de capacitar a los jóvenes en las artes y los oficios.

Con la fundación de la Universidad Nacional del Sureste,

durante el gobierno de Felipe Carrillo Puerto, fueron abiertas las puertas de la educación superior a toda la juventud, sin distinciones ideológicas, raciales, económicas o religiosas. En la actualidad dicha Universidad ha mejorado sus instalaciones y aumentado las carreras profesionales que se estudian en sus diferentes escuelas, con vista a la vinculación de los estudios con el desarrollo regional

La intelectualidad progresista de Yucatán, identificada con los principios ideológicos y las inquietudes sociales que Alvarado trajo a la península, y estimulada más tarde por Carrillo Puerto, puso su talento y su pluma al servicio del pueblo y de las preocupaciones culturales de la Revolución Mexicana a través de brillantes escritores que, como los que se mencionan a continuación, destacaron en el panorama nacional:

1.— Citaremos en primer lugar al Lic. Antonio Mediz Bolio, notable poeta y dramaturgo que sirvió a México en el cuerpo diplomático y ocupó importantes cargos públicos. Al morir en septiembre de 1951; era senador por Yucatán. Entre su valiosa obra literaria se destacan "La tierra del faisán y del venado", bello libro inspirado en las tradiciones indígenas de Yucatán, y la traducción al español del "Chilam Balam de Chumayel", importante documento en el que fueron recogidos interesantes datos sobre la historia y las costumbres del pueblo maya.

2.— Pertenecen también a esa época, de la que son dignos representantes, los poetas Ricardo Mimenza Castillo y Luis Rosado Vega, quienes recogieron las tradiciones populares de nuestra tierra en su vasta producción. El primero escribió también algunos estudios sobre la civilización maya, y Rosado Vega, que fue cercano colaborador de Carrillo Puerto, publicó algunas novelas inspiradas en sucesos políticos del Estado.

3.— Durante el gobierno de Carrillo Puerto y apoyando la obra social que aquél desarrolló, surgió una brillante generación de intelectuales bajo la orientación de Rosado Vega, a la que pertenecieron el poeta Ricardo López Méndez, el poeta y crítico literario José Esquivel Pren, el poeta

Filiberto Burgos Jiménez, el poeta Carlos Duarte Moreno, el escritor y maestro Santiago Burgos Brito, el ensayista e historiador Oswaldo Baqueiro Anduze; el poeta Clemente López Trujillo, y algunos más que, como los mencionados, crearon una obra literaria de indiscutible valor.

4.— Igualmente merecen ser señalados como exponentes de la etapa a que nos estamos refiriendo, el brillante tribuno y parlamentario José Castillo Torre, quien también colaboró con Carrillo Puerto; el escritor y ensayista Ermilo Abreu Gómez, autor de varios libros sobre personajes mayas, entre los que ha adquirido renombre internacional el titulado "Canek"; el antropólogo y lingüista Alfredo Barrera Vázquez, el poeta y novelista Miguel Àngel Menéndez, el arquitecto y escultor Leopoldo Tommasi López y el sociólogo Carlos Echánove Trujillo.

LIC. ANTONIO MEDIZ BOLIO

CAPITULO

XXII

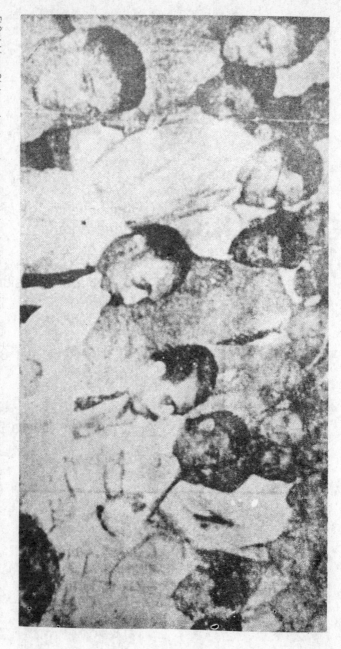

El Gral. Lázaro Cárdenas, durante un desayuno que le fue ofrecido en ocasión de su visita a Yucatán en agosto de 1937. Aparecen en la escena, de izquierda a derecha, los señores Pedro Castro Aguilar, entonces Secretario Gral. de Gobierno, Ing. Florencio Palomo Valencia, Gobernador del Estado, Dr. Francisco Castillo Nájera, quien era Embajador de México en Washington, y Agustín Arroyo Ch., jefe del Departamento Autónomo de Publicidad y Propaganda (DAPP).

CAPITULO XXII

1) ANTECEDENTES DE LA REFORMA AGRARIA

El proceso de reforma agraria puesto en marcha durante el mandato presidencial del Gral. Lázaro Cárdenas (1934-1940) por las invocadas razones de justicia social, tuvo como antecedentes una cadena de problemas sociales, económicos y políticos derivados de las condiciones del mercado internacional del henequén y de la falta de cumplimiento de las dotaciones de tierras que habían afectado planteles henequeneros.

Dichos problemas, que comenzaron a aparecer en el gobierno del Profr. Bartolomé García Correa —sucesor del Dr. Torre Díaz en el cuatrienio 1930-1934— se hicieron más críticos durante la gestión del Lic. César Alayola Barrera, quien al igual que su antecesor, se vio obligado a decretar la suspensión de labores en las fincas henequeneras y a reducir la producción de la fibra, con el consiguiente malestar entre los campesinos del Estado y el trastorno de la vida económica del mismo.

Por otra parte, desde su visita de propaganda electoral, el Gral. Cárdenas, entonces candidato a la Presidencia de la República, hecha en marzo de 1934 —o sea un mes después de la toma de posesión del Lic. Alayola Barrera— había anunciado que durante su gobierno el reparto de tierras seguiría adelante, incluyendo las que estuvieron sembradas de henequén, no sin antes exigir el cumplimiento de las dotaciones que habían hecho hasta entonces a los campesinos yucatecos, pero que por diversos motivos no habían sido ejecutadas.

El reparto ejidal se aceleró en 1935, al iniciar sus labores el Banco Nacional de Crédito Agrícola, cuya agencia en Mérida trabajó en medio de un clima de violencia que culminó con la ocupación de las máquinas y demás implementos para elaborar el agave, por causas de utilidad pública. Los hacendados pidieron amparo ante la Suprema Corte de Justicia por dicha ocupación, pero les fue negado. Por otra parte, ante el ritmo que estaba tomando la reforma agraria, los hacendados se agruparon en la Asociación Defensora de la Industria Henequenera.

En medio de un ambiente de inquietud, en el que influyó la política puesta en marcha por el presidente Cárdenas, el Lic. Alayola Barrera se enfrentó a una huelga de trabajadores ferrocarrileros, a la que se solidarizaron otros sectores obreros, separándose de su cargo en el mes de octubre de 1935. Lo sustituyó, con el carácter de interino el Lic. Fernando López Cárdenas, quien desempeñaba la secretaría general del gobierno local, después de haber sido diputado federal.

El Lic. López Cárdenas se dedicó a eliminar los obstáculos que habían impedido hasta entonces la recta aplicación de la legislación agraria y a solucionar los conflictos laborales que afectaban la paz y la economía locales. Lo primero provocó el descontento de algunos terratenientes, los que aprovechándose de la huelga de los trabajadores del volante de la ciudad de Mérida, que había paralizado en parte a la misma, movilizaron peones de sus fincas para apoyar dicha huelga, agravando la situación que, lamentablemente, desembocó en los sucesos del 1o. de julio de 1936, y en los que resultaron muertos varios campesinos por los disparos que desde los techos del Palacio de Gobierno hicieron agentes de la policía.

Por lo expuesto, López Cárdenas presentó su renuncia al Congreso local, siendo sustituido por el Ing. Florencio Palomo Valencia, quien desempeñaba la agencia del Departamento Agrario. López Cárdenas, quien posteriormente fue nombrado magistrado de la Suprema Corte de Justicia, acusó al Gral. Ignacio Otero Pablos, jefe de la zona militar, de haberse puesto de acuerdo con los hacendados para crear las condiciones que llevaron a los sangrientos sucesos que determinaron su separación del gobierno local.

Antes de la histórica visita del general Cárdenas en agosto de 1937, se habían entregado a los campesinos de Yucatán cerca de siete mil hectáreas, en su mayor parte sembradas de henequén, lo cual hizo que los hacendados, previniéndose contra futuras afectaciones, fraccionaran sus propiedades.

2) LA VISITA DEL PRESIDENTE CARDENAS

En el mes de agosto de 1937, el entonces presidente de la República, Gral. Lázaro Cárdenas, hizo una prolongada visita que por muchos motivos resultó histórica, por haber dictado en esa ocasión importantes acuerdos y disposiciones que cambiaron la vida económica, política y social del Estado.

La estancia del mandatario en Yucatán se extendió a 23 días, habiendo arribado a Mérida por la vía ferrocarrilera procedente de Campeche, acompañado de una larga comitiva, de la que formaron parte los señores Ing. Florencio Palomo Valencia, gobernador del Estado; Lic. Gonzalo Vázquez Vela, secretario de Educación Pública; Gral. Rafael Sánchez Tapia, secretario de la Economía Nacional; Dr. José Siurob, jefe del Departamento de Salubridad Pública; Profr. Graciano Sánchez, jefe del Departamento de Asuntos Indígenas; Lic. José Muñoz Cota, jefe del Departamento de Bellas Artes; Lic. Enrique González Aparicio, de la Comisión de Estudios de la Presidencia, y otros funcionarios y colaboradores.

El presidente Cárdenas estableció sus oficinas en la quinta "Iturralde", la que convirtió en centro de las actividades de su alto cargo, y que en forma especial estuvieron conectadas con los propósitos que determinaron ese viaje. Entre dichas actividades, destacan las siguientes:

1.— Ante una numerosa manifestación realizada el 3 de agosto, y en la que participaron más de veinte mil ciudadanos procedentes de todas las regiones del Estado, el Gral. Cárdenas anunció que los planteles heneequeneros serían entregados a quienes los trabajaban, abordando en ese discurso, pronunciado desde el balcón central del Instituto Literario, otros aspectos estrechamente vinculados con la vida política y económica de Yucatán.

2.— En una visita que llevó a cabo el cuatro del mismo mes a la hacienda "Temozón", donde a consecuencia de la lucha por la tierra habían perdido la vida los dirigentes campesinos Ignacio Mena y Adalberto Sosa, el Presidente de la República dictó varias disposiciones tendientes a satisfacer las demandas de los jornaleros de dicho lugar.

3.— En entrevista que sostuvo con los representantes de la "Asociación Defensora de la Industria Henequenera", el Gral. Cárdenas expresó que la ampliación del programa ejidal no afectaría la economía local, ya que todos los aspectos del mismo problema habían sido objeto de adecuado estudio.

4.— Ante las representaciones obreras y campesinas reunidas en el teatro "Peón Contreras" de la ciudad de Mérida el 8 de agosto, el citado mandatario anunció que el Código Agrario sería reformado en beneficio de los campesinos, y que los trabajadores de las haciendas serían incluidos en las dotaciones. En la misma fecha fue dado a conocer el acuerdo para llevar a cabo la Reforma Agraria en el Estado, y cuyo texto es reproducido parcialmente más adelante.

5.— Durante los días 10, 11, 12 y 13 de agosto, acompañado de varios de sus colaboradores, el Gral. Cárdenas hizo un amplio recorrido por la zona henequenera, en la que al mismo tiempo que atendió diversos planteamientos de los habitantes de la misma, dictó importanes medidas tendientes al mejoramiento integral de la región.

6.— En el teatro "Felipe Carrillo Puerto" de la Casa del Pueblo, y ante los delegados de todos los ejidos del Estado, se llevó a cabo la Primera Convención Regional de Sociedades de Crédito Ejidal, misma que inauguró el Lic. Eduardo Suárez, secretario de Hacienda y Crédito Público, con la representación presidencial.

En esa convención dieron a conocer sus informes sobre la labor realizada hasta entonces en Yucatán en materia agraria y crediticia, los señores Ing. Carlos M. Peralta, director general del Banco Nacional de Crédito Ejidal, e Ing. Candelario Reyes, agente local de dicha institución. Al concluir la citada convención, el Gral. Cárdenas anunció que se decretaría la adquisición de la maquinaria de todas las haciendas henequeneras del Estado.

7.— El día 22, el mandatario presenció el acto de dotación de tierras a los campesinos de Temozón, y que los favoreció con 22,457 hectáreas, dirigiendo también un manifiesto al pueblo yucateco en el que después de agradecerle su apoyo al programa formulado para resolver el problema agrario, dio a conocer las resoluciones tomadas para impulsar otros no menos importantes renglones de la vida del Estado.

La visita presidencial terminó el 23 de agosto, habiendo abandonado tierra yucateca el Gral. Cárdenas por el puerto de Progreso, donde se embarcó en el cañonero "Durango" ante la numerosa multitud que lo despidió en dicho lugar.

3) EL ACUERDO DEL 8 DE AGOSTO DE 1937

Por su innegable trascendencia, transcribimos a continuación los puntos principales del acuerdo dado a conocer por el Presidente Cárdenas el 8 de agosto de 1937:

1.— Las autoridades agrarias procederán a tramitar y resolver los expedientes de restitución, dotación y ampliación de ejidos, relativos a los núcleos de población radicados en la zona henequenera del Estado de Yucatán.

2.— Los peones o trabajadores de las haciendas a las que este acuerdo se refiere, tienen derecho a ser considerados, para los efectos del mismo, en los censos agrarios respectivos.

3.— Se respetará como pequeña propiedad agrícola en explotación, la superficie sembrada de henequén que no exceda de 150 hectáreas, más la extensión sin henequén, hasta completar la pequeña propiedad en terrenos no irrigados y pastizales, que señala el Código Agrario.

4.— La extensión de los henequenales que se entreguen a los núcleos de población como dotación y como ampliación de ejidos, se fijará de acuerdo con el número de sujetos de derecho agrario y con un coeficiente individual de cuatro hectáreas por capacitado. Cuando los poblados ya posean henequenales, la extensión de éstos se deducirá del producto de los dos factores anteriores. La extensión de terrenos incultos que formará parte de cada ejido, se formará de acuerdo con los artículos 39, 40 y 49 del Código Agrario.

5.— A fin de que los ejidos constituyan unidades agrícolas industriales de producción permanente, se procederá a la adquisición de las extensiones que conserven las fincas afectadas y de los equipos industriales existentes en ellas, como edificios, maquinarias, vías, semovientes y, en general, todos los medios productivos que los integren, en cuanto sean necesarios para el beneficio industrial del henequén que se produzca. Esas adquisiciones, serán hechas por conducto de la Secretaría de Hacienda y Crédito Público, y los bienes adquiridos serán de la propiedad común de todos los ejidatarios. El Gobierno del Estado, si lo desea, contribuirá a tales adquisiciones.

6.— Teniendo en cuenta la naturaleza del cultivo del henequén y la necesidad de su industrialización para la mejor explotación económica de los ejidos henequeneros, ésta se organizará en forma colectiva.

7.— Por conducto de la Secretaría de Hacienda y Crédito Público el Gobierno Federal facilitaría las cantidades que fuesen necesarias para: a) que el Banco Nacional de Crédito Ejidal pueda conceder los créditos que los ejidatarios necesiten para la explotación agrícola industrial de los ejidos, en la inteligencia de que no se cobrarían intereses a los campesinos, mientras éstos no obtengan de sus actividades productivas los rendimientos que permitan satisfacerlos; b) para que el Banco Nacional de Crédito Agrícola opere con los agricultores que tengan el carácter de pequeños propietarios o que los adquieran en virtud de las afectaciones ejidales; y, c) para que el Banco Nacional Obrero de Fomento Industrial refaccione, de acuerdo con su ley constitutiva, a los productores y obreros organizados para dedicarse a las actividades de beneficio industrial del henequén, cuando las inversiones realizadas por las anteriores instituciones no sean suficientes para las necesidades económicas de la industria henequenera.

8.— Se establecerían de acuerdo con el Gobierno del Estado de Yucatán, los organismos necesarios para el fomento y desarrollo de la industria henequenera y para la venta del henequén que se produzca. En ellos tendrán intervención los gobiernos federal y estatal y se concederá a los productores una representación proporcional al interés que tengan en la misma industria.

4) EL RETIRO DEL BANCO EJIDAL

Los planes formulados en 1937 para llevar a cabo la Reforma Agraria en Yucatán, no tuvieron larga vida por una serie de circunstancias técnicas, económicas y políticas que serán enumeradas después, y que al ser cambiadas llevaron al retiro del Banco Ejidal de la zona henequenera, y a la adopción de una nueva organización, estructurada bajo los auspicios y responsabilidad del Gobierno del Estado, pero desde luego, contando con la intervención y el apoyo financiero del Gobierno Federal.

Entre las circunstancias a que nos hemos referido, mencionaremos las siguientes:

1.— La forma en que fueron elaborados los censos de quienes deberían ser beneficiados en el reparto de tierras, y que sembró el descontento entre numerosos núcleos campesinos.

2.— El incumplimiento de parte del Gobierno Federal, de algunos de los más importantes puntos en que descansaba la implantación de la reforma planeada por el Presidente Cárdenas.

3.— La lógica desarticulación que se produjo entre la finalidad social del reparto ejidal y las condiciones del mercado internacional del henequén al provocar un proceso de baja en los precios de la fibra.

4.— La supervivencia de la "Cooperativa de Henequeneros" fundada durante la administración del Dr. Torre Díaz, con el apoyo del Banco de México en la atención del aspecto comercial y financiero del agave.

5.— La organización de la explotación henequenera por ejidos, que provocó rivalidades y diferencias económicas entre los mismos, al carecerse de uniformidad en los planteles afectados y en la calidad de la fibra producida en cada uno de ellos, con la consiguiente diversidad de rendimiento económico. Así se hablaba de "ejidos ricos" y de "ejidos pobres" según los planteles henequeneros afectados, pues éstos podían estar en plena producción, estar recientemente sembrados o ya ser viejos y por lo tanto con muy baja producción de hojas. A lo anterior se sumaban las características de las diversas zonas productoras del agave, y que se reflejaban en las condiciones de las plantaciones y en la calidad de la fibra.

6.— La ineludible interferencia de las actividades del Banco Ejidal con las funciones específicas del Gobierno del Estado, por obvias razones económicas y administrativas, y que llevó a frecuentes fricciones entre los funcionarios de ambas instituciones y provocó agitaciones en la zona henequenera, con alteración de la tranquilidad pública en la misma.

7.— La labor de desorientación atribuida a los terratenientes afectados por el reparto de los henequenales, misma que en algunos casos se tradujo en pugnas entre los campesinos y en otros, en una violenta oposición a los funcionarios federales que tenían a su cargo la responsabilidad de la reforma ejidal.

El cambio constitucional del Gobernador del Estado, como era de esperarse, se reflejó en la situación que estaba viviendo Yucatán, agregando nuevos elementos de inquietud al clima creado por el reparto ejidal. Al ser postulado para ocupar dicho cargo, el Ing. Humberto Canto Echeverría hizo descansar su campaña electoral en la realización de la Reforma Agraria, comprometiéndose a colaborar esforzadamente para que siguiera adelante, de acuerdo con las metas señaladas por el Gral. Cárdenas en su inolvidable visita.

En su discurso de toma de posesión el 1o. de febrero de 1938, el Ing. Canto Echeverría expresó que su gobierno se iniciaba en condiciones excepcionales, por cuanto el reparto de los henequenales de Yucatán acordado por el Presidente Cárdenas, había centralizado la atención del país entero. Y refiriéndose a la situación que estaba pasando el Estado por la campaña desatada por los compradores extranjeros de la fibra a partir de la transformación del régimen de la propiedad y que se había traducido en una tendencia bajista de los precios del agave, con graves trastornos en el proceso de Reforma Agraria, pidió el mantenimiento de la más estrecha unidad popular, en torno a la nueva administración, para poder enfrentarse a los problemas que amenazaban los propósitos de reivindicación social de los campesinos yucatecos.

Cinco días después de haber asumido el poder, el nuevo mandatario envió al Congreso del Estado la iniciativa de ley que daría vida a una asociación de interés público llamada "Henequeneros de Yucatán" y en la cual quedarían refundidas las tareas que hasta entonces realizaban la "Cooperativa de Henequeneros" —que había fungido como regularizadora del comercio exterior del henequén— y las que tenía a su cargo el Banco Nacional de Crédito Ejidal en lo referente a la siembra, cultivo y financiamiento de los henequenales entregados a los campesinos. En el fondo, al crearse dicha asociación, quedaría fuera de la zona henequenera el mencionado Banco Ejidal, con los consiguientes cambios en la estructura que se había dado al manejo de los ejidos organizados en 1937.

CAPITULO

XXIII

El señor Gilberto Flores Muñoz, Secretario de Agricultura en el gobierno del Presidente Ruiz Cortines, quien intervino en la liquidación de "Henequeneros de Yucatán", en 1955. En la presente fotografía se le ve acompañado del Prof. Víctor Mena Palomo, Gobernador de Yucatán (1953-1958) y del sucesor de éste en dicho cargo, el señor Agustín Franco Aguilar (1958-1964).

CAPITULO XXIII

1) HENEQUENEROS DE YUCATAN

El 10 de febrero de 1938 fue promulgado el decreto que dio vida a "Henequeneros de Yucatán", que agruparía a los ejidatarios, a los pequeños productores y a los ex-hacendados, y que funcionaría bajo la responsabilidad del Gobierno del Estado, cuyo titular sería presidente de su Consejo Directivo y podría desempeñar también, cuando la situación así lo requiriera, la gerencia ejecutiva de la nueva institución.

Las principales funciones de la misma serían el gobierno, dirección y regulación de la industria henequenera en general en sus aspectos agrícola, técnico, comercial, administrativo y financiero, y en lo particular la vigilancia y el control del área ejidal de la producción henequenera que, como ya se dijo, fue reestructurada dentro de los propósitos sociales de la Reforma Agraria. Para poder cumplir dichas tareas, "Henequeneros de Yucatán" estableció los siguientes departamentos técnicos: el Agrícola Industrial, que por su naturaleza sería el más importante; el Comercial, y·el de Auditoría.

Por otra parte, como órganos del gobierno, la citada asociación contó, además del ya citado Consejo Directivo, con el Consejo de Vigilancia. El primero integrado por un presidente que, como ya se dijo, lo sería por mandato legal el Gobernador del Estado o su representante especial para el caso; por un vicepresidente, designado por el Gobierno Federal, y por cinco gerentes directores. Estos últimos, nombrados en la forma siguiente: tres por los ejidatarios de la zona henequenera, uno por los ex-hacendados, y uno por los medianos y pequeños productores, a través de los mecanismos señalados por cada representación.

Como muestra del interés del presidente Cárdenas por el Plan formulado por el Ing. Canto Echeverría y de acuerdo con gestiones de este último, el 22 de febrero arribaron a Mérida los señores Lic. Eduardo Suárez, secretario de Hacienda y Crédito Público; Lic. Gabino Vázquez, jefe del Departamento Agrario; Lic. Enrique González Aparicio, director del Banco Nacional de Crédito Obrero y Fomento Industrial; Ing Candelario Reyes, agente del Banco Nacional de Crédito Ejidal, con el fin de orientar a los campesinos sobre la reorganización ejidal henequenera, y a quienes se sumó más tarde el Ing. Fernando Foglio Miramontes, subsecretario de Agricultura.

El Consejo Directivo quedó formado por Hernando Ancona en representación de la Unión de Productores Henequeneros; Rómulo Aguilar, por la Liga de Medianos y Pequeños Productores (llamados parcelarios) y Pablo Canché, Marcos Pox y Eudaldo Aguilar, nombrados por los comisariados ejidales de la zona henequenera en una asamblea especial que se efectuó en el teatro "Peón Contreras", presidida por el Ing. Canto Echeverría, y a la que asistieron los funcionarios federales antes mencionados.

Después de nuevas gestiones ante el presidente Cárdenas y varios de sus más cercanos colaboradores y de haberse firmado un convenio entre el Gobierno del Estado y la Secretaría de Hacienda para proteger y fortalecer a la nueva asociación, ésta inició sus labores el 11 de abril de 1938. En su doble personalidad de Gobernador del Estado y Presidente del Consejo Directivo, asumió la gerencia ejecutiva de la institución el Ing. Canto Echeverría, y habiendo sido nombrado jefe del Departamento Agrícola Industrial el Ing. José A. Brito, ésta se dedicó a la organización de las tareas del campo. Al mismo tiempo, se procedió a la liquidación de la antigua "Cooperativa", cuyas funciones fueron trasladadas al Departamento Comercial, que se estaba estructurando.

2) EL GRAN EJIDO HENEQUENERO

Así fue puesto en marcha lo que fue calificado como un gigantesco ensayo de colectivización agrícola en la zona henequenera de Yucatán, y al que los enemigos de la política agraria del presidente Cárdenas atribuyeron un tinte comunista ajeno, según ellos, a los móviles revolucionarios invocados en 1934 y en 1937, y contrario a las disposiciones constitucionales en la materia.

En medio de problemas derivados del necesario ajuste del sistema de trabajo de la zona ejidal henequenera, de la diversidad de condiciones de los planteles repartidos a los campesinos y de la falta de equipos para la desfibración del henequén ejidal, la nueva administración comenzó sus trabajos en un clima cargado de tensiones de la más diversa índole. Según un reconocido estudioso del tema que nos ocupa, el Ing. Manuel Meza Andraca, al hacerse el reparto se crearon 272 núcleos ejidales, 56 de éstos tenían planteles de explotación, 2 poseían solamente plantíos en cultivo, y 197 necesitaban refacciones para corregir el desequilibrio en que se encontraban los planteles; 32 estaban muy distantes de su centro de población, 13 estaban alejados de las fincas donde residían los ejidatarios, y solamente en 10 se estimó correcta la extensión y las condiciones de los planteles.

Por otra parte, cierto apresuramiento en el reparto de las tierras, había hecho que se asignaran a varios ejidos una misma extensión, y que en tanto unos ejidos habían sido dotados con exceso de henequenales, otros carecían de las extensiones adecuadas. A lo anterior se agregaba la inclusión en el censo agrario de individuos ajenos a las labores agrícolas, y la exclusión de los "acasillados" (trabajadores asalariados de las haciendas) en las dotaciones. "El gran ejido" trataría de solucionar tales irregularidades, fijándose las siguientes metas:

1.— La desaparición de los llamados "ejidos ricos" y "ejidos pobres", al crearse la explotación colectiva de todas las tierras entregadas en el reparto ejidal.

2.— El pago igualitario de ingresos a los ejidatarios al margen de las características de los planteles henequeneros y de la cantidad y la calidad del henequén que ellos producían. Esos ingresos individuales a los ejidatarios, serían de dos clases: a) el que en calidad de "anticipos" recibirían semanalmente, en proporción a los ingresos obtenidos de la venta de la fibra, y al precio que ésta tuviese en el mercado, y

b) los "dividendos", que como saldo de las utilidades obtenidas por la institución, serían entregados anualmente.

A pesar de la resistencia y oposición adoptadas por algunos de los hacendados, que llevaron a cabo una lucha a través de los recursos legales invocando la protección constitucional, el Gobierno del Estado expidió, primero, una ley de ocupación de las máquinas y equipos de desfibración de las haciendas, para transformar las hojas provenientes de la zona ejidal, y que fue posteriormente derogada y, después, la Ley de Expropiación, que también tuvo que ser hecha a un lado, por razones jurídicas.

Debe recordarse también que en los días en que se formó "Henequeneros de Yucatán", México tuvo que enfrentarse a gravísimos problemas políticos, diplomáticcs y económicos, a causa de la expropiación petrolera decretada por el Presidente Cárdenas el 18 de marzo de 1938, después de un prolongado conflicto entre las compañías petroleras extranjeras que operaban en el país, y sus trabajadores. Esa histórica decisión, que señaló el inicio de nuestra independencia económica, fortaleciendo a su vez la soberanía nacional, obligó al Gobierno Federal a posponer la aplicación de importantes recursos financieros destinados a apoyar la Reforma Ejidal en el Estado, impidiendo así el cumplimiento total del acuerdo del 8 de agosto de 1937, sobre todo en lo que se refería a estos dos puntos esenciales: a) la adquisición de los equipos de desfibración de las haciendas, y b) la compra de las tierras no afectadas por el reparto ejidal.

3) AVILA CAMACHO Y LA CONTRA-REFORMA AGRARIA

La renovación presidencial en 1940 al asumir la Presidencia de la República el Gral. Manuel Avila Camacho, quien se había declarado partidario de modificar la política agraria puesta en práctica por su antecesor, condujo a un proceso revisionista de la situación de Yucatán que a la postre se convirtió en una contra-reforma de la explotación de la tierra en el Estado.

Y si durante su campaña electoral, Avila Camacho ofreció respetar la propiedad privada, al tomar posesión de su elevado cargo, dictó disposiciones tendientes a cambiar la relación entre los factores de la producción —ejidatarios y exhacendados— en la estructura interna de "el gran ejido", aunque respetando en teoría la organización interna de "Henequeneros de Yucatán". Lo anterior condujo a la siguiente situación:

1.— Los equipos de desfibración de los hacendados, que habían sido manejados por "Henequeneros de Yucatán", al amparo de las leyes de ocupación y expropiatorias fueron devueltos a sus dueños originales, quienes se convirtieron oficialmente en maquiladores del henequén cortado por los ejidatarios.

2.— El proceso de transformación agrícola del henequén, en consecuencia, quedó dividido en dos áreas: a) la de siembra y corte de hojas, a cargo de los ejidatarios, y b) la de la maquila de hojas, para convertirlas en fibra, incluyendo la elaboración de "pacas", que sería realizada por los ex-hacendados.

3.— En el rendimiento económico de la producción ejidal, los ejidatarios recibirían el 48% y los propietarios de los equipos de desfibración recibirían 52%, aparte los ingresos adicionales que recibirían los segundos en concepto de la venta del henequén que producían en lo que quedaba de sus propiedades, de la desfibración de los parcelarios y del aprovechamiento de los subproductos.

Además, en noviembre de 1942, el presidente Avila Camacho envió a la Cámara de Diputados un proyecto de reformas del Código Agrario, que fue aprobado antes de terminar el propio año y en el que se robustecieron los intereses de la propiedad privada y quedaron reducidas las posibilidades de la colectivización de la tierra.

Tales reformas, en concordancia con la postura adoptada por Avila Camacho en materia agraria, contribuyeron a un cambio de actitud de los ex-hacendados, al llegar éstos a la convicción de que como habían quedado las cosas en "Henequeneros de Yucatán", no solamente habían recuperado parte de sus derechos, sino que gozaban de buenos ingresos, aparte de la creciente influencia que llegaron a adquirir en la industria henequenera a través de la organización revolucionaria de "el gran ejido".

4) LA SEGUNDA GUERRA MUNDIAL Y EL HENEQUEN

Otro factor que contribuyó a la desviación de la Reforma Agraria, lo constituyó la Segunda Guerra Mundial, ya que los compromisos adquiridos por México ante dicha conflagración descansaron principalmente en el abastecimiento de las materias primas necesarias para que la maquinaria bélica de las potencias aliadas, funcionara sin interrupción.

Entre dichas materias fue incluido el henequén, por el cierre de los mercados rivales en el abastecimiento de fibras. "Henequeneros de Yucatán", obedeciendo las condiciones impuestas a nuestro país, y de acuerdo con el Gobierno del Estado, firmó importantes contratos en Estados Unidos, por los que fue vendido todo el henequén que producía el Estado, tanto en fibra como en manufacturas industriales, a precios elevados.

La prosperidad que la Segunda Guerra trajo a la industria henequenera de Yucatán, y que abarcó el período gubernamental del señor Ernesto Novelo Torres (1942-1946) y el comienzo del sexenio que gobernó el Profr. José González Beytia (1946-1952), se proyectó en la forma siguiente:

1.— En mayores ingresos para los productores asociados a "Henequeneros de Yucatán", y en el mejoramiento de los servicios médicos y de asistencia que dicha institución prestaba a los campesinos. De allí la construcción del hospital central "20 de Noviembre" en la ciudad de Mérida, y de consultorios rurales, gracias a los cuales se dio carácter permanente a los citados servicios.

2.— La consolidación de la industria cordelera del Estado, que llegó a consumir un elevado porcentaje de la producción local de henequén y que permitió la renovación y modernización de su maquinaria, aparte el establecimiento de nuevas factorías.

3.— La realización de numerosas obras públicas durante el gobierno de Novelo Torres, cuyos recursos fiscales se vieron aumentados notablemente por los ingresos derivados de los impuestos fijados a la producción y venta del henequén.

5) DISOLUCION DEL "GRAN EJIDO HENEQUENERO"

En 1955, siendo gobernador del Estado el Profr. Víctor Mena Palomo, el "gran ejido henequenero" fue disuelto por acuerdo del Presidente de la República, Dn. Adolfo Ruiz Cortines, después de una visita que hizo al Estado por instrucciones suyas el señor Gilberto Flores Muñoz, secretario de Agricultura y Ganadería.

Dicha medida, anunciada el 27 de enero de ese año en declaraciones hechas en Mérida por Flores Muñoz, fue motivo de sorpresa para los funcionarios de "Henequeneros de Yucatán" y los sectores relacionados con la actividad henequenera, porque durante la visita que había hecho al Estado, en enero de 1952, en su calidad de candidato presidencial, Ruiz Cortines había anunciado que durante su gobierno daría su más sólido apoyo al ejido colectivo. "Consecuente con mi convicción revolucionaria —expresó el entonces candidato— es mi propósito más firme mantener en Yucatán el ejido colectivo, materia de la Reforma Agraria, que determinó una transformación radical en la estructura económica y social de la industria henequenera. Pero no limitaremos —agregó en la misma ocasión— nuestra política al respecto solamente a conservar el ejido colectivo, sino que haremos llegar al ejidatario, como complemento de la posesión de la tierra, los elementos técnicos y financieros necesarios para que tenga acceso a una etapa superior de vida en todos los órdenes, y velaremos celosamente porque el cumplimiento de nuestras leyes proteja a los campesinos en el disfrute de las conquistas logradas por la Revolución".

Sin embargo, en las declaraciones de Flores Muñoz de enero de 1955 manifestó lo contrario: "Nuestra opinión, en primer lugar, es que debe darse por terminada la organización del llamado "gran ejido", para que sea reintegrada la personalidad jurídica y social que corresponde a esta comunidad, de acuerdo con las dotaciones presidenciales", dijo el Secretario de Agricultura, y después de hacer una exposición de la situación en que se hallaban los campesinos en esa época, y referirse a la forma en que operaban las plantas desfibradoras de la zona ejidal, propuso la realización de un amplio programa de siembras de henequén sobre la base de trescientos mil "mecates" anuales (el "mecate" es una extensión de veinte metros cuadrados) a cargo de un fideicomiso especial que otorgaría el Gobierno Federal, y que aparte del beneficio posterior que significaría para el mejoramiento de las plantaciones del agave, proporcionaría de inmediato una fuente de trabajo a los ejidatarios que, lógicamente, aliviaría la situación económica de los mismos.

Al acordar la desaparición del "gran ejido" y la consiguiente liquidación de "Henequeneros de Yucatán", el Presidente Ruiz Cortines encomendó la última de las tareas al Banco Nacional de Comercio Exterior. Al mismo tiempo ordenó que las funciones crediticias y de vigilancia y supervisión de las tareas agrícolas, quedaran al cuidado del Banco Nacional de Crédito Ejidal, que en esa forma volvió a operar en la zona henequenera de Yucatán, y que los servicios médicos quedasen bajo la jurisdicción de la Secretaría de Salubridad y Asistencia.

Posteriormente se registraron otros cambios en la organización de la industria henequenera del Estado, mismos que por su importancia mencionaremos a continuación:

1.— Ocupando el Gobierno del Estado el señor Agustín Franco Aguilar, quien había sido agente local del Banco Nacional de Crédito Ejidal, el presidente Adolfo López Mateos autorizó la creación de bancos regionales afiliados al Banco Ejidal, buscando la descentralización de las tareas crediticias en el campo, en aras de una más pronta y eficaz atención a las necesidades de los ejidatarios. En 1962 comenzó a funcionar el Banco Agrario de Yucatán, de acuerdo con las características apuntadas.

2.— En junio de 1964, durante la gestión del gobernador Luis Torres Mesías, pasó a poder del Gobierno Federal como empresa paraestatal, el consorcio "Cordemex", que se había fundado en 1961, y en la que habían quedado concentradas la mayoría de las empresas particulares dedicadas a la manufactura de cordeles, costalería y otros artículos para la agricultura y la navegación, hechos con henequén. Posteriormente sería levantado en la carretera Mérida-Progreso, el complejo industrial que vendría a sustituir a las más importantes factorías cordeleras y que en sus primeros tiempos creó nuevas plantas en la búsqueda de otras aplicaciones industriales al henequén.

3.— En 1975, siendo gobernador del Estado el señor Carlos Loret de Mola, y por acuerdo del presidente Luis Echeverría, el Banco Agrario de Yucatán se incorporó administrativa y financieramente al Banco de Crédito Rural Peninsular. Esta última institución absorbió también las funciones de las sucursales regionales del Banco Nacional de Crédito Agrícola y del Banco Nacional Agropecuario, asumiendo, además del control de la producción de la zona henequenera del Estado, las tareas de crédito y promoción de la ganadería y otras actividades agrícolas en toda la península yucateca.

4.— Así también, durante el mismo período (1970-1976), el Instituto Mexicano del Seguro Social se hizo cargo de la atención asistencial a los campesinos henequeneros, mejorando las instalaciones hospitalarias que funcionaban en Mérida y creando nuevas clínicas en el campo.

APENDICE
GOBERNANTES DE YUCATAN
I. CONQUISTA Y COLONIA (1526—1821)

1526—1540 **FRANCISCO DE MONTEJO,** Adelantado de Yucatán.

1540—1546 **FRANCISCO DE MONTEJO, EL MOZO,** Teniente de Gobernador y Capitán General.

1546—1549 **FRANCISCO DE MONTEJO,** Adelantado de Yucatán. Compartió el gobierno en una especie de triunvirato con su hijo Francisco de Montejo y su sobrino del mismo nombre.

1549 **OIDOR BLAS COTA.** Oidor de la Real Audiencia de los Confines y Juez de residencia del Adelantado de Montejo.

1549—1550 **LIC. FRANCISCO DE HERRERA.** Oidor de la Real Audiencia de México.

1550—1552 **GASPAR JUAREZ DE AVILA.** Alcalde Mayor de Yucatán.

1552—1553 **LIC. TOMAS LOPEZ MEDEL.** Oidor de la Real Audiencia de los Confines y visitador de Yucatán.

1553 **FRANCISCO DE MONTEJO EL MOZO Y FRANCISCO TAMAYO PACHECO.** Alcaldes ordinarios de Mérida de Yucatán.

1554—1556 **LIC. ALVARO DE CARVAJAL.** Alcalde Mayor de Yucatán.

1556—1558 **LIC. ALONSO ORTIZ DELGUETA.** Alcalde Mayor de Yucatán.

1558—1560 **BACHILLER JUAN DE PAREDES.** Alcalde Mayor de Yucatán.

1560—1561 **LIC. GARCIA JOFRE DE LOAIZA.** Oidor de la Real Audiencia de los Confines y visitador de Yucatán.

1561 **FRANCISCO TAMAYO PACHECO Y MELCHOR PACHECO.** Alcaldes ordinarios de Mérida.

1561—1565 **DOCTOR DIEGO QUIJADA.** Alcalde Mayor de Yucatán, nombrado directamente por el Rey de España.

1565—1571 **LUIS DE CESPEDES Y OVIEDO.** Gobernador.

1573—1577 **FRANCISCO VELAZQUEZ GIJON.** Gobernador.

1577—1582 **GUILLEN DE LAS CASAS.** Gobernador.

1582—1583 **FRANCISCO DE SOLIS.** Gobernador.

1583—1585 **DOCTOR DIEGO GARCIA DE PALACIOS.** Alcalde del Crimen de la Real Audiencia de México y visitador de Yucatán.

1585—1586 **FRANCISCO DE SOLIS.** Gobernador.

1586—1593 **ANTONIO DE VOZMEDIANO.** Gobernador.

1593—1595 **ALVARO ORDOÑEZ DE NEVARES.** Gobernador.

1595—1596 **LIC. PABLO HELGUERAS DE LA CERDA.** Teniente de Gobernador de Yucatán y Gobernador Interino.

1596—1597 **CARLOS DE SAMANO Y QUIÑONES.** Gobernador Interino.

1597 **DIEGO FERNANDEZ DE VELAZCO.** Gobernador.

1597—1598 **MARTIN DE PALOMAR.** Teniente de Gobernador y Gobernador Interino.

1598—1604 **DIEGO FERNANDEZ DE VELAZCO.** Gobernador.

1604—1612 **CARLOS DE LUNA Y ARELLANO.** Mariscal de Campo y Gobernador.

1612—1617 **ANTONIO DE FIGUEROA Y BRAVO.** Gobernador.

1617—1619 **FRANCISCO RAMIREZ BRICEÑO.** Gobernador y Capitán General.

1619 **BERNARDO DE SOSA VELAZQUEZ Y JUAN BOTE.** Alcaldes ordinarios de Mérida.

1620 **MIGUEL DE ARGAIZ Y DIEGO DE SOLIS OSORIO.** Alcaldes ordinarios de Mérida.

1620—1621 **ARIAS DE LOZADA Y TABOADA.** Gobernador y Capitán General.

1621—1628 **DIEGO DE CARDENAS.** Gobernador y Capitán General.

1628—1630 **JUAN DE VARGAS MACHUCA.** Gobernador y Capitán General.

1630—1631 **LIC. IÑIGO DE ARGUELLO Y CARVAJAL.** Oidor de la Real Audiencia y Visitador de la Provincia.

1631 **JUAN DE SALAZAR MONTEJO Y ANTONIO MENDEZ CANCIO.** Alcaldes ordinarios de Mérida.

1631—1633 **FERNANDO CENTENO MALDONADO.** Gobernador y Capitán General Interino.

1633—1635 **JERONIMO DE QUERO.** Gobernador y Capitán General.

1635 **ALFONSO CARRIO VALDEZ Y ALONSO DE MAGAÑA.** Alcaldes ordinarios de Mérida.

1635—1636 FERNANDO CENTENO MALDONADO. Gobernador y Capitán General Interino.

1636 GRAL. ANDRES PEREZ FRANCO. Gobernador y Capitán General Interino.

1636—1643 DIEGO ZAPATA DE CARDENAS. Marqués de Santo Floro. Gobernador y Capitán General.

1643—1646 FRANCISCO NUÑEZ MELIAN. Gobernador y Capitán General.

1644 ALONSO DE MAGAÑA PADILLA Y AGUSTIN DE VARGAS. Alcaldes ordinarios de Mérida.

1644—1645 ALMIRANTE ENRIQUE DE AVILA PACHECO. Gobernador y Capitán General Interino.

1645—1648 ESTEBAN DE AZCARRAGA. Gobernador y Capitán General.

1648 JUAN DE SALAZAR MONTEJO Y JUAN DE RIVERA Y GARATE. Alcaldes ordinarios de Mérida.

1648—1650 ALMIRANTE ENRIQUE DE AVILA PACHECO. Gobernador y Capitán General Interino.

1650—1652 GARCIA DE VALDEZ OSORIO. Conde de Peñalva. Gobernador y Capitán General.

1652 JUAN JIMENEZ DE RIVERA Y FERNANDO DE AGUILAR GALEANO. Alcaldes ordinarios de Mérida.

1652—1653 MARTIN DE ROBLES Y VILLAFAÑA. Gobernador y Capitán General Interino.

1653—1655 PEDRO SAENZ IZQUIERDO. Gobernador y Capitán General Interino.

1655—1660 FRANCISCO DE BAZAN. Gobernador y Capitán General.

1660—1662 **MAESTRE DE CAMPO JOSE CAMPERO Y SOBREDEVILLA.** Gobernador Interino nombrado por el Virrey de Nueva España.

1662—1663 **ALCALDES ORDINARIOS.**

1663—1664 **JUAN FRANCISCO DE ESQUIVEL.** Gobernador y Capitán General.

1664 **MAESTRE DE CAMPO RODRIGO FLORES DE ALDANA.** Gobernador y Capitán General.

1664—1667 **JUAN FRANCISCO DE ESQUIVEL.** Restituido al gobierno por la Audiencia de México.

1667—1669 **MAESTRE DE CAMPO RODRIGO FLORES DE ALDANA.** Restituido al gobierno por el rey Felipe IV.

1669—1670 **LIC. FRUTOS DELGADO.** Juez de residencia y Gobernador Interino nombrado por el Virrey de Nueva España.

1670—1672 **GRAL. FERNANDO FRANCISCO ESCOBEDO.** Gobernador y Capitán General.

1672—1674 **MIGUEL FRANCISCO CODORNIO DE SOLA.** Gobernador Interino nombrado por el Virrey de la Nueva España.

1674—1677 **SANCHO FERNANDEZ DE ANGULO Y SANDOVAL.** Gobernador y Capitán General.

1677—1679 **ALMIRANTE ANTONIO DE LAYSECA Y ALVARADO.** Gobernador y Capitán General.

1679—1680 **LIC. JUAN DE ARECHIGA.** Visitador y Juez de residencia encargado del gobierno.

1680—1683 **ALMIRANTE ANTONIO DE LAYSECA Y ALVARADO.** Restituido al gobierno.

1683—1688 **JUAN BRUNO TELLEZ DE GUZMAN.** Gobernador y Capitán General.

1688—1693 **MAESTRE DE CAMPO JUAN JOSE DE LA BARCENA.** Gobernador y Capitán General.

1693—1695 **ROQUE SOBERANIS Y CENTENO.** Gobernador y Capitán General.

1695 **OIDOR FRANCISCO DE SARAZA.**

1695—1696 **MARTIN URZUA Y ARIZMENDI.** Gobernador Interino.

1696—1699 **ROQUE SOBERANIS Y CENTENO.** Restituido al gobierno.

1699—1703 **MAESTRE DE CAMPO MARTIN DE URZUA Y ARIZMENDI.** Gobernador y Capitán General.

1703—1706 **MAESTRE DE CAMPO ALVARADO DE RIVAGUDA ENCISO Y LUYANDO.** Gobernador Interino nombrado por el Virrey de Nueva España.

1706—1708 **MARTIN DE URZUA Y ARIZMENDI.** Restituido al gobierno, con los titulos de Conde de Lizarraga y Adelantado del Petén.

1708—1712 **MAESTRE DE CAMPO FERNANDO DE MENESES Y BRAVO DE SARABIA.** Gobernador y Capitán General.

1712—1715 **MAESTRO DE CAMPO ALONSO DE MENESES Y BRAVO DE SARABIA.** Gobernador y Capitán General.

1715—1720 **JUAN JOSE DE VERTIZ Y ONTAÑON.** Gobernador y Capitan General.

1720—1725 **ANTONIO CORTAIRE Y TERREROS.** Gobernador y Capitán General.

1725—1733 **MARISCAL DE CAMPO ANTONIO FIGUEROA Y SILVA.** Gobernador y Capitán General.

1733 **ALCALDES ORIDINARIOS.**

1733—1734 **JUAN FERNANDEZ DE SABARIEGO.** Gobernador y Capitán General.

1734 **ALCALDES ORDINARIOS.**

1734—1736 **SANTIAGO DE AGUIRRES.** Nombrado con el carácter de Interino por el Virrey de Nueva España.

1736—1743 **BRIGADIER MANUEL SALCEDO.** Gobernador y Capitán General.

1743—1750 **MARISCAL DE CAMPO ANTONIO DE BENA-VIDES.** Gobernador y Capitán General.

1750—1752 **BRIGADIER JUAN JOSE CLOU DE GUZMAN.** Marqués de Iscar. Gobernador y Capitán General.

1752—1758 **MARISCAL DE CAMPO MELCHOR DE NAVA-RRETE.** Gobernador y Capitán General.

1758 **JUAN ANTONIO DE LA CAMARA.** Alcalde ordinario de la Santa Hermandad y encargado de lo político por ausencia del gobernador.

1758—1761 **MARISCAL DE CAMPO ALONSO FERNANDEZ DE HEREDIA.** Gobernador y Capitán General.

1761—1762 **BRIGADIER JOSE CRESPO Y HONORATO.** Gobernador y Capitán General.

1762—1763 **TENIENTE CORONEL JUAN ANTONIO AYANS DE URETA.** Teniente de Rey y Gobernador Interino.

1763 **CAPITAN JOSE ALVAREZ.** Teniente de Rey y Gobernador Interino.

1763—1764 **MARISCAL DE CAMPO FELIPE RAMIREZ DE ESTENOZ.** Gobernador y Capitán General.

1764—1765 **TENIENTE CORONEL JOSE ALVAREZ.** Teniente de Rey y Gobernador Interino (segunda vez).

1765—1771 **MARISCAL DE CAMPO CRISTOBAL DE ZAYAS Y GUZMAN.** Gobernador y Capitán General.

1771—1777 **BRIGADIER ANTONIO DE OLIVER.** Gobernador y Capitán General.

1777—1779 **BRIGADIER HUGO O'CONNHOR.** Gobernador y Capitán General.

1779 **LIC. DOMINGO DE LA ROCHA.** Teniente General y Auditor de Guerra. Gobernador Interino en lo político.

1779—1783 **CORONEL ROBERTO DE RIVAS BETANCOURT.** Teniente de Rey y Gobernador Interino.

1783—1789 **BRIGADIER JOSE MERINO Y ZEVALLOS.** Gobernador y Capitán General.

1789—1792 **BRIGADIER LUCAS DE GALVEZ.** Gobernador y Capitán General. Fue el primero que ejerció las funciones de Intendente.

1792 **LIC. ANTONIO GUTIERREZ DE PIÑEREZ.** Teniente de Gobernador y Gobernador Interino en lo político.

1792—1793 **CORONEL JOSE SABIDO DE VARGAS.** Teniente de Rey y Gobernador Interino.

1793—1800 **BRIGADIER ARTURO O'NEILL.** Gobernador, Intendente y Capitán General.

1800—1811 **MARISCAL DE CAMPO BENITO PEREZ DE VALDELOMAR.** Gobernador, Capitán General e Intendente.

1811—1812 **LIC. JULIO SERRANO.** Teniente de Gobernador, Auditor de Guerra y Gobernador Interino en lo político.

1812 **BRIGADIER MIGUEL DE CASTRO Y ARAOZ.** Teniente de Rey y Gobernador Interino

1812—1815 **MARISCAL DE CAMPO MANUEL ARTAZO Y BARRAL.** Gobernador. Capitán General e Intendente.

1815—1820 **BRIGADIER MIGUEL DE CASTRO Y ARAOZ.** Teniente de Rey, Gobernador Interino por segunda vez, a causa de enfermedad del propietario.

1820—1821 **COR. MARIANO CARRILLO DE ALBORNOZ Y COR. JUAN RIVAS VERTIZ** y **D. PEDRO BOLIO TORRECILLAS.**

1821 **MARISCAL DE CAMPO JUAN MA. ECHEVERRI.** Jefe Superior Político, Capitán General e Intendente. Colaboró en la Independencia de Yucatán de la Corona Española.

II. INDEPENDENCIA
(1821—1911)

1822 **PEDRO BOLIO Y TORRECILLAS.**

1822—1823 **MELCHOR ALVAREZ.**

1824 **FRANCISCO ANTONIO TARRAZO.**

1824—1825 **ANTONIO LOPEZ DE SANTA ANNA.**

1825—1829 **JOSE TIBURCIO LOPEZ CONSTANTE.**

1829—1832 **JOSE SEGUNDO CARVAJAL.**

1832 **MANUEL CARVAJAL.**

1832—1834 **JOSE TIBURCIO LOPEZ CONSTANTE.**

1834 **JUAN DE DIOS COSGAYA.**

1834 **BASILIO ARGAIZ.**

1834—1835 **FRANCISCO DE PAULA TORO.**

1835 **PEDRO DE BARANDA.**

1835 **SEBASTIAN LOPEZ DE LLERGO.**

1835—1837 **FRANCISCO DE PAULA TORO.**

1837 **PEDRO ESCUDERO.**

1837 **BENITO AZNAR.**

1837 **JOAQUIN GUTIERREZ DE ESTRADA.**

1837—1840 **PEDRO MARCIAL GUERRA RODRIGUEZ Y CORREA.**

1840 **JUAN DE DIOS COSGAYA.**

1840—1844 **SANTIAGO MENDEZ.**

1844 **MIGUEL BARBACHANO.**

1844—1846 **JOSE TIBURCIO LOPEZ CONSTANTE.**

1846 **MIGUEL BARBACHANO.**

1847 **DOMINGO BARRET.**

1847—1848 **SANTIAGO MENDEZ.**

1848—1853 **MIGUEL BARBACHANO.**

1857 **SANTIAGO MENDEZ.**

1857 **PANTALEON BARRERA.**

1857—1858 **FRANCISCO MARTIN PERAZA.**

1858—1859 **LIBORIO IRIGOYEN.**

1859—1860 **PABLO CASTELLANOS.**

1860 **AGUSTIN ACERETO.**

1860—1861 **LORENZO VARGAS.**

1861 **ANSELMO CANO.**

1861 **AGUSTIN ACERETO.**

1861 **PANTALEON BARRERA.**

1861 **AGUSTIN ACERETO.**

1861—1863 **LIBORIO IRIGOYEN.**

1863—1864 **FELIPE NAVARRETE.** Jefe de la rebelión que condujo al establecimiento del Imperio de Maximiliano.

1864—1865 **JOSE SALAZAR ILARREGUI.** Primer Comisario Imperial.

1865—1866 **DOMINGO BUREAU.** Comisario Imperial.

1866—1867 **JOSE SALAZAR ILARREGUI.** Comisario Imperial por segunda vez.

1867 **GRAL. MANUEL CEPEDA PERAZA.** Vencedor del Imperio de Maximiliano y restaurador de la República.

1868 **LIC. ELIGIO ANCONA.**

1868—1869 **GRAL. MANUEL CEPEDA PERAZA.**

1869 **APOLINAR CEPEDA PERAZA.**

1870—1872 **MANUEL CIREROL.**

1872 **VICENTE MARISCAL.**

1872—1873 **IGNACIO L. ALATORRE.**

1873—1874 **LIBORIO IRIGOYEN.**

1874 **MIGUEL CASTELLANOS SANCHEZ.**

1875—1876 **LIC. ELIGIO ANCONA.** Derrotado al triunfo del Plan de Tuxtepec.

1876 **GRAL. PROTASIO GUERRA.** Iniciador del Porfirismo en Yucatán, al triunfo del Plan de Tuxtepec.

1877 **AGUSTIN DEL RIO.**

1877 **JOSE MARIA ITURRALDE.**

1878—1882 **LIC. MANUEL ROMERO ANCONA.** Primer gobernador electo en la era Porfiriana.

1882—1886 **GRAL. OCTAVIO ROSADO.**

1885 **GRAL. TEODOSIO CANTO.**

1886—1889 **GRAL. GUILLERMO PALOMINO.**

1889 **DR. JUAN PIO MANZANO.**

1890—1894 **GRAL. DANIEL TRACONIS.**

1894—1898 **LIC. CARLOS PEON ANCONA.**

1897 **JOSE MARIA ITURRALDE.**

1898—1902 **GRAL. FRANCISCO CANTON.**

1902—1906 **LIC. OLEGARIO MOLINA SOLIS.**

1903 **LIC. MANUEL MOLINA SOLIS.**

1903 **LIC. RODULFO G. CANTON.**

1904—1906 **DR. BRAULIO MENDEZ.**

1906—1910 **LIC. OLEGARIO MOLINA SOLIS.** Primer Gobernador Porfirista que fue reelecto.

1909 **ENRIQUE MUÑOZ ARISTEGUI.**

1909 **DR. JOSE PATRON CORREA.**

1910—1911 **ENRIQUE MUÑOZ ARISTEGUI.**

1911 **GRAL. LUIS C. CURIEL.** Ultimo Gobernador Porfirista.

III. REVOLUCION MEXICANA
(1911—1984)

1911 **LIC. JOSE MARIA PINO SUAREZ.** Primer gobernador maderista, al triunfo de la Revolución de 1910.

1911 **JESUS M. GONZALEZ.**

1911 **LIC. JOSE MARIA PINO SUAREZ.**

1911 **DR. NICOLAS CAMARA VALES.**

1911 **DR. AGUSTIN PATRON CORREA.**

1912—1913 **DR. NICOLAS CAMARA VALES.**

1913 **FERNANDO SOLIS LEON.**

1913 **DR. NICOLAS CAMARA VALES.**

1913 **ARCADIO ESCOBEDO.** Primer gobernador durante la Usurparación Huertista.

1913 **FELIPE G. SOLIS.**

1913 **GRAL. EUGENIO RASCON.**

1913—1914 **GRAL. PRISCILIANO CORTES.**

1914—1915 **ING. ELEUTERIO AVILA.** Primer gobernador Carrancista.

1915 **GRAL. TORIBIO V. DE LOS SANTOS.**

1915 **CNEL. ABEL ORTIZ ARGUMEDO.**

1915—1917 **GRAL. SALVADOR ALVARADO.**

1917 **DR. ALVARO TORRE DIAZ.**

1918—1920 **CARLOS CASTRO MORALES.** Primer gobernador electo en la era iniciada por la Constitución de Querétaro.

1918 **FELIPE CARRILLO PUERTO.**

1919 **ENRIQUE RECIO.**

1920 **ING. FRANCISCO VEGA Y LOYO.**

1920 **LIC. TOMAS GARRIDO CANABAL.**

1920 **ENRIQUE RECIO.**

1920 **LIC. PEDRO SANCHEZ CUEVAS.**

1920 **ANTONIO ANCONA ALBERTOS.**

1920—1921 **DR. HIRCANO AYUSO Y O'HORIBE.**

1921 **ELADIO DOMINGUEZ.**

1921—1922 **LIC. MANUEL BERZUNZA.**

1922—1923 **FELIPE CARRILLO PUERTO.** Electo para el cuatrienio 1922-1926.

1923 **LIC. CESAR ALAYOLA BARRERA.**

1923—1924 **GRAL. JUAN RICARDEZ BROCA.** Jefe de la sublevación delahuertista en Yucatán; que interrumpió el orden constitucional en el Estado, y responsable del asesinato de Felipe Carrillo Puerto.

1924—1926 **JOSE MARIA ITURRALDE TRACONIS.** Restaurador del orden constitucional.

1934 **LIC. ANTONIO GUAL GARCIA.**

1926—1930 **DR. ALVARO TORRE DIAZ.** Primer gobernado
de la era constitucional que concluyó su período

1927 **DR. DIEGO HERNANDEZ FAJARDO.**

1930—1934 **PROFR. BARTOLOME GARCIA CORREA.**

1933 **PROFR. RAFAEL CEBADA TENREIRO.**

1934—1935 **LIC. CESAR ALAYOLA BARRERA.**

1935—1936 **LIC. FERNANDO LOPEZ CARDENAS.**

1936—1938 **ING. FLORENCIO PALOMO VALENCIA.** Durante la gestión de este gobernador se inició la
Reforma Agraria.

1938—1942 **ING. HUMBERTO CANTO ECHEVERRIA.**

1940 **PROFR. LAUREANO CARDOZ RUZ.**

1942—1946 **ERNESTO NOVELO TORRES.**

1946—1952 **PROFR. JOSE GONZALEZ BEYTIA.** Primer
gobernador electo para un período de seis años.

1951—1952 **LIC. HUMBERTO ESQUIVEL MEDINA.**

1952—1953 **TOMAS MARENTES MIRANDA.**

1953—1958 **PROFR. VICTOR MENA PALOMO.**

1958—1964 **AGUSTIN FRANCO AGUILAR.**

1964—1970 **LUIS TORRES MESIAS.**

1970—1976 **CARLOS LORET DE MOLA Y MEDIZ.**

1976—1982 **DR. FRANCISCO LUNA KAN.**

1982—1984 **GRAL. DE DIV. GRACILIANO ALPUCHE PIN-
ZON.** Electo para el mandato constitucional
1982-1988, solicitó una licencia para separarse
del cargo el 16 de febrero de 1984.

1984 VICTOR CERVERA PACHECO. Designado por el Congreso del Estado para sustituir al anterior.

BIBLIOGRAFIA

ACERETO ALBINO
Historia Política desde el Descubrimiento Europeo hasta
1920.— Enciclopedia Yucatanense. Vol. III. Gobierno del
Estado de Yucatán. 1947.— Segunda Edición.

AGUILAR ROMULO S.
Progreso. Su Evolución Política y Sindical. Progreso, Yuc.—
1953.

ALVARADO SALVADOR
Informe que rinde al Primer Jefe del Ejército Constitucionalista C. Venustiano Carranza, de su gestión administrativa del
10 de marzo de 1915 al 28 de febrero de 1917.— Imprenta del
Gobierno Constitucionalista.— Mérida, Yuc. 1917.

ANCONA ELIGIO
Desde las épocas más remotas hasta nuestros días. História
de Yucatán. Cuarta Edición. Universidad de Yucatán. –
Mérida, Yuc. 1978.

ASKINAZI SIEGFRIED
El Problema Agrario de Yucatán.— Ediciones Botas.—
México, 1936.

AZNAR MENDOZA ENRIQUE
Historia de la Industria Henequenera desde 1919 hasta
nuestros días. Enciclopedia Yucatanense.— Vol. III.—
Gobierno del Estado de Yucatán.— 1977.— Segunda Edición.

BAQUEIRO ANDUZE OSWALDO
La Ciudad Heroica. Historia de Valladolid. Ediciones del
Gobierno del Estado para conmemorar el IV Centenario de su
Fundación.— Imprenta Oriente.— Mérida, Yuc., mayo de
1949.

BAQUEIRO PREVE SERAPIO
Ensayo Histórico Sobre las Revoluciones de Yucatán desde
1840 hasta 1846. Tercera Edición.— Editorial Yucatanense
"Club del Libro".— Mérida, Yuc., Méx. 1951.

BARRERA VASQUEZ ALFREDO
La Investigación de la Lengua Maya en Yucatán.— Enciclopedia Yucatanense Vol. X.— Gobierno del Estado de Yucatán.— Mérida, Yuc.— 1979.

BENITEZ FERNANDO
Ki, el drama de un pueblo y de una planta.— Fondo de Cultura Económica.— México 1956.

BERZUNZA PINTO RAMON
Guerra Social en Yucatán.— Segunda Edición.— Gobierno del Estado de Yucatán. Mérida, Yuc., 1980.

BETANCOURT PEREZ ANTONIO
El Determinismo Histórico en la Historia de Yucatán.— Mérida, Yucatán, México. 1970.
Historia de Yucatán. Primera Parte.— Mérida, Yuc., México, 1970.
El Asesinato de Carrillo Puerto.— Mérida, Yuc., 1974.

BOLIO ONTIVEROS EDMUNDO
De la Cuna al Paredón.— Segunda Edición.— Gobierno del Estado.— Mérida, 1973. Yucatán en la Dictadura y en la Revolución.— Instituto Nacional de Estudios de la Revolución Mexicana.— México, 1967.

BURGOS BRITO SANTIAGO
Las Actividades Culturales de Alvarado.— Revista de la Universidad de Yucatán.— Núm. 38.— Marzo-Abril de 1965.— Mérida, Yuc.

BUSTILLOS CARRILLO ANTONIO
Los Primeros Congresos Obreros de Yucatán.— Asociación Nacional Cívica Felipe Carrillo Puerto.— México, D.F. julio de 1974.

BRITO SANSORES WILLIAM
Toponomástica de la Península de Yucatán.— Enciclopedia Yucatanense.— Vol. X.— Edición del Gobierno del Estado de Yucatán.— Mérida, Yuc., 1979.

CAMARA ZAVALA GONZALO
Reseña Histórica de la Industria Henequenera de Yucatán.—

Mérida, Yuc., 1936. Historia de la Industria Henequenera hasta 1919.— Enciclopedia Yucatanense Segunda Edición.— Vol. II.— Gobierno del Estado, 1977.— Mérida, Yuc.

CANTO LOPEZ ALFREDO
México Independiente.— Primera Edición.— Mérida, Yucatán, México, 1978.

CANTO LOPEZ ANTONIO
El Territorio de Quintana Roo y Yucatán.— Mérida, Yuc., 1954. La Guerra de Castas de Yucatán.— Ediciones de la Universidad de Yucatán, México, 1976.

CARDOS DE M. AMALIA
El Comercio de los Mayas Antiguos.— Escuela Nacional de Antropología e Historia.— México, D.F., 1959.

CARDOS RUZ LAUREANO
El Drama de los Mayas.— Una Reforma Social Traicionada.— México, D.F., 1977.

CARRILLO PUERTO ACRELIO
La Familia Carrillo Puerto de Motul, con la Revolución Mexicana. Mérida, Yucatán, marzo de 1959.

CASTILLO TORRE JOSE
A la Luz del Relámpago.— Ediciones Botas.— México, D.F., 1934. En la Tribuna y en la Prensa.— Discursos y Artículos.— México, D.F., 1934.

CHAMBERLAIN ROBERTO S.
Conquista y Colonización de Yucatán.— (1517-1550).— Editorial Porrúa.— México, D.F., 1974.

DURAN ROSADO ESTEBAN
Felipe Carrillo Puerto, su labor educativa.— Asociación Cívica Nacional Felipe Carrillo Puerto.— México, D.F., julio de 1974. Crónicas Retrospectivas.— Ediciones del Gobierno de Yucatán, Mérida, Yucatán, 1979.

ESCOFFIE Z. MANUEL
Hacia Nuestra República.— Mérida, Yuc., Méx., 1960.

ESQUIVEL PREN JOSE
Historia de la Literatura de Yucatán.— Universidad de Yucatán.— México, D.F., 1977.

ESTADO GOBIERNO DEL
El Ejido Henequenero de Yucatán.— Editorial Cultura.— México, D.F., 1941.

FERRER DE MENDIOLEA GABRIEL
Historia del Congreso Constituyente de Querétaro.— México, D.F., 1957.

GAMBOA RICALDE ALVARO
Yucatán desde 1910.— Imprenta "Standard".— Veracruz, Ver., 1946.

GARZA LEAL PABLO
Salvador Alvarado.— Su vida militar.— Revista de la Universidad de Yucatán.— Marzo-Abril de 1965.— Mérida, Yuc.

GONZALEZ NAVARRO MOISES
Raza y Tierra.— La Guerra de Castas y el Henequén.— El Colegio de México, 1960.

IRIGOYEN RENAN
Fue el auge del henequén producido por la Guerra de Castas.— Mérida, Yuc., 1943. Felipe Carrillo Puerto.— Primer Gobernante Socialista en México. Ediciones de la Universidad de Yucatán.— Mérida, Yuc., 1974

LANDA DIEGO DE
Relación de las Cosas de Yucatán.— Primera Edición Yucateca.— E.G. Triay e Hijos, impresores.— Mérida, Yuc., Méx. 1930.

LARA Y LARA HUMBERTO
Consideraciones sobre el movimiento obrero y campesino desde 1900 hasta 1930.— El Búho.— Suplemento Cultural del "Diario del Sureste". Mayo 14 de 1974.— Mérida, Yuc.

LOPEZ COGOLLUDO DIEGO
Historia de Yucatán.— Comisión de Historia.— Gobierno de Campeche.— Campeche, Cam., 1954.

MARTINEZ ALOMIA GUSTAVO
Historiadores de Yucatán.— Tipografía "El Fénix".— Campeche, 1906.

MEDIZ BOLIO ANTONIO
Alvarado es el Hombre.— Ediciones Culturales del Gobierno del Estado de Sinaloa.— Culiacán, Sin., 1961.

MENA BRITO BERNARDINO
Estructura Histórica de Yucatán.— Editores Mexicanos Unidos, S.A. México, D.F.

MENDOZA MEDINA RAMON
La influencia de Salvador Alvarado en la Constitución de 1917.— Centro de Estudios Políticos, Económicos y Sociales del PRI.— Mérida, Yuc., 1967.

MENENDEZ CARLOS R.
La primera chispa de la Revolución Mexicana.— El movimiento de Valladolid en 1910.— Imprenta de la Revista de Yucatán.— Mérida, Yuc., 1919.
Historia del Infame y Vergonzoso Comercio de Indios.— Mérida, Yuc., Méx., 1933. 90 Años de Historia de Yucatán.— (1821-1910).— Compañía Tipográfica Yucateca, S.A.— Mérida, Yuc., 1937.

MOGUEL WENCESLAO
El Milagro de Halachó o Historia de un Fusilado.— Editorial Mayab.— Mérida, Yuc., 1938.

MOLINA FONT GUSTAVO
La Tragedia de Yucatán.— Editorial Jus.— México, D.F., 1941.

MOLINA FONT JULIO
Halachó 1915.— Edición Internacional de México, S.A. México, D.F.

MOLINA SOLIS JUAN F
Historia del Descubrimiento y Conquista de Yucatán.— Mérida, Yuc.

MORLEY SILVANUS G.
La Civilización Maya.— Fondo de Cultura Económica.—
México, D.F.

OROSA DIAZ JAIME
Ensayo Histórico sobre la.Revolución Mexicana.— Universi-
dad de Yucatán.— Mérida, Yuc., 1963. Salvador Alvarado y la
Revolución Mexicana.— Gobierno del Estado de Yucatán,
1980. Porfirismo y Revolución en Yucatán.— Universidad de
Yucatán, 1980.

PAOLI BOLIO FRANCISCO Y MONTALVO ENRIQUE
El Socialismo Olvidado de Yucatán.— Siglo XXI Editores.—
México, D.F.

PASOS PENICHE MANUEL
El Gran Ejido Henequenero en 1955.— Consecuencias
mediatas e inmediatas de su alevosa desaparición.— Mérida,
Yucatán, México, 1977. El Henequén. Su vinculación
permanente con la economía de Yucatán.— Mérida, Yucatán,
México, noviembre de 1977. Actualización de la Historia de la
Industria Henequenera en Yucatán.— Enciclopedia Yucata-
nense.— Vol. X.— Edición del Gobierno del Estado de
Yucatán.— Mérida, Yuc., 1980.

PENICHE VALLADO LEOPOLDO
La rebelión maya de 1847 en Yucatán.— Primera Edición.—
Fondo Editorial de Yucatán.— 1980.

PEREZ GALAZ JUAN DE DIOS
Campeche. Monografía Estatal.— Secretaría de Educación
Pública — Comisión Nacional de Libros de Texto.— México,
1982.

PIÑA CHAN ROMAN
Una visión del México Prehispánico.— Instituto de Investiga-
ciones Históricas.— Universidad Nacional Autónoma de
México.— México, D.F. 1967.

QUINTAL MARTIN FIDELIO
Yucatán. Carácter de la Guerra Campesina en 1847.— Una
síntesis interpretativa.— Edición de la Universidad de
Yucatán.— Mérida, Yuc., 1976.

REED NELSON
La Guerra de Castas de Yucatán.— Ediciones Era, S.A. México, D.F., 1951.

RUZ MENENDEZ RODOLFO
Aportaciones para el estudio de la historia del Instituto Literario de Yucatán.— Edición conmemorativa de la Universidad de Yucatán.— Mérida, Yucatán, México, 1967.

SANCHEZ NOVELO FAULO
Yucatán durante la Intervención Francesa (1863-1867).— Maldonado Editores, Mérida, Yuc., 1983.

SIERRA MENDEZ JUSTO
Evolución Política del Pueblo Mexicano.— Fondo de Cultura Económica.— México-Buenos Aires.— 1950.

SIERRA VILLARREAL JOSE LUIS
Yucatán 1850-1910.— Peonaje y Liberación.— Co-edición de Fonapás Yucatán Comisión Editorial del Estado e Instituto Nacional de Antropología e Historia.— Primera Edición.— Mérida, Yuc., 1981.

SILVIA HERZOG JESUS
El Pensamiento Político, Económico y Social de México (1810-1964). Instituto Mexicano de Investigaciones Económicas.— México, D.F. 1967.

SOCIALISTA DEL SURESTE PARTIDO
Congreso Obrero de Izamal.— Segunda Gran Convención de Trabajadores.— Mérida, Yuc. 1922. Tierra.— Organo de la Liga Central de Resistencia.— 1923. Mérida, Yuc.

SECRETARIA DE PROGRAMACION Y PRESUPUESTO
Censo General de Población y Vivienda. 1980.— Mérida, Yuc., 1981. Informe Económico 1980.— Yucatán.— Mérida, Yuc., 1981. Informe Económico 1981.— Yucatán.— Mérida, Yuc., 1982.

SUAREZ VICTOR M.
La Evolución Económica de Yucatán.— Edición de la Universidad de Yucatán.— Mérida, Yuc., Méx., 1978.

THOMPSON ERIC S.
Grandeza y Decadencia de los Mayas.— Fondo de Cultura Económica.— México, D.F. 1959.

URZAIS RODRIGUEZ EDUARDO
Del Imperio a la Revolución.— Ensayo Histórico.— Mérida, Yuc., Méx., 1946. Historia de la Educación Pública y Privada desde 1911.— Enciclopedia Yucatanense.— Vol. IV.— Gobierno del Estado.— Mérida, Yuc., 1977.

VARIOS AUTORES
Yucatán, Peonaje y Liberación.— Primera Edición, 1981.— Co-edición de Fonapás Yucatán, Comisión Editorial del Estado e Instituto Nacional de Antropología e Historia.— Mérida, Yuc.

VIDAL RIVERO MIGUEL
Los Ferrocarriles Unidos de Yucatán a la luz de la Historia.— Mérida, Yucatán, 1975.

VIGIL JOSE MARIA
La Reforma.— México a través de los siglos.— Tomo V. Vol. III.— México, D.F.

VON HAGEN VICTOR M.
Los Mayas.— Joaquín Moritz.— México, D.F., 1968.

OBRAS DEL AUTOR

EN LA TRIBUNA DE LA PRENSA.— 1937.

LEGISLACION HENEQUENERA EN YUCATAN.— 1938.

TRECE PUNTOS SUSPENSIVOS Y UN PUNTO FINAL.— 1939.

PERFIL POLITICO DE DON LORENZO DE ZAVALA.— 1943.

YUCATAN. PANORAMA HISTORICO, GEOGRAFICO Y CULTURAL.— SEP. 1945.

LA SOMBRA VERDE.— PRIMERA EDICION, 1945 Y SEGUNDA EDICION.— 1951.

PICHETA.— 1948.

EL GRABADO CONTEMPORANEO DE YUCATAN.— 1948.

COMPENDIO DE HISTORIA DE YUCATAN.— PRIMERA EDICION EN 1950, CON OCHO EDICIONES MAS.

SE VENDE UN HOMBRE. PRIMERA EDICION 1956, Y SEGUNDA EDICION 1974.

LEGISLACION HENEQUENERA EN YUCATAN.— (4 VOLUMENES) 1956—1961.

GOMEZ FARIAS EN LA HISTORIA.— 1957.

PRENSA Y PERIODISMO.— 1957.

PANORAMA DE LA EDUCACION SUPERIOR EN YUCATAN.— 1963.

ENSAYO SOBRE LA REVOLUCION MEXICANA.— 1963.

MADERO Y LA REVOLUCION MEXICÁNA.— 1969.

CULTURA MEXICANA.— 1969.

NOMBRES EN LAS LETRAS Y EN LA VIDA.— 1975.

APUNTES ELEMENTALES DE HISTORIA DE YUCATAN.— 1976.

BREVE HISTORIA DE YUCATAN.— 1976, 1977, 1978, 1980 Y 1981.

PENSAMIENTO POLITICO DE HIDALGO Y DE MORELOS.— 1976.

LOS JOVENES, EL PERIODISMO Y LA LITERATURA.— 1977.

SALVADOR ALVARADO Y LA REVOLUCION MEXICANA.— 1980.

PORFIRISMO Y REVOLUCION EN YUCATAN.— 1980.

FELIPE CARRILLO PUERTO, ESTUDIO BIOGRAFICO.— 1982 y 1983.

La Reimpresión de este libro fue
realizada en los talleres de
Libros, Revistas y Folletos de Yucatán, S.A. de C.V.
La edición estuvo al cuidado del
Departamento Editorial de la
Dirección General de Extensión de la UADY,
consta de 5,000 ejemplares en papel
cultural crema de 37 kilos y portada
en cartulina Couché de 139.5 kilos.
Se terminó la reimpresión el
30 de Julio de 1994

Impreso en Yucatán, México
Printed in Yucatan, Mexico